CHARLES JENCKS

DIE SPRACHE DER POSTMODERNEN ARCHITEKTUR

Entstehung und Entwicklung einer
alternativen Tradition

Deutsche Verlags-Anstalt
Stuttgart

Für Maggie Keswick

Aus dem Englischen übertragen von
Nora von Mühlendahl-Krehl

Anmerkung zur dritten Auflage

Dieses ähnlich einer Torte schichtweise entstandene Buch erhält nun eine weitere Schicht – die dritte seit dem ersten Erscheinen im Jahre 1978. Sie trägt nicht zum einfacheren Verständnis bei, jedoch hat die Aufeinanderfolge der Schichten einen Vorteil: Sie offenbart in gewissem Grade, wie die postmoderne Architektur in drei verschiedenen Stadien aussah: Anfang der siebziger Jahre, als sie noch pluralistisch war, wie das Werk von Robert Venturi, Ralph Erskine und Lucien Kroll zeigt, das auf den Seiten 62 f., 87–90 und 105 f. behandelt ist; Ende der siebziger Jahre, als es eklektischer wurde (S. 124–146), und ihr Erscheinungsbild in der dritten, klassizistischen Phase. (S. 147 ff.). Geschichtsschreibung in Abschnitten resultiert in unsystematischer Wiedergabe, aber diese hat den Vorzug gegenüber nachträglicher oder wiedergekäuter Berichterstattung, daß sie die Wahlmöglichkeiten in verschiedenen Momenten und die Hauptdarsteller und Ereignisse aufzeigt, wie sie zu ihrer Zeit betrachtet wurden. An anderer Stelle habe ich versucht, einen zusammenhängenden und ausgewogenen Bericht über diese Ereignisse zu geben, aber hier wird die Geschichte vom Insider erzählt: polemisch, fragmentarisch und aus unterschiedlichen Perspektiven. Das ist nicht nach jedermanns Geschmack und gelegentlich auch nicht nach meinem, aber wenn die Postmoderne anhält, sich zu verbreiten und zu wandeln, so sollte das auch auf die Schichten dieses Kuchens zutreffen dürfen.   C.J.

Umschlagbild
Ed Jones und Michael Kirkland: Rathaus Mississauga/Ontario, 1982–1987.
Die Aufnahme von der Eröffnungsfeier am 18. Juli 1987 zeigt das Publikum, umfaßt von zwei „Armen", die sich zur flachen Prärielandschaft öffnen. Das mit einem Giebel versehene Gebäude bildet einen wirkungsvollen monumentalen Hintergrund für die *res publica,* es bezeichnet einen Ort und ein Ereignis in der vorstädtischen Zersiedlung.

Umschlagrückseite
James Stirling und Michael Wilford: Neue Staatsgalerie, Stuttgart, 1977–1984.
Dieses Gebäude und diejenigen von Michael Graves repräsentieren den postmodernen Klassizismus als zwitterhafte urbane Sprache, die unterschiedliche Techniken und Geschmäcker verbindet. Zu sehen sind hier die Plattform über der Tiefgarage, der farbenfrohe Eingang und der Skulpturenhof, eine offene Rotunde, die vom Verkehr abgeschirmt ist.

Seite 4
Leon Krier: Die Villa des Plinius in Laurentinum, imaginäre Rekonstruktion, 1982.
Die Frische der Vergangenheit offenbart sich durch ihre unvoreingenommene Neugestaltung, die sich völlig von Stilreproduktionen oder archäologischer Rekonstruktion unterscheidet. Leon Kriers Zeichnungen von dieser Villa erschaffen eine Typologie des Idealdorfes, ein wohlausgewogenes Ensemble aus lyrischen Bauten, die teilweise eine Kritik an der Moderne darstellen soll.

CIP-Titelaufnahme der Deutschen Bibliothek

Jencks, Charles:
Die Sprache der postmodernen Architektur : Entstehung u.
Entwicklung e. alternativen Tradition / Charles Jencks.
[Aus d. Engl. übertr. von Nora von Mühlendahl-Krehl]. – 3., erw. Aufl.
– Stuttgart : DVA, 1988
Einheitssacht.: The language of post-modern architecture ⟨dt.⟩
ISBN 3-421-02940-7

3., erweiterte Auflage 1988
Originalausgabe: The Language of Post-Modern Architecture
5. Auflage 1987
Academy Editions, London
© 1987 Charles Jencks und Maggie Keswick
Alle Rechte vorbehalten
Printed in Hong Kong

INHALT

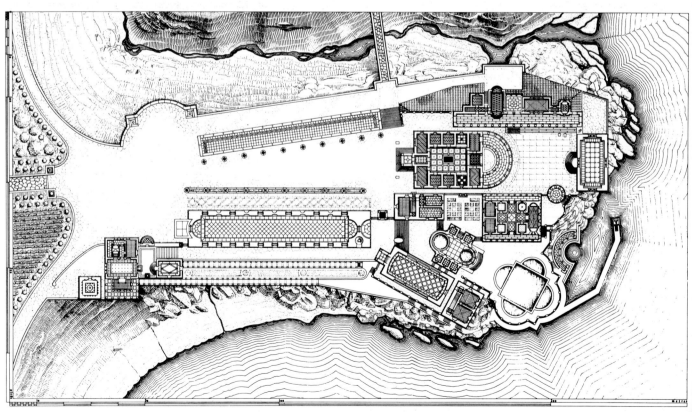

EINLEITUNG

Die paradoxe Welt der Postmoderne

Unsere gegenwärtige Welt als postmodern zu bezeichnen, ist etwa gleichbedeutend mit der Bezeichnung von Frauen als „Nichtmänner". Es besagt nichts anderes als das, was wir verlassen haben – die Welt der Moderne, die paradoxerweise, wie ein durch die Ereignisse überholter Futurologe, zum Sterben verurteilt ist. Und es gibt eine weitere sprachliche Verwirrung: Wie kann unsere Welt postmodern sein, durch Zauber erhalten bleiben wie eine Märchenfigur über die Gegenwart hinaus? Bewohnen wir nur die Vergangenheit oder gar die Zukunft?

So merkwürdig das auch klingt, wir leben tatsächlich in einer Welt, die im Begriff ist, schnell postmodern zu werden. Es gibt eine identifizierbare und entsprechend bezeichnete postmoderne Malerei ebenso wie eine solche Bildhauerei, Philosophie, Literatur, einen so benannten Tanz und Film. Alle diese Richtungen zeigen in gewissem Sinne den doppelten Aspekt des Begriffs: Sie stellen eine Fortführung der Moderne und ihre Transzendenz zugleich dar. Sie akzeptieren die irreversible Natur der modernen Welt, leugnen aber die Abtrennung von der prämodernen Vergangenheit. Diese ist ebenso Teil der Gegenwart wie jeder andere Aspekt des 20. Jahrhunderts. Ein Grund für diese historische Simultaneität ist die seit 1960 erfolgte globale „Informationsrevolution", der Wandel zu einer postindustriellen Gesellschaft, in der die überwiegende Zahl der Menschen mit Büro- oder Heimarbeit befaßt ist und nicht mehr mit Fabrikarbeit. Eine Vielzahl von Informationstechniken hat den Produktionsprozeß persönlicher gestaltet und den allgemeinen sowie regionalen Bedingungen angepaßt.

Allgemein haben wir uns von einer Welt der begrenzten nationalen Kulturen zu einer mit stadtgebundener Identität entwickelt, die aber zugleich Teil der Kultur des vielzitierten „Weltdorfes" ist. Die Folgen für die Architektur sind sofortige Kommunikation, unmittelbarer Welteklektizismus und allgegenwärtige gegenseitige Einflußnahme. Architekturideen reisen von Tokio nach London und zurück so schnell wie eine Ausgabe der Magazine *A + U, Architectural Design, Domus* oder *Oppositions,* die alle einen internationalen Leserkreis haben. Dies hat jene ungewöhnlich

Oben:
1 Doppelkodierung. Tempel der Artemis in Korfu, frühes sechstes Jahrhundert v. Chr.
Das typische griechische Giebelrelief zeigt die Mischung von Bedeutungen populärer und elitärer Art, die von verschiedenen Bevölkerungsgruppen auf verschiedenen Ebenen abgelesen werden konnten. Hier sind die fliehende Gorgo, die Medusa mit ihren Schlangen, die wütenden Löwen-Panther und die verschiedenen Mordakte alle dramatisch in starken Farben vertreten. Diese repräsentative Kunst zerbricht im wahren Sinne des Wortes die abstrakte Geometrie darüber, aber Harmonie und die enthaltene Metapher herrschen vor. Menschliche Maße, visuelle Feinheiten und eine reine Architektur aus syntaktischen Elementen haben ebenfalls ihren Platz darin. Zwei unterschiedliche Sprachen, jede mit eigener Berechtigung und eigener Zuhörerschaft.

gegensätzlichen Richtungen der Vorstellungen und Ideen erzeugt, die zugleich sowohl kleine Geschmackskulturen städtischer Gruppen und Eliten wie große – sogar gigantische – Weltkulturen zur Folge haben. Ich verwende den Plural in beiden Fällen. Ob die Resultate einem gefallen oder nicht (und es gibt Ungeheuerlichkeiten, die aus der multinationalen Informationsgestaltung resultieren): Die Eliten und Fachleute in den Weltstädten sind ständig in Kontakt miteinander aufgrund von Reisen, internationalen Aufträgen und allen modernen Medien, die zur Kommunikation beitragen, selbst durch das alte Telefon. Die multinationalen Planungsfirmen und der Architekt, welcher in drei Ländern gleichzeitig baut, sind alltäglich geworden. Die Revolution der Kommunikationsmittel hat die bisher gültigen Grenzen von Raum und Zeit aufgehoben, und heute findet man Beispiele des postmodernen Klassizismus sogar in Indien und Japan.

Zum zweiten hat die moderne Computertechnologie neue Produktionsanlagen ermöglicht. Dieser Bautyp ist mehr auf Wandel und Individualität abgestellt als auf die relativ stereotypen Fabrikationsprozesse der ersten und zweiten industriellen Revolution. Die Massenproduktion und die Massenrepetition bildeten natürlich das unangreifbare Fundament der modernen Architektur. Dies ist nun aufgebrochen, wenn nicht gar auseinandergefallen. Denn das computerunterstützte Entwerfen, die automatisierte Produktion und die hochentwickelten Techniken der Marktforschung und der Prognosen ermöglichen heute die Massenerzeugung von Stilformen und fast persönlich zugeschnittenen Produkten. Die Ergebnisse sind dem Handwerk des 19. Jahrhunderts näher als den uniformen Großbauten der ersten Jahrhunderthälfte.

Schließlich – und vielleicht gerade infolge der vorher erwähnten Überwindung der nationalen Grenzen – gibt es heute vielerorts die Hinwendung zu regionalen und traditionellen Ursprüngen oder, um einen vielbenutzten Begriff zu verwenden, zu den Wurzeln. Das Bedürfnis, in mehr als einer Hinsicht außerhalb seiner Zeit zu leben, ist sicher nicht nur eine Modeerscheinung oder ein nostalgischer Traum, als das es manchmal von den wenigen charakterisiert wird, die sich weiterhin zur Moderne bekennen – den „Noch-Modernen", wie ich sie nennen möchte. Es ist ein natürlicher und lobenswerter Wunsch, die universale Sprache der Architektur zu erforschen, ebenso wie an einer größeren, reicheren Zivilisation teilzuhaben. Die Moderne erwies sich schlicht als zu begrenzt, provinziell und verarmt – wie die magere Diät, die jeden dritten Tag gut ist, aber kaum eine vollwertige Ernährung darstellt. Und doch ist, wie wir durch das gesamte Buch hindurch verfolgen können, die Postmoderne teilweise noch der Moderne verpflichtet im Hinblick auf das Verständnis und die Anwendung der modernen Technik. Diese Aspekte führen unmittelbar zu der jedermann offenkundigen Erkenntnis: Der Stil ist hybrid, doppelt kodiert, auf fundamentalen Dualitäten basierend. Manchmal entsteht er aus der Gegenüberstellung von Alt und Neu wie bei James Stirlings Stuttgarter Neuen Staatsgalerie; oder er beruht auf der erheiternden Umkehrung des Alten wie bei Robert Venturi und Hans Hollein. Und beinahe immer hat er etwas Merkwürdiges an sich. Kurz gesagt, ein hochentwickelter Geschmack für das Paradoxe ist charakteristisch für unsere Zeit und unser Empfinden.

In der Tat ist auch dieses Buch merkwürdig, und das nicht nur wegen seines langatmigen Titels. Es ist ungewöhnlich, weil es geschrieben und umgeschrieben wurde über einen Zeitraum von zehn Jahren hinweg, in denen eine Architekturströmung Gestalt angenommen hat. Solche Strömungen ähneln militärischen Feldzügen: Vorstöße an einer Front werden durch Rückzüge an einer anderen ausgeglichen, und überall herrscht allgemeine Verwirrung. Von diesem Ort des Geschehens aus zu schreiben, hat seine Vorzüge, da Berichterstattung aus erster Hand möglich ist und die Leidenschaftlichkeit des Augenblicks übermittelt werden kann. Die Äußerungen und Bestrebungen der Kombattanten können mit größerer Exaktheit und Unmittelbarkeit wiedergegeben werden, als sie aus einer Architekturbibliothek zehn Jahre nach dem Konflikt zu entnehmen sind. Man kann zum Beispiel, unmittelbar nachdem es passierte, berichten, daß Michael Graves von einem Vertreter der Moderne angeschossen wurde. Aber diese Methode des Schreibens hat auch ihre Probleme – um eine architektonische Metapher zu verwenden: die der Perspektive. Die relative Bedeutung vordergründiger Ereignisse droht die entfernteren zu überschatten, und die Betrachtungsweise wandelt sich im Verlauf der Zeit.

Als ich 1975/76 die erste Ausgabe dieses Buches schrieb, waren der Begriff und das Konzept der Postmoderne mit einiger Häufigkeit in der Literaturkritik anzutreffen. Auf höchst verwirrende Weise war er, wie ich später feststellte, mit der Bedeutung „ultramodern" in bezug auf die extremistischen Romane von William Borroughs sowie eine Philosophie des Nihilismus und der Anti-Konvention verwendet worden. Nachdem ich Kenntnis von diesen sowie den Schriften Ibn Hassans und anderer hatte, verwendete ich den Begriff, um das Gegenteil all dessen zu bezeichnen: das Ende des avantgardistischen Extremismus, die partielle Rückkehr zur Tradition und die zentrale Rolle der Kommunikation mit der Öffentlichkeit – und Architektur ist eine öffentliche Kunst.

Daher stammt meine frühe Definition der postmodernen Architektur als evolutionär, als zur Hälfte modern und zur Hälfte etwas anderes – gewöhnlich eine traditionelle oder regionale Sprache des Bauens. Der Hauptgrund für die Entwicklung dieses Zwittergebildes war eindeutig der Gegendruck auf die Bewegung. Architekten, welche die Sackgasse der Moderne überwinden wollten oder denen es nicht gelang, mit den Nutzern zu kommunizieren, mußten eine verständlichere Sprache verwenden, einen lokalen und traditionellen Symbolismus. Aber sie mußten auch mit ihresgleichen kommunizieren und eine zeitgemäße Technik anwenden. Daher kommt die Definition der Postmoderne als „doppelkodiert", als eine Reihe wichtiger Dualitäten. Man kann diesen Gegensatz in vielen Perioden der traditionellen Architektur erkennen, besonders dort, wo Skulptur und Gebäude gleichberechtigt behandelt sind.

Der primäre Dualismus betraf das Elitäre und das Populäre, die unleugbaren konflikterzeugenden Zwänge, denen jeder gute Architekt unterliegt. Es gibt verschiedene Wege, diesem Konflikt
1 zu begegnen. In einer traditionsgebundenen Gesellschaft ist es einfach, weil die Sprache der Architektur und die Wertvorstellungen ihrer Benutzer weitgehend übereinstimmen. Der Architekt, der Handwerker und die Öffentlichkeit erkennen die gleiche Bedeutung in den Bauwerken. In unserer pluralistischen Kultur ist dieser Konsens jedoch selten geworden. Die verschiedenen ethnischen Gruppen haben nicht nur unterschiedliche Auffassungen vom Leben, sondern die Architekten vertreten auch selbst unterschiedliche Ideologien und sich wandelnde Techniken. Es mag seltsam erscheinen, aber eine Architekturideologie

kann sogar mit der Technik entstehen, wie die sogenannte High-Tech-Bewegung zeigt.

Im Gegensatz dazu etablieren in einer traditionsgebundenen Gesellschaft die Architekten und die aufgeklärten Bauherren mehr oder weniger den Kanon des Geschmacks und des Bauens: Dieser wird dann modifiziert durch spekulative Bauträger und durch Bauherren, die ihre eigenen Häuser bauen. Heute ist unsere Gesellschaft viel heterogener. Es gibt eine Reihe von bevorzugten Gruppen (der kreative Berufsstand, der kommerzielle Bauherr und sogar der Bauträger) mit unterschiedlichem Werdegang, und es gibt (mit den Worten des Soziologen Herbert Gans ausgedrückt) eine Unzahl von „Geschmackskulturen", die sich aufgrund ökonomischer, historischer und persönlicher Entwicklungen bilden. Als Ergebnis dessen kann der Architekt nicht mehr eine Identität des Geschmacks und der Ziele voraussetzen. Es besteht eine unüberbrückbare Kluft zwischen der Elite, welche die gebaute Umwelt bestimmt, und den verschiedenen Bevölkerungsgruppen, die sie bewohnen und nutzen. Die postmoderne Architektur hat an Kraft gewonnen, um diese Kluft zu überwinden. Oder, genauer gesagt, die Hauptmotivation der postmodernen Architekten ist es vielleicht, sich mit dieser Kluft auseinanderzusetzen. Ob sie insgesamt erfolgreich sind in der Doppelkodierung, im Ansprechen der Kollegen und des Publikums, ist eine andere Frage.

Aber diese Zielsetzung führt zu folgender Definition: Die postmoderne Architektur ist doppelkodiert, zur Hälfte modern, zur Hälfte der Konvention verpflichtet, weil sie versucht, sowohl mit der Mehrzahl der Bevölkerung als auch mit einer beteiligten Minderheit, gewöhnlich Architekten, zu kommunizieren. Es ist eine Tatsache, daß die führenden postmodernen Architekten in moderner Architektur ausgebildet wurden und einen Teil ihres Studiums und ihrer Sprache bewahrt haben, wenngleich sie sich einem anderen Formenkanon zuwenden. Das zwitterhafte Werk von Robert Venturi, Michael Graves, Aldo Rossi, Hans Hollein und Arata Isozaki zeigt, daß diese Verallgemeinerung zutrifft.

Um das postmoderne Konzept ganz zu verstehen, muß man es in Kontrast setzen zu der anderen großen Richtung der Gegenwart, mit der es häufig verwechselt wird: der spätmodernen Architektur. Viele Kritiker der Publikumspresse, wie Paul Goldberger von der *New York Times* und Douglas Davis von *Newsweek*, haben die ultramodernen Bauten von Cesar Pelli und Hardy, Holzman, Pfeiffer als postmodern bezeichnet. Damit tut man nicht nur ihrem Werk unrecht, sondern trägt auch zur vollständigen Verwirrung der Diskussion in puncto Konvention bei. In der Tat scheint es mir, daß die Bedeutung der postmodernen Architektur unmittelbar durch die Unterscheidung von der spätmodernen gewinnt. Während letztere eine primäre Verpflichtung zu den Wertvorstellungen der Moderne wie dem Ausdruck der Technik, des Verkehrs, der Funktion aufrechterhält, betont erstere den städtischen Kontext, die Wertvorstellungen der Nutzer und die anhaltende Bedeutung jener architektonischen Ausdrucksform, die das Ornament darstellt. Während die spätmoderne Architektur pragmatisch ist, versteht sich die postmoderne als pluralistisch. Während erstere die Moderne überbetont, um sie am Leben zu erhalten, verändert letztere sie und erschafft den nächsten transitorischen Stil. In meinem Buch „Current Architecture" (London 1982) habe ich 30 solcher gegensätzlichen Beispiele aufgezeigt. In gewissem Sinne charakterisieren sie sich gegenseitig durch diese Unterschiedlichkeit, sogar durch die Polemik. Im Royal Institute of British Architects in London fand 1982 die sogenannte „Great Debate" zwischen diesen gegensätzlichen Lagern statt, obgleich die spätmodernen Architekten darauf bestanden, sich als modern zu bezeichnen. Keiner möchte „spät" ankommen, es impliziert, daß man nicht auf dem laufenden ist.

Auf jeden Fall gibt es eine Diskussion und, noch wichtiger, eine dialektische Bewegung zwischen diesen beiden Richtungen. Während die postmodernen Architekten die Wichtigkeit lo-

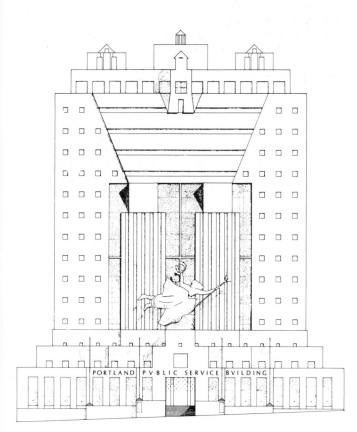

2 Michael Graves: Portland Building, Ansicht, 1980.
Die Figur der „Portlandia", die einen Dreizack trägt (Port = Hafen) und das Kornbündel (Land), fliegt über einen chinesischen Felsen (Handel mit dem Orient), um Bedeutungen in sowohl moderner als auch dem antiken Tempel der Artemis verwandter Form darzustellen (siehe Abb. 1).

Das Portland Building in der 1982 ausgeführten Form, ohne die Tempel auf dem Dach und ohne das Belvedere sowie mit nüchternen Girlanden an der Seite. Die abstrakte Repräsentation des städtischen Raumes und die öffentliche Bedeutung sind dennoch erkennbar.

kaler Traditionen betonen, haben die spätmodernen sehr bald das Banner des Regionalismus ergriffen – oder des „kritischen Regionalismus", wie Kenneth Frampton es nennt. Die Einstellung gegenüber dem Symbolismus und der Technik wurde ebenfalls durch diese Dialektik geschärft. Und die Öffentlichkeit interessiert sich in zunehmendem Maße für Architektur, auf die sie wachsenden Einfluß ausübt: in Fragen des Geschmacks und des Einflusses auf die Architekten durch Wettbewerbe.

Der einflußreichste Wettbewerb, zumindest im Sinne der Postmoderne, war der für Portland/Oregon. Er führte zu Michael Graves' berühmtem Gebäude, das heute einfach als „The Portland" bekannt ist. Die Konkurrenz fand 1980 statt und produzierte eine eigene Version der „Great Debate" (oder des unfruchtbaren Protests, zu dem sie manchmal wird). Graves war in einem engeren Wettbewerb gegen das spätmoderne Büro von Arthur Erickson, dem kanadischen Architekten gewaltiger Megastrukturen, sowie das Büro Mitchell/Giurgola, eine Partnerschaft aus Philadelphia, die verschiedene Richtungen vertritt, angetreten. Graves' Sieg wurde sofort von der örtlichen Kammer des American Institute of Architects angefochten – ein Angriff, der natürlich von den modernen Architekten geführt wurde. Sie gaben seinem Entwurf alle möglichen Bezeichnungen, von „Truthahn" und „Musikbox" bis zu „überdimensionales Weihnachtspäckchen", und schlugen vor, ihn in Las Vegas, aber nicht in Portland zu bauen. Dieser Protest führte schließlich zu einem weiteren Wettbewerb im Frühjahr 1980, der wiederum von Graves gewonnen wurde, zum Teil deswegen, weil sein Entwurf der billigste war. Die Leute denken manchmal, daß postmoderne Bauten wegen dem Ornament, der Polychromie und der Plastik teurer seien als spätmoderne. Häufig jedoch ist das Gegenteil der Fall, weil gerade diese Elemente Nachteile des Gebäudes kaschieren können. Beim Portland zum Beispiel lenkt der riesige farbige Schlußstein das

Auge von den gedrungenen Proportionen des Gebäudes ab, die aus wirtschaftlichen Gründen resultieren. Aber die Hauptaufgabe der Kunst und des Ornaments war natürlich eine andere. Ihr Vorhandensein bewirkte die Rückkehr der Architektur zu der großen westlichen Tradition des Klassizismus in einer freien Form, die letztlich auf die Ägypter zurückgeht. Tatsächlich sieht das Portland Building mit seinen schweren blaugrünen Pfeilern und den Farbkontrasten etwas ägyptisch aus.

Kunst, Ornament und Symbolismus sind für die Architektur wesentlich geworden, weil sie ihre Bedeutung verstärken, sie klarer machen und ihr größere Resonanz verschaffen. Alle Kulturen mit Ausnahme der Moderne haben diese essentiellen Wahrheiten geschätzt und sie für selbstverständlich gehalten. In einem industriellen und pragmatischen Zeitalter jedoch, in dem kein Glaube an die traditionellen Aufgaben der Kunst und des Ornaments herrscht – das sind die institutionelle Würde, das individuelle ästhetische Vergnügen und die transzendentale Bedeutung –, wirkt ihre Anwendung leicht befremdlich. Der Agnostizismus unserer Zeit wird perfekt ausgedrückt durch die leeren, bürokratischen Fassaden der Park Avenue in New York oder des Zentrums jeder anderen modernen Stadt überall in der Welt.

Wenn die postmodernen Architekten es ablehnen, entweder den Agnostizismus oder sein visuelles Äquivalent, die glatte technokratische Fassade, zu akzeptieren, dann müssen sie glaubwürdige Ideen im Programm des Gebäudes oder der betreffenden Gesellschaft erkennen, für die sie planen. Graves tat dies mit seiner Skulptur, die als „Portlandia" bekannt wurde – die Frau, welche die bürgerlichen Hoffnungen, Tugenden und den Handel der Stadtbewohner im 19. Jahrhundert verkörperte. Er transformierte diese klassizistische Jungfrau in einen dynamischen Sportler, der über dem Eingang für das Publikum fliegt, und bald beflügelte dieser die Phantasie der Bürger. Obgleich die moder-

Skulptur „Portlandia" von Raymond Kaskey am Portland Building.

Und möglicherweise schneidet die Autozufahrt im Süden das Gebäude wirklich vom Park ab, wie manche behaupten. Aber das Portland ist immer noch das erste große Monument der Postmoderne, wie es das Bauhaus für die Moderne war, weil es mit all seinen Fehlern doch als erstes gezeigt hat, daß man mit Kunst, Ornament und Symbolismus in großem Maßstab und in einer für die Bewohner verständlichen Sprache bauen kann.

Es war nicht das erste Gebäude, auf das dies zutrifft, wie das vorliegende Buch zeigt, noch ist die Synthese des postmodernen Klassizismus in einem Vakuum erfolgt. Michael Graves' Wende von der Spätmoderne zur Postmoderne fand erst statt, nachdem viele andere Architekten sich in der gleichen Richtung bewegten. Tatsächlich scheinen die Zeichnungen und Schriften von Leon Krier einen beträchtlichen Einfluß auf Graves ausgeübt zu haben, ebenso wie auf andere. Ein neuerer Entwurf von Leon Krier, die imaginative Rekonstruktion der Villa des Plinius, zeigt eine Art poetischer Auseinandersetzung mit der Vergangenheit, ohne in bloße Nachahmung zu verfallen (siehe Frontispiz). Er übernimmt die alte Typologie des Dorfes, ein Ensemble von Räumen und Häusern, anstelle der modernen Typologie der Organisation durch Verkehrswege. Er ruft die Erinnerung an eine Kultur wach, mit der wir verbunden waren. Und durch die Respektierung dieser Assoziationen, indem man ihnen die Ehre der Transformation erweist, erreicht er eine größere Dimension als die Realität der Gegenwart.

Viele andere Architekten außer Graves und Krier erforschen diese Verbindungen zur Vergangenheit und die universale Grammatik, die der Freistil-Klassizismus bietet. Diese wachsende Tradition ist präzise das: ein loser Konsensus, zu dem viele Menschen beitragen, wie im Schlußkapitel erläutert wird. Wohin er sich entwickeln wird, ist die Frage, aber weiterentwickeln wird er sich, denn die sozialen und kulturellen Wurzeln seiner Existenz gründen tief. Sie betreffen die eigentliche Entwicklung der Weltkultur, dieses beängstigenden, hydraköpfigen Ungeheuers, und der abendländischen Zivilisation, der beherrschenden Kraft seit der Renaissance. Die postmodernen Architekten, die weder bereit sind, die Vorzüge der modernen Technik – vielleicht symbolisiert durch den Computer – noch eine universale Grammatik – symbolisiert durch Monumente wie den Parthenon – aufzugeben, versuchen zu versöhnen, gegenüberzustellen und manchmal, zugegeben, zu vermischen.

nen Architekten forderten, daß die Figur aus dem Entwurf entfernt würde, verlangten die Bewohner ihre Präsenz – und sie wurde von Raymond Kaskey gestaltet und an der geplanten Stelle plaziert. Obwohl Kritiker versuchten, das Bandornament am Gebäude zu verhindern, wurde dieses traditionelle Zeichen des Willkommens aufgrund des Protests der Öffentlichkeit wieder eingesetzt. Kurz, die Architektur wurde wie einst zu einer öffentlichen Kunst.

Das Bauwerk hat Fehler, von denen manche auf diejenigen zurückgehen, die dagegen waren: Der obere Abschluß wurde weggelassen. Ein Teil seines Hauptes – die Tempel, welche die mechanischen Einrichtungen verbergen – ist abgeschnitten worden. Graves' Innenausstattung wurde fast auf Null reduziert.

Anmerkung zum Terminus „postmoderne Architektur" und Kurzbibliographie

Die erste Anwendung des Begriffs „postmodern" im Zusammenhang mit der Architektur erfolgte vermutlich durch Joseph Hudnut in seinem Beitrag „The Post Modern House" von 1945, obgleich er eigentlich nur im Titel und ohne polemische Absicht benutzt wurde. Es gibt nach dieser die seltsame Verwendung in einem Artikel über Philip Johnsons Museum in Dumbarton Oaks von 1964 und durch Nikolaus Pevsner in einer Attacke gegen die „Anti-Pioniere" von 1967. Aber erst in meiner eigenen Veröffentlichung „The Rise of Post-Modern Architecture" (Architecture – Inner Town Government, Eindhoven, Juli 1975, und Architectural Association Quarterly, London, Nr. 4/1975) wurde der Begriff wirklich benutzt. Nach darauffolgenden Beiträgen und Vorlesungen von mir nahm Paul Goldberger den Terminus (den er möglicherweise in Diskussionen von Robert Stern und Peter Eisenman gehört hatte) in seine Artikel auf, von denen einige die Spätmodernen zum Thema hatten (The New York Times, Sunday Magazine, 16. Januar 1977, 20. Februar 1977). Douglas Davis folgte in Newsweek dieser irreführenden Deutung, indem er den Begriff auf alles anwendete, was kreativ und ultramodern war (Newsweek, 17. Januar 1977). Robert Stern übernahm den Begriff in Unkenntnis meiner Schriften von der Literaturkritik (wo er seit mindestens 1968 verwendet wurde), und ein Artikel, den er über dieses Thema schrieb, bleibt grundlegend (The Doubles of Post Modern, in: Beyond the Modern Movement, The Harvard Architectural Review, Vol. 1, Frühjahr 1980). In verschiedenen Auflagen des vorliegenden Buches, das in Englisch erstmals 1977 erschien, habe ich den Begriff weiterentwickelt, ebenso in meinen zahlreichen Beiträgen und Büchern über postmodernen Klassizismus (siehe Anmerkungen zum letzten Kapitel). Die Schriften von Robert Venturi aus den Jahren 1966, 1972 und 1976 (im Haupttext und in den Anmerkungen genannt), von Leon Krier (1978) und Colin Rowe (1978) spielten eine wichtige Rolle bei der Bildung des Konsensus, wenngleich sie den Terminus nicht benutzten. Seit der 1980 von Paolo Portoghesi organisierten Biennale von Venedig über Architektur haben die Beiträge und Bücher zum Thema enorm zugenommen (siehe Portoghesis Veröffentlichung La Biennale, Venedig 1980, und After Modern Architecture, New York 1982). Zu erwähnen sind auch die Monographien über Michael Graves und Robert Stern (New York 1981 und 1982). The Great Debate: Modernism versus the Rest enthält Polemik von beiden Seiten (siehe Transactions III, RIBA Publications, London 1983). Außerdem sind zu nennen: Heinrich Klotz (Hrsg.): Die Revision der Moderne, München 1984, und vom gleichen Autor Moderne und Postmoderne, Architektur der Gegenwart 1960–1980, Wiesbaden 1984.

TEIL I
Der Tod der modernen Architektur

Glücklicherweise läßt sich der Tod der modernen Architektur auf einen genauen Zeitpunkt datieren. Im Gegensatz zum juristischen Tod einer Person, der zu einer komplizierten Angelegenheit von Gehirnströmen kontra Herzschlägen geworden ist, trat die moderne Architektur mit einem Eklat ab. Daß viele es nicht bemerkten und keiner zu trauern schien, macht die Tatsache des Verschwindens nicht ungeschehen. Und daß manche Architekten immer noch versuchen, ihr Leben einzuhauchen, bedeutet nicht, daß sie auf wundersame Weise wiedererstanden wäre. Nein, sie erlosch endgültig und vollständig 1972, nachdem sie zehn Jahre lang von Kritikern wie Jane Jacobs unbarmherzig zu Tode geprügelt worden war. Daß viele sogenannte moderne Architekten immer noch ihr Gewerbe ausüben, als wäre sie noch am Leben, kann als eine der großen Kuriositäten unseres Zeitalters angesehen werden (etwa wie die britische Monarchie der „Royal Company of Archers" oder den „Extra Women of the Bedchamber" lebenserhaltende Spritzen zuführt).

Die moderne Architektur starb in St. Louis/Missouri am 15. Juli 1972 um 15.32 Uhr, als die berüchtigte Siedlung Pruitt-Igoe oder vielmehr einige ihrer Hochhäuser den endgültigen Gnadenstoß durch Dynamit erhielten. Vorher waren sie durch ihre farbigen Bewohner verschandelt, beschädigt und entstellt worden. Und obgleich Millionen Dollar hineingepumpt worden waren bei dem Versuch, sie am Leben zu erhalten (für Reparatur der Aufzüge, Ersatz zerbrochener Fenster, Anstriche), wurde sie schließlich von ihrem traurigen Dasein erlöst.

Zweifellos hätte man die Ruinen erhalten, sie unter Denkmalschutz stellen sollen, so daß wir eine lebendige Erinnerung an diesen Mißgriff in Planung und Architektur hätten. Entsprechend den künstlichen Ruinen auf dem Landsitz eines exzentrischen Engländers aus dem achtzehnten Jahrhundert, die ihm lehrreiche Erinnerung an Eitelkeiten und Ruhm früherer Zeiten sein sollten, müssen wir lernen, unsere früheren Mißgriffe hochzuhalten und zu schützen. Oscar Wilde sagte: „Erfahrung ist der Name, den wir unseren Fehlern geben." Es ist heilsam, sie bewußt in unserer Landschaft zu erhalten als beständige Ermahnungen.

Pruitt-Igoe war nach den fortschrittlichen Idealen der CIAM (Congrès Internationaux d'Architecture Moderne) gebaut und der Entwurf 1951 mit einem Preis des American Institute of Architects ausgezeichnet worden. Es bestand aus eleganten 14geschossigen Scheibenhäusern mit rationalen „Straßen im Freien", Erschließungsdecks (die zwar sicher vor Autos, aber, wie sich erwies, nicht sicher vor Verbrechen waren), „Sonne, Raum und Grün", die Le Corbusier als „die drei wesentlichen Freuden" des Städtebaus bezeichnete (anstelle von konventionellen Straßen, Gärten und halböffentlichen Bereichen, die er ablehnte). In der Siedlung gab es Trennung von Fußgänger- und Fahrverkehr, Spielplätze und Gemeinschaftseinrichtungen wie Wäschereien, Kinderkrippen und Bereiche zur Unterhaltung — alles rationaler Ersatz für traditionelle Verhaltensmuster.

Außerdem hatte man gedacht, daß ihr puristischer Stil, ihre saubere, gesunde Krankenhausmetapher durch gutes Beispiel entsprechende Tugenden bei den Bewohnern anregen würde. Die gute Form sollte zum guten Inhalt führen oder zumindest zum guten Betragen. Die intelligente Planung des abstrakten Raumes sollte gesundes Verhalten fördern.

3 Minoru Yamasaki: Siedlung Pruitt-Igoe, St. Louis/Missouri, 1952 bis 1955.
Mehrere Hochhausscheiben dieser Bebauung wurden 1972 gesprengt, nachdem sie ständig verschandelt worden waren. Die Verbrechensrate war höher als in anderen Siedlungen. Oscar Newman schreibt dies in seinem Buch *Defensible Space* (New York 1972) den langen Korridoren, der Anonymität und dem Mangel an kontrollierten, halböffentlichen Bereichen zu. Ein weiterer Grund dafür ist, daß Pruitt-Igoe in einer puristischen Sprache entworfen wurde, die im Widerspruch zu den architektonischen Kodes seiner Bewohner stand.

4 Pruitt-Igoe als Ruine. Wie die Berliner Mauer und das 1968 zusammengebrochene Hochhaus Ronan Point in London ist diese Ruine zu einem wichtigen architektonischen Symbol geworden. Sie sollte als warnendes Mahnmal erhalten werden. Tatsächlich ist es einigen Farbigen — nach andauernden Feindseligkeiten und Meinungsverschiedenheiten — gelungen, eine Gemeinschaft in Teilen der verbliebenen bewohnbaren Häuser zu gründen: ein weiteres Symbol auf seine Weise, daß Umstände und Ideologie ebenso wie die Architektur das Funktionieren einer Umwelt bestimmen.

5 Richard Seifert: Penta-Hotel, London, 1972.
Die englische Regierung subventionierte diese Art von Hotels Ende der sechziger Jahre, um dem Ansturm der Touristen zu begegnen. Etwa zwanzig Häuser mit etwa 500 Betten entstanden an der Haupteinfallsstraße vom Flughafen. Von außen sind sie abweisender Internationaler Stil, innen „Ersatz" à la Lapidus.

6 Penta-Hotel: im Inneren ausgestattet im Vasarély-Flughafen-Warteraum-Stil. Die Ironie, daß die gleichen Innenräume dort zu finden sind, wo die Touristen ihre Reise begannen, ist vielen Kritikern nicht entgangen. Dennoch gedeiht diese Tradition weiterhin.

Aber leider erwiesen sich diese allzu vereinfachten Vorstellungen, übernommen von den philosophischen Doktrinen des Rationalismus, Behaviourismus und Pragmatismus, als ebenso irrational wie die Philosophien selbst. Die moderne Architektur als Kind der Aufklärung war Erbe der ihr angeborenen Naivität, einer zu gewaltigen und ehrfurchtgebietenden Naivität, als daß ihre Widerlegung in einem Buch, welches sich nur mit dem Bauen auseinandersetzt, gerechtfertigt wäre. Ich will mich hier im ersten Teil auf das Absterben eines kleinen Zweiges von einem großen, kranken Baum konzentrieren. Fairerweise sollte aber darauf hingewiesen werden, daß die moderne Architektur ein Ableger der modernen Malerei, der modernen Richtung in allen Künsten ist. Gleich dem rationalen Unterrichtswesen, dem rationalen Gesundheitswesen und der rationalen Gestaltung von Damenwäsche weist sie die Fehler einer Epoche auf, die versucht, sich selbst auf rationaler Grundlage vollkommen neu zu erfinden. Diese Unzulänglichkeiten sind inzwischen wohlbekannt dank der Schriften von Ivan Illich, Jacques Ellul, E.F. Schumacher, Michael Oakshott und Hannah Arendt. Mit der durchgängigen Fehlkonzeption des Rationalismus werde ich mich hier nicht befassen. Sie wird für meine Zwecke als erwiesen vorausgesetzt. Anstelle einer weit ausholenden Attacke auf die moderne Architektur oder unter Zuhilfenahme des Nachweises, daß ihre Mißstände in enger Beziehung zu der herrschenden Philosophie der modernen Zeit stehen, will ich eine Karikatur, eine Polemik versuchen. Der Vorzug dieser Form (ebenso wie ihr Nachteil) liegt in der Möglichkeit, die großen Verallgemeinerungen mit gewissem Eifer und Genuß zu sezieren, über alle Ausnahmen und Feinheiten in der Argumentation hinweggehen zu können. Die Karikatur ist natürlich nie die ganze Wahrheit. Daumiers Zeichnungen stellen nicht die wirkliche Armut des neunzehnten Jahrhunderts dar, vielmehr eine stark selektive Sicht *einiger* Wahrheiten. Lassen Sie uns also durch die Öde der modernen Architektur und unsere zerstörten Städte streifen, wie der Tourist vom Mars bei einem Ausflug zur Erde die archäologischen Stätten besucht: mit dem Abstand des Unbeteiligten, erheitert durch die zwar betrüblichen, aber lehrreichen Fehler einer frühen Baukultur. Schließlich darf man, da sie unwiderruflich tot ist, die Leiche fleddern.

Die Krise der Architektur

Im Jahr 1974 schrieb Malcolm MacEwen ein Buch mit diesem Titel, das die englische Sicht dessen zusammenfaßte, was als das Übel der Moderne betrachtet wurde (daß sie groß geschrieben wurde wie alle Weltreligionen) und was dagegen zu unternehmen sei. Seine Zusammenfassung war meisterhaft, aber seine Vorschläge gingen völlig am Ziel vorbei: Sein Heilmittel sollte die Erneuerung einer kleinen Institution sein, des Royal Institute of British Architects, indem hier ein Stil und dort ein Inhalt geändert wurde — als könnten solche Dinge die *vielschichtigen* Ursachen der Krise beseitigen. Wir wollen diese brauchbare Analyse anwenden, nicht die Lösung, und als typische Groteske der modernen Architektur dafür einen Bautyp auswählen: die modernen Hotels.

Das neue Penta-Hotel in London hat 914 Betten, etwa neunmal soviel wie das durchschnittliche große Hotel vor fünfzig Jahren, und es ist im Internationalen Stil und einer Form ausgestattet, die als Vasarély-Flughafen-Moderne bezeichnet werden könnte. Etwa zwanzig dieser Leviathane stehen dicht beieinander auf dem Weg zum Londoner Flughafen (in der Branche bekannt als „Hotellandia"), und sie erzeugen einen Bruch im Maßstab und im städtischen Leben, der einer Besetzung durch Invasionstruppen gleichkommt — eine Rolle, welche die Touristen übernehmen.

Zu diesen neuentstandenen Bataillonen mit ihren protzigen Namen gehören folgende Hotels: das Churchill (500 Zimmer, benannt nach Sir Winston und im pompejanisch-palladianischen Stil beziehungsweise dem von Robert Adam), das Imperial (720 Zimmer, außen modern, innen Julius-Caesar-Stil in Glasfiber) und das Hotel Park Tower (300 Zimmer, im Maiskolbenstil, innen mit verschiedenartigen Sonnenbanner-Motiven ausgestattet).

7 Churchill-Hotel, London, 1971.
Eine typische Kombination von Stilreproduktion mit modernem Service. Die Hotel-
beschreibung lautet: „Ihr Wagen gleitet zu einem Halt unter dem Schutz einer Porte
cochère. Die Tür wird geöffnet. Ihr flüchtiger Blick erspäht Gesichter . . . Uniformen
. . . eine Hand, die einen Hutrand fast salutierend berührt . . . Guten Abend, mein
Herr . . . hierher bitte . . ., und Sie betreten die Empfangshalle. Vor Ihnen erstreckt
sich ein Saal. Kühl, weitläufig, fast weiß. Kristallkronleuchter tauchen den Marmor-
fußboden und die Säulen in weiches, weißes Licht. Menschen sind da, aber es ist
sehr still. Verhaltene Gefühle. Und elegant. Das ist das Churchill-Hotel." Wenn Robert Adam nur Klimaanlagen und Strahler gehabt hätte, könnte damals vielleicht
auch etwas so Kühles und Zurückhaltendes entstanden sein.

8 Richard Seifert: Hotel Park Tower, London, 1973.
Dieses modellierte Äußere — das mit einem Gaskessel, übereinandergesetzten
Fernsehapparaten und einem Maiskolben verglichen worden ist — war ein Versuch, von der flachen Fassade wegzukommen. Innen ist das Gebäude mit im Handel erhältlichen Sonnenbanner-Motiven ausgestattet.

Der immer wiederkehrende Aspekt dieser zwischen 1969 und 1973 erbauten Hotels ist, daß sie hochmodernen Service, etwa Klimaanlagen, im Gewand traditioneller Stilformen anbieten, die von Gotik, Rokoko, Second Empire bis zu einer Kombination aller drei Stile reichen. Das Rezept der Verbindung alter Stilformen mit moderner Sanitärtechnik hat sich in unserer Konsumgesellschaft als ungeheuer erfolgreich erwiesen, und dieser *Ersatz* ist zur entscheidenden kommerziellen Herausforderung an die klassische moderne Architektur geworden. Aber in einer entscheidenden Hinsicht, im Bereich der *Produktion* der Architektur, tragen der Ersatz und die moderne Architektur gleichermaßen zur Verfremdung bei und zu dem, was MacEwen als die „Krise" bezeichnet. Ich habe versucht, die verschiedenen Ursachen dieser Situation zu entwirren — es sind mindestens elf an der Zahl — und zu zeigen, wie sie in zwei modernen Arten der Architekturproduktion (aufgeführt in den beiden rechten Spalten der Tabelle) wirken.

Zum Vergleich bezieht sich die erste Spalte links auf das alte System der *privaten* Architekturproduktion (die überwiegend vor dem Ersten Weltkrieg üblich war), als ein Architekt seinen Bauherrn persönlich kannte und vermutlich seine Wertvorstellungen und ästhetischen Kodes teilte. Ein extremes Beispiel dafür ist Lord Burlingtons Villa in Chiswick, eine ungewöhnliche Situation, da der Architekt der Erbauer (oder der Unternehmer) und gleichzeitig Bauherr und Nutzer in einer Person war. Daher gab es keinen Unterschied zwischen seinem stark elitären und abstrakten Kode (einer nüchternen, intellektuellen Version der palladianischen Formensprache) und seiner Lebensweise. Die gleiche Identität existiert heute — wenn auch in bescheidenerem Maßstab und als relative Seltenheit — bei den „handmade houses", die von ihren Bewohnern außerhalb urbaner Zentren in Amerika errichtet wurden, oder in der Hausboot-Siedlung in Sausalito in der Bucht von

9 Klimaanlage im Elizabetta-Hotel, London, 1972.
Die Aufnahme zahlreicher moderner Einrichtungen — elektrische Beleuchtungsanlagen, Musikübertragung, Überwachungssysteme, Telefon, Alarmanlagen, Fahrstühle — in den „Ersatz"-Stil bewirkt unvereinbare Zusammenstellungen. Ein surrealer Humor wird manchmal versucht, wenn auch nicht offen gezeigt. Der Einfallsreichtum ist nicht zu leugnen. Manche Hotels haben, wie das Elizabetta, den Mut zum Gewöhnlichen.

10 „Die Krise der Architektur", ein Diagramm dreier Produktionssysteme für Architektur. Die linke Spalte zeigt die Folgen der alten, privaten Produktionsweise, während die rechten Spalten die beiden modernen Methoden zeigen. Kritiker der modernen Architektur haben mehrere dieser elf Gründe für die Krise dargestellt. Aber die Gründe sind offenbar vielschichtiger Natur und fungieren als System, das im wirtschaftlichen Bereich verankert ist. Wie viele Variablen müssen verändert werden, damit sich das System ändert?

		SYSTEM 1 — PRIVAT		SYSTEM 2 — ÖFFENTLICH		SYSTEM 3 — SPEKULATIV	
		privater Architekt	Bauherr ist Nutzer	Architekt im öffentlichen Dienst	Bauherr ist nicht Nutzer	für Spekulationsbauten tätiger Architekt	Bauherr ist nicht Nutzer
1	**ÖKONOMISCHER BEREICH**	**Minikapitalist** (beschränkte Mittel)		**Wohlfahrtsstaat-Kapitalist** (beschränkte Mittel)		**Monopolkapitalist** (Mittel vorhanden)	
2	**MOTIVATION**	ästhetisch, ideologisch	bewohnen, nutzen	Problem lösen	Wohnungsbau für den Nutzer	Geld verdienen	Geld verdienen, um es zu nutzen
3	**NEUESTE IDEOLOGIE**	zu unterschiedlich, um aufgeführt zu werden		Fortschritt, Effektivität, großer Maßstab, Anti-Historie, Brutalismus usw.		siehe System 2 + pragmatisch	
4	**VERHÄLTNIS ZUM ORT**	lokaler Architekt	Bauherr-Nutzer am Ort	entfernte Architekten	Nutzer ziehen an den Ort	entfernte und wechselnde Planer	nicht anwesende Bauherren
5	**VERHÄLTNIS DES BAUHERRN ZUM ARCHITEKTEN**	**Fachmann-Freund,** gleiche Partner, kleines Team		**anonymer Arzt,** wechselnde Planer, großes Team		**gedungener Diener,** kennt weder Planer noch Nutzer	
6	**GRÖSSE DER PROJEKTE**	**klein**		**einige groß**		**zu groß**	
7	**GRÖSSE/TYP DES ARCHITEKTURBÜROS**	kleine Partnerschaft		groß, zentralisiert		groß, zentralisiert	
8	**ENTWURFSMETHODE**	langsam, individuell, innovativ, teuer		unpersönlich, anonym konservativ, preiswert		schnell, billig, nach bewährten Rezepten	
9	**VERANTWORTLICHKEIT**	dem Bauherrn-Nutzer		dem Stadtrat und den örtlichen Behörden		den Aktionären, dem Spekulanten und dem Vorstand	
10	**GEBÄUDETYP**	Wohnhäuser, Museen, Universitäten		Wohnungsbau und Infrastruktur		Einkaufszentren, Hotels, Bürobauten, Fabriken usw.	
11	**STIL**	**vielfältig**		**unpersönlich,** sicher, zeitgemäß, unzerstörbar		**pragmatisch,** nach Klischee, bombastisch	

San Francisco, wo jedes Boot den unterschiedlichen, persönlichen Stil seiner Besitzer ausdrückt. Diese selbstgebauten Häuser zeugen von der engen Beziehung, die zwischen Bedeutung und Form entstehen kann, wenn die Architekturproduktion in kleinem Maßstab erfolgt und von den Bewohnern selbst kontrolliert wird.

Andere Faktoren, die diese Art der Produktion in der Vergangenheit beeinflußten, brachte die *miniaturkapitalistische Ökonomie* mit ein, in der die Mittel beschränkt waren. Der Architekt oder der Spekulationsunternehmer plante relativ *kleine* Teile der Stadt in einem Zug. Er arbeitete *langsam,* entsprechend vorhandenen Bedürfnissen, und er war dem Bauherrn, der unweigerlich auch der Nutzer des Gebäudes war, *Rechenschaft* schuldig. Alle diese Faktoren und weitere, die im Diagramm gezeigt sind, verbanden sich zur Produktion einer Architektur, die vom Bauherrn verstanden wurde und sich in einer Sprache darstellte, an der andere teilhatten.

Die zweite und dritte Spalte beziehen sich auf die Art und Weise, wie Architektur heute entsteht, und zeigen, warum sie nicht mehr im Maßstab der historischen Städte ist und sich sowohl den Architekten als auch der Gesellschaft entfremdet hat. Als erstes, im wirtschaftlichen Bereich, wird sie entweder für eine öffentliche Wohlfahrtsorganisation produziert, der das notwendige Geld fehlt, um die sozialen Intentionen der Architekten zu realisieren, oder sie wird von einer kapitalistischen Organisation finanziert, deren Monopol gigantische Investitionen tätigt und entsprechend gigantische Bauten hervorbringt. Das Penta-Hotel zum Beispiel gehört der European Hotel Corporation, einem Konsortium von fünf Fluggesellschaften und fünf internationalen Banken. Diese zehn Gesellschaften erschaffen gemeinsam einen Monolithen, der nach seiner finanziellen Definition dem Massengeschmack auf Mittelklasseniveau entsprechen muß. Dieser Geschmackskultur haftet nichts Minderwertiges an, es sind vielmehr die wirtschaftlichen Imperative, welche die Größe und die Vorhersehbarkeit des Ergebnisses bestimmen und die Architektur zwangsweise so unbarmherzig prätentiös und unnahbar werden lassen.

Als zweites ist bei dieser Art der Produktion die Motivation des Architekten entweder, ein Problem zu lösen, oder im Fall des für den Spekulationsbau tätigen Architekten, Geld zu machen. Warum die Motivation des letzteren keine effektive Architektur mehr hervorbringt wie in der Vergangenheit (sofern sie nicht dem zwingenden Druck voraussehbaren Geschmacks unterliegt), bleibt ein Rätsel. Aber es ist völlig klar, warum „Probleme" keine Architektur produzieren. Sie produzieren vielmehr „rationale" Lösungen in reinem Stil für allzu simplifizierte Fragestellungen.

Der Hauptgrund für die Verfremdung ist jedoch der Maßstab der gegenwärtigen Bauten: die Hotels, Parkhäuser, Einkaufszentren und Wohnsiedlungen, die „zu groß" sind — wie die Architekturbüros, die sie produzieren. *Wie* groß ist *zu* groß? Offenbar gibt es darauf keine allgemeingültige Antwort, wir warten noch auf detaillierte Untersuchungen verschiedener Bautypen. Aber die Gleichung kann generell aufgestellt werden und könnte bezeichnet werden als „das Ivan-Illich-Gesetz zur Verkleinerung der Architektur" (als Entsprechung zu seiner Vorstellung vom kontraproduktiven Wachstum). Das könnte auch wie folgt ausgedrückt werden: Bei jedem Bautyp gibt es eine obere Grenze für die Anzahl der Menschen, die damit bedient werden können, ohne daß die Qualität der Umwelt dadurch abnimmt. Der Service der großen Londoner Hotels hat abgenommen wegen Personalmangel und Ausbleiben der Kundschaft; die Qualität des Tourismus hat abgenommen, weil die Touristen wie Vieh behandelt werden, das von

11 Hausboote in der Bucht von Sausalito, 1960.
Wie die Eigenbau-Häuser in Kalifornien beruhen diese Hausboote auf der ältesten Form der Architekturproduktion — sie sind selbstgemacht. Jedes einzelne ist handgeschneidert von seinen Bewohnern in einem anderen Stil. Man findet darunter, Seite an Seite liegend, ein Schweizerhaus, einen umgebauten Wohnwagen oder, wie hier, den Venturi-Stil neben dem A-Haus von Buckminster Fuller.

12 Penta-Restaurant: Innenraum mit königlichem Wappen aus Glasfiber: Dieu-et-mon-droit. Holiday Inns, der größte multinationale Hotelkonzern, fabriziert diese Glasfiber-Symbole vor und sendet sie an einige ihrer 1 700 Konzessionäre. Die Multinationalen haben wesentlich dazu beigetragen, den Weltgeschmack zu standardisieren und eine weltweite „Konsumgemeinde" zu schaffen. Für die National Biscuit Company ist es erklärtes Ziel, daß in Zukunft zwei Milliarden Menschen ihre Standard-Durchschnittskekse kauen.

13 Disneyland, eröffnet 1955 als Erfüllung eines Traums von Walt Disney, war der Anfang der neuen Form der Durchfahrtsparks, in denen die Menschen sich auf ein ständig bewegendes Montageband begeben und an „Erlebnissen" vorbeigeschoben werden. Manchmal ist die Fahrt mühelos, man sieht der Mechanismen nicht gewahr. Manchmal bilden sich lange Schlangen, und man wird in Menschengehege geführt. Multinationale Konzerne, wie Pepsi Cola, Ford, General Electric und Gulf, haben viel in Disney-Unternehmungen investiert.

13 einem Weideplatz zum anderen getrieben wird in einem ununterbrochenen und stetigen Fluß. Programmierte ·Unterhaltung am laufenden Band, Zusammendrängen der Menschen auf kleinstem Raum, in langen Schlangen und sich vorwärts bewegenden Reihen — dieser Prozeß, der durch Walt Disney perfektioniert wurde, ist heute auf alle Bereiche des Massentourismus übertragen worden und resultiert im total gesteuerten, bequemen Erlebnis. Was als Suche nach dem Abenteuer begann, endete in totaler Vorhersehbarkeit. Exzessives Wachstum und Rationalismus stehen im Widerspruch zu den eigentlichen Zielen, welche die Einrichtung des Tourismus ursprünglich vermitteln wollte.

Das gleiche gilt für die großen Architekturbüros. Hier leidet die Planung, weil niemand vom Anfang bis zum Ende die Kontrolle über den ganzen Bau hat und weil das Bauwerk schnell und effizient nach bewährten Rezepten erstellt werden muß (Rationalisierung des Geschmacks zu Klischees, die auf statistischen Durchschnittswerten für Stil und Bauaufgabe basieren). Außerdem muß bei großen Gebäuden wie dem Penta-Hotel Architektur für einen Auftraggeber produziert werden, den keiner im Büro kennt (in diesem Fall für die zehn Gesellschaften) und der in keinem Fall der Nutzer ist. Kurz, die Bauten sind heute häßlich, brutal und zu groß, weil sie produziert werden zum Profit unbekannter Spekulanten, unbekannter Vermieter und unbekannter Nutzer, deren Geschmack als Klischee vorausgesetzt wird.

Es gibt also nicht nur *eine* Ursache für die Krise der Architektur, sondern ein ganzes *System* von Ursachen, und mit Sicherheit wird lediglich eine Änderung des Stils oder der Ideologie der Architekten, wie zahlreiche Kritiker es vorschlagen, die Gesamtsituation nicht ändern. Kein Sturmlaufen gegen den Internationalen Stil oder den Brutalismus, gegen Hochhäuser, Bürokratie, Kapitalismus, Gigantomanie oder was immer der neueste Prügelknabe sein mag, kann die Dinge auf einen Schlag ändern und eine menschliche Umwelt produzieren. Es scheint, als müßten wir das ganze System der Architekturproduktion ändern, alle elf Ursachen auf einmal. Und doch ist eine solch radikale Wendung vielleicht nicht notwendig. Vielleicht sind einige Ursachen entscheidender

15, 16 Ludwig Mies van der Rohe: Seagram-Gebäude, New York, 1958. Eckausbildung und Grundriß. Die Fläche der Doppel-T-Träger wird einige Zentimeter vor die Linie der Stützen gezogen, so daß die Ecke mit Stahlwinkeln klar artikuliert wird. Die innenliegenden Vorhangwände können jetzt nur an vorher festgelegte, harmonische Positionen gehoben werden. Mies hatte vollmaßstäbliche Doppel-T-Träger-Details neben seinem Zeichentisch stehen, um die Proportionen richtig zu erfassen. Er meinte, dieses Element sei das moderne Äquivalent für die dorische Säule. Aber, wie Herbert Read es einmal formulierte: „Hinter jeder sterbenden Zivilisation steckt eine verdammte dorische Säule."

14 Ludwig Mies van der Rohe: Wohnhochhäuser am Lake Shore Drive, Chicago, 1950.
Die erste klassische Anwendung des Curtain Walls setzte den Maßstab für spätere Variationen, die Mies gegen Ende seines Lebens versuchte. Hier ist die Front der schwarzen Stahlfassade ohne Tiefe, die Vorhangwände hinter dem Glas durften beliebig angebracht werden — „Probleme", die Mies später „löste". Das größere Problem, daß die Wohnbauten wie Bürogebäude aussehen, wurde nie erörtert.

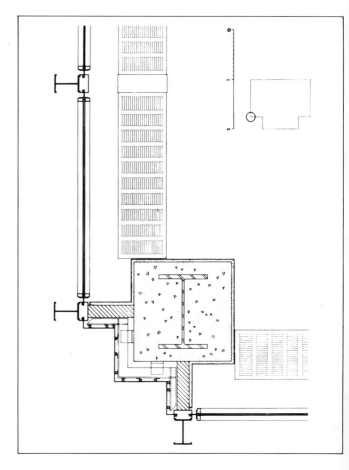

als andere. Wir müssen nur die Kombination einiger weniger ändern. Es könnte zum Beispiel genügen, wenn große Architekturbüros in kleine Teams aufgelöst würden, eine gewisse finanzielle und planerische Kontrolle vorausgesetzt, und in enger Beziehung mit den späteren Nutzern des Gebäudes arbeiteten. Wer weiß es? Die Experimente müßten mit verschiedenen Variablen durchgeführt werden. Alles, was zu diesem Zeitpunkt gesagt werden kann, ist, daß die Situation systemimmanente Ursachen hat, deren Struktur verändert werden muß, wenn tiefgreifende Veränderungen erfolgen sollen. Ich will nur zwei Ursachen der Krise verfolgen: einmal die Tatsache, daß die Moderne eine Verarmung der architektonischen Sprache auf der Ebene der Form bewirkt, und zum anderen, daß sie selbst eine Verarmung auf der Ebene des Inhalts erfahren hat, der sozialen Ziele, für die sie eigentlich baute.

Die univalente (einwertige) Form

Zur allgemeinen Betrachtung einer Architektur, die nach einer (oder einigen) vereinfachten Wertvorstellung geschaffen wurde, will ich den Begriff „Univalenz" benutzen. Zweifellos ist im Hinblick auf den Ausdruck die Architektur Mies van der Rohes und seiner Nachfolger das univalenteste formale System, das wir kennen, weil sie nur wenige Materialien verwendet und eine einzige rechtwinklige Geometrie aufweist. Es ist charakteristisch, daß dieser reduzierte Stil als rational gerechtfertigt wurde (wenn er unwirtschaftlich war) und als universal (wenn er nur geringe Funktionen erfüllte). Die Glas- und Stahlkiste ist zur einzigen, am meisten benutzten Form der modernen Architektur geworden und kennzeichnet in der ganzen Welt das Bürogebäude.

In den Händen von Mies und seinen Schülern ist dieses verarmte System jedoch zum Fetisch geworden bis zu dem Ausmaß, daß es alle anderen Belange überwältigte (in ähnlicher Weise, wie der Lederstiefel den Schuhfetischisten beherrscht und ihn von wichtigeren Belangen ablenkt). Sind Doppel-T-Träger und Glasplatten wirklich für den Wohnungsbau geeignet? Das ist eine Frage, die Mies als irrelevant abgetan hätte. Die gesamte Frage der Eignung, des „Dekors", die jeder Architekt, von Vitruv bis Lutyens, diskutiert hat, ist durch Mies' Universalgrammatik und Universalmißachtung des Orts und der Funktion ungültig geworden. (Er betrachtete die Funktion als so kurzlebig oder provisorisch, daß er sie für unwichtig hielt.)

Seine erste klassische Anwendung des Curtain Walls erfolgte beim Wohnungsbau, nicht an einem Bürogebäude — und nicht aus funktionalen oder ästhetischen Gründen, sondern weil er besessen war von der Perfektionierung bestimmter formaler Probleme. In diesem Fall konzentrierte Mies sich auf die Proportionen von Doppel-T-Träger zu dahinterliegender Wandplatte und verglastem Bereich, tragenden Stützen und gliedernden Linien. Details dieser Elemente im Originalmaßstab standen neben seinem Zeichenbrett, so daß er seine Lieblinge niemals aus dem Blickfeld verlor.

Die übergeordnete Frage stellte er demzufolge gar nicht: Was passierte, wenn Wohnungen wie Büros aussahen oder wenn die beiden Funktionen nicht unterscheidbar waren? Die logische Folgerung wäre, beide Funktionen zu verringern und einen Kompromiß zwischen ihnen zu schließen, indem man sie gleichstellte. Arbeiten und Wohnen würden dann auswechselbar auf der banalsten, der baulichen Ebene und unartikuliert auf einem höheren, metaphorischen Niveau. Die psychischen Hintergründe dieser beiden so unterschiedlichen Aktivitäten blieben unerforscht, vom Zufall abhängig und beeinträchtigt.

Ein anderes Meisterwerk der modernen Architektur, das Civic Center in Chicago, von einem Mies-Nachfolger entworfen, zeigt die gleiche Verwirrung im Erscheinungsbild. Die langen, horizontalen Elemente und der dunkle Cortenstahl stehen für „Bürogebäude", „Macht", „Stilreinheit", und die Variationen in der Außenhaut drücken die „technische Ausstattung" aus. Aber diese primitiven (und gelegentlich falsch verstandenen) Bedeutungen brin-

17 C.F. Murphey: Civic Center, Chicago, 1964.
Bei der Anwendung von Mies' Curtain Wall zeigt diese Lösung horizontale Betonung — lange Spannweiten und zurückhaltende Vertikalen aus braunem Cortenstahl. Ohne die davorstehende Skulptur von Picasso würde man weder die städtische Bedeutung dieses Gebäudes erkennen noch die verschiedenen politischen Funktionen, die darin ausgeübt werden.

gen uns nicht weiter. Auf der Ebene im buchstäblichen Sinne des Wortes teilt das Gebäude seine bedeutende städtische Funktion nicht mit und, was noch schwerwiegender ist, nicht die soziale und psychologische Bedeutung dieser wichtigen Bauaufgabe (als Stätte der Begegnung für die Bürger Chicagos).

Womit konnte der Architekt ein solch ungegliedertes Gebäude rechtfertigen? Die Antwort erteilt eine Ideologie, die den Fortschritt preist, die nur die Veränderungen in der Technologie und im Baumaterial symbolisiert. Die Moderne erklärte die Produktionsmittel zum Fetisch, und Mies gab in einem jener seltenen kryptischen Aphorismen, die zu erheiternd oder vielmehr zu absurd sind, um an ihnen vorbeizugehen, diesem Fetisch Ausdruck:

„In der Industrialisierung des Bauwesens sehe ich das Kernproblem des Bauens unserer Zeit. Gelingt es uns, diese Industrialisierung durchzuführen, dann werden sich die sozialen, wirtschaftlichen, technischen und auch künstlerischen Fragen leicht lösen lassen[1]" (1924).

Was geschieht mit den theologischen und den gastronomischen „Problemen"? Die groteske Verwirrung, zu der dies führen kann, wurde von Mies selbst auf dem Campus seines Illinois Institute of Technology in Chicago gezeigt: einer für uns ausreichend großen Kollektion verschiedenartiger Funktionen, um sie als Mikrokosmos seiner surrealistischen Welt betrachten zu können.

Im Grunde hat er seine universale Grammatik des Doppel-T-Trägers mit einer Ausfachung aus beige Backstein oder Glas benutzt, um alle wichtigen Funktionen auszudrücken: Wohnen, Versammlung, Unterrichtsräume, Studentenverbindungen, Läden, Kapelle usw. Wenn wir eine Reihe dieser Bauten nacheinander betrachten, können wir sehen, wie verwirrend seine Sprache ist, sowohl im eigentlichen, als auch im metaphorischen Sinne.

Eine charakteristische rechtwinklige Form könnte als Unter- 18

18 Ludwig Mies van der Rohe: Siegelbau, Illinois Institute of Technology, Chicago, 1947.
Ist dies ein astrophysikalisches Forschungsinstitut? Der ganze Campus ist in der „universalen" Ästhetik von Stahl, Glas und beige Backstein gehalten mit Ausnahme des wichtigsten Gebäudes (siehe Abb. 22).

19 Die berüchtigte IIT-Ecke des vorhergehenden Gebäudes. Für Leslie Martin sah sie aus wie ein *visueller* Halt, doch Llewelyn-Davies argumentierte, sie sähe „endlos" aus, weil sie mit zwei Doppel-T-Trägern und einem L-Träger zurückgesetzt ist. Die Tatsache, daß das ganze Gebäude eine „Fabrik" darstellt, wo es doch für die Lehre bestimmt ist, wurde typischerweise in diesem Fetischismus der Details und abstrakten Deutungen übersehen.

20 Ludwig Mies van der Rohe: Kathedrale/Kesselhaus des Illinois Institute of Technology, Chicago, 1947.
Die traditionelle Form der Basilika mit Zentralschiff und zwei Seitenschiffen. Es gibt sogar Lichtgaden, regelmäßige Anordnung der Pfeiler und einen Kampanile, um zu zeigen, daß dies die Campus-Kathedrale ist.

richtsblock gedeutet werden, wo Studenten am laufenden Band einen ähnlichen Gedanken nach dem anderen ausstoßen — weil die Metapher der Fabrik diese Interpretation nahelegt. Das einzige erkennbare Zeichen in diesem Gebäude, die Scheibe auf dem Dach, läßt vermuten, daß die Studenten zu Astrophysikern ausgebildet werden, aber natürlich kann Mies keinen Anspruch auf dieses bißchen unmittelbarer Assoziation erheben. Jemand anders fügte die Scheibe hinzu und zerstörte damit die Reinheit seiner fundamentalen Aussage.

Worauf er Anspruch erheben kann und was eine große Architekturdiskussion ausgelöst hat (eine Debatte zwischen den Dekanen Sir Leslie Martin und Lord Llewelyn-Davies), ist seine Lösung des *Problems* der Ecke. Die beiden Hochschullehrer diskutierten mit mittelalterlicher Präzision und Weitschweifigkeit die Frage, ob die Ecke „Endlosigkeit" oder „Geschlossenheit" einer Renaissancesäule symbolisiert. Die Tatsache, daß sie beides oder keins davon symbolisieren könnte, abhängig vom Kode des Betrachters, oder daß die wichtigeren Themen des Fabriksymbolismus und der semantischen Verwirrung auf dem Spiel standen — solche Fragen wurden niemals aufgeworfen.

Nicht weit von dieser umstrittenen Ecke steht ein anderes architektonisches Vexierbild in Mies' universaler Sprache der Verwirrung. Hier finden wir alle Arten der konventionellen Gestaltungsmittel, die das Geheimnis preisgeben: die rechteckige Form eine

21 Ludwig Mies van der Rohe: Kesselhaus/Kirche des Illinois Institute of Technology, Chicago.
Eine törichte Kiste, zwischen Hochhäuser gestellt, die im gleichen Stil ge-

halten sind. Auf drei Seiten geschlossen und von einem Scheinwerfer beleuchtet — klar, das ist das Kesselhaus.

22 Ludwig Mies van der Rohe: Präsidententempel/Architekturgebäude des Illinois Institute of Technology, Chicago, 1962.
Der schwarze Tempel schwebt wundersam über einer Kolossalordnung von Stahlträgern und einer kleineren Ordnung von Doppel-T-Trägern. Die

weißen, horizontalen Stufen verletzen auch das Gesetz der Schwerkraft. Das Bauwerk nimmt einen wichtigen Platz auf dem Campus ein, wie es dem Haus des Präsidenten gebühren würde.

Kathedrale, eine zentrale Langhauskonstruktion mit zwei Seitenschiffen, abzulesen an der Ostfassade. Die religiöse Natur dieses Bauwerks wird verstärkt durch eine regelmäßige Anordnung der Stützen. Zwar gibt es keine betonten Bogen, aber es gibt Lichtgaden sowohl im Langhaus als auch in den Seitenschiffen. Schließlich bestätigt unsere Deutung, daß dies die Campus-Kathedrale sei, der Backstein-Kampanile, der Glockenturm, der die Basilika beherrscht.

Tatsächlich ist dies das Kesselhaus, ein Verstoß von solch umwerfendem Witz, daß er nicht wirklich gewürdigt werden kann, ehe man die eigentliche Kapelle sieht, die aussieht wie ein Kesselhaus. Sie ist eine anspruchslose Kiste in industriellem Material, bedroh-

lich eingezwängt zwischen scheibenförmige Wohntrakte, mit angefügtem Scheinwerfer — kurz, Zeichen, die eine Deutung prosaischer Sachlichkeit bestätigen.

Schließlich kommen wir zur wichtigsten Position auf dem Campus, zum zentralen Bereich, auf dem sich ein Tempel befindet, der sich durch Verwendung homogener Materialien auszeichnet, was ihn von den anderen Fabrikgebäuden unterscheidet. Dieser Tempel erhebt sich auf einem Sockel, er hat eine großartige Säulenreihe großer und kleiner Ordnung sowie eine grandiose Treppe aus weißen Marmorplatten, die wundersam im Raum schweben, als hätte der lokale Gott schließlich seinen Zauber walten lassen. Es muß das Präsidentenhaus sein oder zu allermindest das Verwal-

22

23 Frank Lloyd Wright: Geschäfts- und Verwaltungszentrum Marin County, San Rafael/Kalifornien, 1959—1964.
Der große „Pont du Gard" aus Pappkarton mit vergoldeten Spielereien, überragt von einem aztekischen Minarett, mit kegelbahnähnlichen Räumen im Inneren und einem babyblauen, durchscheinenden Dach mit ausgestochenen Halbkreisen. Ein ausgezeichnetes Stück modernen Kitsches — leider war das unbeabsichtigt.

24 Ioh Ming Pei: Everson-Museum, Syracuse/New York, 1968.
Kaum kommunikativ als Museum. Es könnte ein Lagerhaus sein, vier Theater oder eine Kirche, wenn man davon absieht, daß diese nackte Kiste mit komischen Formen um 1975 zu dem Zeichen für Museen in Amerika wurde. Durch Überbetonung der plastischen Übereinstimmung vor allen anderen Wertvorstellungen wird Peis Bauwerk irreal und in seiner Signifikanz reduziert.

25 Ioh Ming Pei: Kirchenzentrum der Christlichen Wissenschaft, Boston/Massachusetts, 1973.
Sehr scharfkantiger Le Corbusier — Chandigarh in Präzisionsbeton. Aus der Luft kann man erkennen, daß dieses Zentrum wie ein riesiger Phallus angelegt ist, der — zutreffend — in einem Springbrunnen gipfelt. Ledoux entwarf ein Gebäude mit phallusförmigem Grundriß für ein Bordell. Hier jedoch ist kein Hinweis gegeben, daß eine besondere Aussage beabsichtigt war.

tungszentrum. Tatsächlich ist es der Ort, wo die Architekten arbeiten — was sonst könnte es sein?

So sehen wir, daß die Fabrik ein Unterrichtsgebäude ist, die Kathedrale ein Kesselhaus und der Präsidententempel die Architekturabteilung. Mies sagt also, daß das Kesselhaus wichtiger ist als die Kapelle und daß die Architekten, wie heidnische Götter, über das Ganze herrschen. Natürlich hat Mies diese Auslegung nicht beabsichtigt, aber seine Verpflichtung gegenüber reduzierten formalen Wertvorstellungen verrät sie ungewollt.

Univalente Formalisten und ungewollte Symbolisten

Damit wir nicht Gefahr laufen, Mies als einen besonderen Fall oder gewissermaßen als uncharakteristisch für die Gesamtheit der modernen Architekten aufzufassen, wollen wir ähnliche Beispiele betrachten, die aus der Reaktion auf seine besondere Sprache hervorgegangen sind: Die formalistische Richtung in Amerika und die Kritik des Team 10 als Nachfolger der Congrès Internationaux d'Architecture Moderne in den sechziger Jahren waren beide gegen die Auffassung Mies van der Rohes gewandt.

Frank Lloyd Wrights letztes Werk, das Marin County Civic Center, ist ein charakteristisches Beispiel für die formalistische Architektur. Das Bauwerk basiert auf einer endlosen Wiederholung verschiedener Elemente (und ihrer Abwandlung), die unklar in ihren Hintergründen sind — in diesem Fall die babyblauen und goldenen Spielereien, die an ein Helena-Rubinstein-Ambiente erinnern, und darübergesetzte Rundbogen, die Assoziationen an einen römischen Aquädukt nahelegen. Die Rundbogen verleugnen ihre statische Druckfunktion und hängen, mit vergoldeten Verstrebungen, unter Zug. Ein goldenes Minarett oder ein Totempfahl, der auch Assoziationen an Azteken und Mayas auslöst, krönt das Gelände dieses Cityzentrums (dem lediglich seine City fehlt). Zur Verteidigung kann man sein gefälliges, surrealistisches Erscheinungsbild loben, das seine kitschige Extravaganz rechtfertigt — aber nicht viel mehr. Wie das bereits erwähnte Civic Center von Chicago sagt Marin County nichts Grundlegendes über die Rolle der Regierung aus. (Ist das nur ein Ausweichen, oder drückt es gar das Verhältnis der Bürger zu ihr aus?) 23

Im Werk von Ioh Ming Pei, Ulrich Franzen, Philip Johnson oder Skidmore, Owings und Merrill, der führenden amerikanischen Ar- 24 - 26

26 Skidmore, Owings und Merrill, Architekt Gordon Bunshaft: Beineke-Bibliothek, Yale University, New Haven/Connecticut, 1964.
Dieser pompöse Tempel wirkt nachts außergewöhnlich, wenn das Licht

durch den transparenten Marmor schimmert. Die Tafeln sehen aus wie nicht funktionierende, gestapelte Fernsehapparate.

27 Gordon Bunshaft und Skidmore, Owings und Merrill: Hirschhorn-Museum, Washington/D. C., 1973.
Unbeabsichtigter Symbolismus — ein Betonbunker, dazu bestimmt, die Kunst vor den Menschen zu schützen? Ein marmorner Berliner Pfannkuchen?

chitekten, finden wir immer die gleichen irreführenden Erscheinungsmerkmale: eine auffallende Form, ein reduziertes, aber potentes Erscheinungsbild mit unbeabsichtigter Bedeutung. Zum
27 Beispiel hat Gordon Bunshafts Hirschhorn-Museum, die einzige Sammlung moderner Kunst an der Mall in Washington, die sehr starke Form eines Zylinders aus weißem Mauerwerk. Diese vereinfachte Form, die sich letztlich von den „Modernisten" des achtzehnten Jahrhunderts, Boullée und Ledoux, ableiten läßt, sollte Kraft ausdrücken, Ehrfurcht, Harmonie und Erhabenheit. Und das tut sie. Aber „Time Magazine" und andere Zeitschriften wiesen darauf hin, daß sie vielmehr einen Betonbunker symbolisiere, einen Unterstand wie in der Normandie, mit sich verjüngenden Mauern, undurchdringlicher Schwere und einem ringsum laufenden Maschinengewehrschlitz. Bunshaft drückt — unbeabsichtigt — aus: „Haltet die moderne Kunst in diesem befestigten Bollwerk vom Publikum fern und schießt auf die Leute, die es wagen, sich zu nähern."

So viele Andeutungen in einem solch populären Kode verstärken diese Assoziation und machen sie offenkundig für jeden, der nicht im Kode der Architekten befangen ist. Der Bau hätte eine multivalente Aussage dieser Bedeutung sein können, hätte der Architekt das wirklich beabsichtigt und das Image des Unterstandes mit anderen ironischen Andeutungen verbunden. Aber diese Art Humor muß unbeabsichtigt sein.

28 Aldo Rossi und die italienischen Rationalisten versuchen mit
29 viel Einfühlungsvermögen, die klassischen Strukturen italienischer Städte weiterzuführen, indem sie neutrale Bauten entwerfen, die einen „Nullwert" an historischer Assoziation besitzen. Aber ihr Werk erinnert unweigerlich an die faschistische Architektur der dreißiger Jahre — trotz zahlloser Dementis. Die semantischen Bedeutungen sind wiederum irreführend und legen so be-

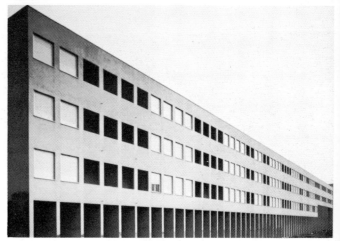

28 Aldo Rossi: Wohnquartier Gallatarese. Mailand, 1969—1971.
Ein langer Wandelgang mit unzähligen Pfeilern unter endlos wiederholten rechteckigen Fenstern. Die Korridore im Inneren sind ebenfalls sterile Trichter der Leere. Weil die Formen „leer" sind, haben einige Kritiker angenommen, sie wären jenseits historischer Assoziationen. Aber die Zeichen sind konventioneller Art und die Bedeutungen in Italien wohletabliert.

29 Guerrini, Lapadula und Romano: Italienischer Kulturpalast EUR, Rom, 1942.
Mißbrauchter Klassizismus und sich endlos wiederholende, leere Formen. Dies ist die Architektur der Kontrolle. Zukünftige Untersuchungen mögen erweisen, daß formaler Zwang zu langweiligem Übermaß führt.

30 Herman Hertzberger: Altenheim, Amsterdam, 1975.
Ein raffiniertes Puzzle kleinmaßstäblicher Elemente: menschlicher Maßstab in den Details. Aber dieser ist auf riesige Ausmaße vervielfacht. Der
unaufhörliche Symbolismus der weißen Kreuze, die schwarze Särge ein-
fassen, ist ebenso unvorherbedacht wie unglücklich.

drückende Assoziationen nahe, weil das Bauwerk zu vereinfacht
und monoton ist. Ihre ernstzunehmenden Kritiker und Apologeten,
wie Manfredo Tafuri, umgehen das Auf-der-Hand-Liegende bei
ihrem Versuch, solche Bauten mit intellektueller Interpretation zu
rechtfertigen[2].

Diese Unvereinbarkeit von populären und elitären Kodes ist
überall in der Moderne zu finden, besonders bei den anerkannte-
sten Architekten, zum Beispiel bei James Stirling, Arata Isozaki,
Ricardo Bofill und Herman Hertzberger. Je besser der moderne
Architekt, desto weniger kann er auf der Hand liegende Bedeutungen kontrollieren. Hertzbergers Altenheim ist, auf intellektueller
Ebene, die reizvolle Kashbah, die er beabsichtigt hatte, mit vielen
kleinformatigen Plätzen und einem engmaschigen urbanen Gewebe, in dem das Individuum durch die Winkel und Durchgänge
psychologisch verborgen und geschützt ist. Als abstrakte Form
drückt sie Menschlichkeit, Fürsorge, Feinheit und Zierlichkeit aus.
Es ist das Merkmal des chinesischen Puzzles, daß die verschiedenen ineinandergreifenden Elemente und Räume diese Bedeutungen durch ihre Übereinstimmung gewinnen. Doch ist diese subtile
Übereinstimmung kaum ausreichend, wenn potentere metaphorische Bedeutungen Amok laufen. Denn was sind die augenfälligen
Assoziationen dieses Altenheims? Jeder Raum sieht aus wie ein

schwarzer Sarg, der zwischen weißen Kreuzen steht (in der Tat ein
veritabler Soldatenfriedhof!). Trotz seinem humanitären Engagement sagt der Architekt unbeabsichtigt, daß das Alter in unserer
Gesellschaft etwas Verhängnisvolles ist.

Nun, solche „Ausrutscher von der Metapher" werden von den
Toparchitekten der Moderne in zunehmendem Maße begangen,
und sie können auch solchen Architekten unterlaufen, die Architektur als eine Sprache auffassen, zum Beispiel Alison und Peter
Smithson. Es ist interessant, daß sie — wie andere Apologeten der
Moderne seit 1850 — ihr Werk in Begriffen linguistischer Analogie
rechtfertigen und in ihrer Lehre auf frühere Architektursprachen
zurückgreifen. Sie sagen von der Stadt Bath: „Sie ist einmalig wegen ihrer bemerkenswerten Geschlossenheit, wegen einer Formensprache, die von allen verstanden wird . . ., zu der alle beigetragen haben[3]." Ihre Analyse dieser Stadt des 18. Jahrhunderts
aus hellem und dunklem Naturstein zeigt, daß sie eine weithin gül-
tige Sprache spricht, eine konsequente Sprache, von so unbe-
deutenden Details wie den Ablaufgittern bis zu den großen Gesten
wie den Säulenvorhallen. Diese Vorhallen charakterisieren die
Smithsons als Metaphern für große Eingänge und die Giebel als
Metaphern für billigere Eingänge. Kurz, sie sind sich der Tatsache,
daß die Architektursprache vom *traditionellen* Symbolismus abhängig ist, genau bewußt.

Das macht ihren eigenen Anti-Traditionalismus um so pointier-
ter und grotesker, aber als echte Nachfahren der Romantik müssen die Smithsons es jedesmal „neu machen", um den Vorwurf
des Konventionellen zu vermeiden. Dabei vermeiden sie natürlich
erfolgreich die Kommunikation, denn alle entwickelten Sprachen

32

31 Arata Isozaki: Museum der Präfektur Gumma, Takasaki/Japan, 1974. Eine dramatische Raumfolge wird überall durch Aluminiumquadrate und Gitter gehalten. Aber der technokratische Hintergrund ist unverträglich mit der Kunst, die darin ausgestellt wird, und der Gesamteindruck wird auf ei-nen einzigen Bedeutungsgehalt beschränkt: Präzision, Ordnung und die durchgehende Krankenhausmetapher, die in der modernen Architektur so häufig ist.

müssen einen hohen Anteil an konventioneller Überlieferung haben, wenn auch nur, um Neuerungen und Abweichungen von der Norm besser verständlich zu machen.

Wenn Peter Smithson über eine mögliche moderne Sprache spricht, zeigt er sich deutlich als Modernist der zwanziger Jahre, der die Maschinenästhetik verteidigt:

„. . . Denn für die durch Maschinen unterhaltenen heutigen Städte kann nur eine lebendige, kühle, stark kontrollierte Sprache den Grundzusammenhang verstärken, ihn in Einklang bringen mit der Kultur als Ganzem[4]."

Die Trugschlüsse dieser Auffassung sind wohlbekannt. Trotzdem sind viele Architekten noch heute aufgrund ihrer Ausbildung in Produktionsprozessen und ihrer Fortschrittsgläubigkeit diesen Vorstellungen verpflichtet. Sie glauben immer noch an den Zeitgeist, der durch Maschinen und Technologie bestimmt ist — so symbolisieren die Bauten, die sie produzieren, diese jetzt etwas aus der Mode gekommenen Dämonen.

Die große Ironie ist jedoch, daß sie auch glauben, zu entschei-

denden humanitären Wertvorstellungen von „Ort, Identität, Persönlichkeit, Heimatgefühl" beizutragen (ich zitiere aus mehreren Team-10-Quellen, Wertvorstellungen, denen die Smithsons anhängen). Wie kann man diese Bedeutungen vermitteln, wenn man eine neue Sprache benutzt, die auf der Maschinenmetapher basiert? Das wäre sehr schwierig, praktisch unmöglich, und die Smithsons haben dieses Wunder bisher nicht vollbracht. Bei ihrem Wohnkomplex Robin Hood Gardens in London ist es ihnen mit Sicherheit nicht gelungen.

Robin Hood Gardens ist keine moderne Version der Siedlung Royal Crescent in Bath, trotz der großen städtebaulichen Geste und dem V-förmigen Grundriß. Es betont nicht die Identität jedes Hauses, obgleich Smithson Bath bewundert, weil es „unverkennbar eine Kollektion separater Häuser" ist. Vielmehr ist die Identität unterdrückt zugunsten visueller Betonungen, eine teilweise zufällige Anordnung vertikaler Rippen und horizontaler Kontinuität — die Vorstellung von einem öffentlichen Straßendeck. Diese „Straßen im Freien" haben erstaunlicherweise alle Fehler, welche die

32 John Wood II.: Bebauung Royal Crescent, Bath/England, 1767 bis 1780.
Eins der ersten Beispiele für die Gestaltung von Wohnbauten in Form eines Palastes. Obgleich die Bebauung eine große urbane Geste macht, haben die einzelnen Häuser doch ihre Identität, sind gekennzeichnet durch vertikale Separation und verschiedene Variationen in der Gliederung. Die Smithsons sind sich dieses Symbolismus durchaus bewußt, was ihr Versagen, ein modernes Äquivalent dafür zu schaffen, um so bedauerlicher macht.

33 Alison und Peter Smithson: Bebauung Robin Hood Gardens, London, 1968—1972.
Eintöniger Beton (außer bei den Vorhangwänden), in der Volksmeinung heute gleichgesetzt mit dem Image eines industriellen Prozesses. Die Variationen durch die vertikalen Rippen sind nicht stark genug, um jeder Wohnung Identität zu verleihen. Der verpackte Maßstab vermittelt den Eindruck einer dichten Menschenmauer.

34, 35 Robin Hood Gardens, „Straßen im Freien" und kollektiver Eingang. Die langen, leeren Straßen im Freien bieten nicht das Leben und die Einrichtungen einer traditionellen Straße. Die Erschließungsgänge, von denen einer in Brand gesteckt wurde, sind dunkel und anonym, sie bedienen zu wenige Familien. Die Siedlung hat viele der Probleme, die Oscar Newman als Mangel an „zu verteidigendem Raum" bezeichnete. Hier mimt der Architekturkritiker Paul Goldberger einen Akt, der leider häufig Wirklichkeit ist.

Smithsons bei anderen ähnlichen Siedlungen entdeckt hatten. Sie werden zuwenig genutzt, ihre kollektiven Eingänge sind schäbig, einige sind sogar zerstört worden. Tatsächlich sind es dunkle, übelriechende, dumpfe Korridore. Wenig Gefühl für den Ort, wenige Gemeinschaftseinrichtungen und noch weniger „Identifikationselemente", die, wie die Architekten einsichtig argumentiert hatten, in modernen Bauten benötigt werden.

Die Smithsons behaupten, sie hätten ein Gefühl für den Ort entwickelt: „Auf der Gartenseite ist das Gebäude einheitlich. Es ist ein städtischer Bereich, Teil der Definition einer Stadt, vorausgesetzt, es ist keine Wiederholung von Elementen, die einen eintönigen Raum erzeugt[5]."

Der Raum ist tatsächlich nicht eintönig, er hat Knicke und einen künstlichen Hügel etwa im Mittelpunkt. Aber diese Abweichungen von der Norm und die feinen Andeutungen visueller Separation sind schwerlich stark genug, um die Wiederholung der Elemente und die Eintönigkeit des Materials zu überwinden. Diese deuten in stärkerem Maße auf „sozialen Wohnungsbau", „Anonymität", „Die Behörden hatten nicht genug Geld für Holz, Verputz usw.", kurz, sie drücken „sozialen Abstieg" aus. Die lobenswerte Absicht der Smithsons, einen Gemeinschaftsbau im Maßstab des Bath Crescent zu schaffen und den gleichen Grad von individuellem

36, 37 Las Vegas und die Bebauung an der Kathedrale von Exeter. Zwei verschiedene Arten der gesellschaftlichen Manifestation, bei denen sich die Architektur für direkten symbolischen Ausdruck hergibt. Ungeachtet unserer Auffassung über beide gesellschaftlichen Gruppen muß gesagt werden, daß die modernen Architekten diese Ebene der symbolischen Details und Eigenheiten übersehen haben. In den meisten Städten gibt es ethnische Unterschiede. Aber welch große Entwicklung umfaßt das chinesische Restaurant, die Ladenfront des örtlichen Metzgers? Die Architekten haben sich zu weit von dieser Ebene des Details entfernt, und das wird so bleiben, bis sie zu Anthropologen oder Journalisten ausgebildet werden, um die soziale Realität zu erfassen.

Ausdruck und Identität zu bieten, in einer architektonischen Sprache, die von allen verstanden wird — diese positiven Ziele werden durch die gebaute Form verleugnet.

Die Widersprüche zwischen der Aussage und dem Ergebnis haben in der modernen Architektur eindrucksvolle Ausmaße erreicht. Man kann jetzt von einem „Mangel an Glaubwürdigkeit" sprechen, der seine Parallele im Vertrauensverlust zu den Politikern hat. Die Ursachen dafür sind, glaube ich, im Wesen der Architektur als Sprache begründet. Sie ist notwendigerweise *fundamental schizophren*: Teilweise wurzelt sie in der Tradition, in der Vergangenheit — eigentlich in jedermanns Kindheitserfahrung, auf ebenem Boden zu kriechen und die üblichen Architekturelemente, etwa vertikale Türen, wahrzunehmen —, und teils ist sie auch in unserer sich schnell verändernden Gesellschaft mit ihren neuen Funktionen, neuen Baustoffen, neuen Technologien und Ideologien begründet. Einerseits verändert sich die Architektur ebenso langsam wie eine lebende Sprache (wir können heute noch das Renaissance-Englisch verstehen) und andererseits ebenso schnell wie die moderne Kunst und Wissenschaft.

Anders ausgedrückt, lernen wir von Anfang an die kulturellen Zeichen, die jeden städtischen Ort für eine soziale Gruppe, eine wirtschaftliche Klasse und reale, historische Menschen auszeichnen, während die modernen Architekten ihre Zeit damit verbringen, alle diese spezifischen Zeichen zu verlernen bei dem Versuch, für den Universalmenschen oder für den Mythos vom modernen Menschen zu planen. Dieses Drei-M-Monstrum existiert natürlich nicht in Wirklichkeit, nur als historische Fiktion — als Schöpfung moderner Schriftsteller, Soziologen und idealistischer Planer. Herr Dreifach-M ist zweifellos eine logische Notwendigkeit für Architekten und andere, die einen statistischen Durchschnitt verallgemeinern wollen. Der amerikanische Journalist Tom Wolfe hat Schriftsteller kritisiert, weil sie über solche nicht existenten Kreaturen geschrieben haben. Die gleichen Vorwürfe könnten gegen die Architekten angeführt werden[6]. Sie versuchen, den modernen Menschen mit einem mythischen Selbstbewußtsein zu versehen, mit konsequenten Verhaltensmustern, die an Stammesgesellschaften erinnern, geläutert in ihrer Reinheit, voll geschmackvoller „Einheit in der Vielfalt" und anderer derartiger geo-

metrischer Harmonien. Dabei gibt es doch in Wahrheit den modernen Menschen nicht, und wenn er zufällig existierte, würde er realistische soziale Zeichen brauchen, Symbole des Status, der Geschichte, des Handelns, des Komforts, aus dem ethnischen Bereich, Zeichen für nachbarschaftliches Verhalten (wenn man auch ein wenig wohlhabender sein will als die Müllers nebenan). Die modernen Architekten sind in diesen Kodes nicht ausgebildet, sie wissen nicht, wie sie dicht an diese Realität herankommen können, und so liefern sie weiterhin eine mythische Integration in die Gemeinschaft (die heute oft eine Projektion von Mittelklasse-Wertvorstellungen ist).

Zu dumm, daß die Gesellschaft ohne Architekten weiterbestehen, ihre Wohnsiedlungen persönlicher machen, in die Luft sprengen oder Innenarchitekten beschäftigen kann. Es macht nichts (mit Ausnahme der Sowjetunion); es gibt immer andere realitätsbezogene Berufsgruppen, die bereit sind einzuspringen.

Auf jeden Fall sollten wir, bevor wir mit der Austeilung von Hieben gegen die moderne Architektur (einer Form des Sadismus, die einem allmählich allzu leicht gemacht wird) aufhören, ein Di-

lemma erwähnen, vor dem die Architekten stehen und das sie nicht allein verursacht haben, weil es eine Auswirkung auf die Sprache hat, die sie anwenden.

Der univalente Inhalt

Lassen Sie uns jetzt die großen Bauaufgaben untersuchen, die vorherrschenden Bautypen, welche die Leistung der Architekten in unserem Jahrhundert ausdrücken. Eine gewisse Gelassenheit ist dazu notwendig, weil die Wahrheit hart ist und die Erklärungen nicht auf der Hand liegen. Viele werden die gesellschaftlichen Realitäten, deren Ausdruck die Architektur ist, leugnen oder bemänteln, weil sie so trivial und bedrückend sind und weil keiner sie wollte und keiner schuld daran hat. Der größte Fehler, den die Architekten in diesem Jahrhundert begangen haben, ist vielleicht der, überhaupt geboren zu sein.

Wollen wir trotzdem die großen Monumente der modernen Architektur und die sozialen Aufgaben betrachten, für die sie erbaut wurden. Hier wird eine seltsame, wenn auch unbemerkte Abweichung des modernen Architekten von seiner *Rolle als Sozialutopist* erkennbar, denn wir sehen, daß er tatsächlich für die herrschenden Mächte einer wirtschaftlich etablierten Gesellschaft gebaut hat. Diese heimliche Liaison hat ihre Opfer gefordert, wie dies illegitime Liebesverhältnisse zu tun pflegen. Die moderne Architektur, gezeugt in den fünfziger Jahren des neunzehnten Jahrhunderts als ein Appell an die Moral und in den zwanziger Jahren dieses Jahrhunderts (ihrer großen Zeit) als ein Appell zu gesellschaftlicher Veränderung, sah sich ungewollt kompromittiert, zuerst durch ihre Praxis, dann durch ihre Billigung[7]. Diese Architekten wollten ihre dienende Rolle als „Konfektionäre" der Gesellschaft und das, was sie als „korrupten herrschenden Geschmack" betrachteten, aufgeben und anstelle dessen „Ärzte", Führer, Propheten oder zumindest Geburtshelfer für eine neue Sozialordnung werden. Aber für welche Ordnung haben sie tatsächlich gebaut?

1. Monopolgesellschaften und Big Business
Einige der anerkannten Klassiker der modernen Architektur wurden für Klienten gebaut, die heute multinationale Konzerne sind.
38 Die Turbinenhalle von Peter Behrens in Berlin entstand für die General Electric jener Tage, für die AEG. Dieses Bauwerk aus dem Jahre 1909 wird häufig als das erste große Werk der modernen Architektur in Europa betrachtet wegen seinem klaren räumlichen Ausdruck, seiner reinen Anwendung von Glas und Stahl, beinahe ein Curtain Wall, und der darin erfolgten Entwicklung von Gebrauchsgegenständen — dem Beginn des industriellen Designs. Weitere Marksteine der Architektur, die eine geringe Veränderung der Sprache bewirkten, waren Frank Lloyd Wrights gekurvte Poesie aus feuerfesten Glasröhren und stromlinienförmigem Backstein, erbaut für eine große Wachsfirma; Gordon Bunshafts klassische Lösung für ein Bürohochhaus, zwei reine Scheiben, im rechten Winkel zueinander gesetzt, eine über der anderen, errichtet für den Multinationalen, der auf Seife gegründet ist; Mies van der Rohes dunkle Rolls-Royce-Lösung des Curtain Walls für den Seagram Whiskey-Riesen; Eero Saarinens Durchgangs-Raubvogel für die Trans World Airways und die zahlreichen Verfeinerungen des Curtain Walls durch die großen Architekturbüros wie Skidmore, Owings und Merrill, die für Alkoholfreie-Getränke-Firmen, Tabakketten, internationale Banken und Ölgesellschaften arbeiten. Wie sollte man die Macht und die Konzentration des Kapitals, die Handelsfunktion, die Ausbeutung der Märkte ausdrücken? Diese Bauaufgaben sind die Monumente unserer Zeit, weil sie der Architektur zusätzliches Geld bringen, und doch ist ihre potentielle Rolle als soziale Verhaltensmuster unglaubwürdig.

38 Peter Behrens: Turbinenhalle der AEG, Berlin, 1909.
Dieses Gebäude, häufig als eins der ersten großen modernen Bauwerke, auch als die Wiege des Industriedesigns betrachtet, setzte die Fabrik als Hauptmetapher für die spätere Bautätigkeit. Hier erfolgte die Verbindung von Big Business, gutem Design und dem Funktionalismus, die seinerzeit vom Deutschen Werkbund angestrebt wurde. Sie zeitigte sechzig Jahre später multinationale Ergebnisse.

39 Frank Lloyd Wright: Wachsfabrik Johnson, Racine/Wisconsin, 1938.
Pfeiler verjüngen sich nach unten und stehen in Messinghalterungen. Alles in diesem „totalen" Kunstwerk nimmt das Thema der Kurve auf. Die Idee eines einheitlichen Erscheinungsbildes wurde in den fünfziger Jahren zur Norm für multinationale Konzerne wie CBS, IBM, Olivetti usw.

Gegenüberliegende Seite:
40 Gordon Bunshaft und Skidmore, Owings und Merrill: Verwaltungsgebäude der Firma Lever Brothers, New York City, 1951/52.
Die erste überzeugende Anwendung des leichten Curtain Walls. Geschlossene Felder und Glas wechseln sich in horizontalen Bändern ab, die von einem neutralen Sprossennetz überzogen sind. In den sechziger Jahren errichteten viele multinationale Konzerne ähnliche Firmenkästen an der Park Avenue.

41 John Kibble: Botanischer Garten, Glasgow/Schottland, 1873.
Einem vor dem Kristallpalast in London entstandenen Bau nachgeschaf-
fen, erinnert dieses Gewächshaus an indische Architektur und Zwiebeltür-
me. Die große, flache Kuppel im Hintergrund überspannte fast fünfzig Meter und hatte in der Mitte einen Teich mit Wasserlilien, an dem ein Orche-
ster spielte. Die Decke öffnete und schloß sich zum Crescendo und Dimi-
nuendo.

2. Internationale Messen, Weltausstellungen
Eine andere Genealogie der modernen Architektur läßt sich vom
Kristallpalast aus dem Jahre 1851 in London zum Themenpavillon in Osaka 1970 verfolgen. Dieser Stammbaum hat eine Reihe
technischer Triumphe zu seinen Gunsten zu verzeichnen, die zu
einer neuen Sprache führten: Fachwerkkonstruktionen, die freilie-
genden Verstrebungen des Eiffelturms, die Paraboloide der Indu-
strieshedhallen, die durchscheinenden geometrischen Kuppeln
von Buckminster Fuller und die aufstrebenden Zelte von Frei Otto
(sie werden in der Architekturkritik immer als aufstrebend geschil-
dert). Diese Triumphe haben in der Tat viel dazu beigetragen, das
Erlebnis der Architektur zu ästhetisieren: Historiker und Kritiker
übersahen gern den Inhalt der Bauten, ihre propagandistische
Rolle, und konzentrierten statt dessen auf ihre räumlichen
und visuellen Qualitäten. Die Massenmedien taten in der Folge
das gleiche. Übersehen wurden der eklatante Nationalismus und
die „Ersatz"-Welt, die neunzig Prozent der Weltausstellungen aus-
machten. Warum? Weil dieser ignorierte Inhalt so augenfällig sin-
nenfreudig war und der Feinheiten ermangelte und weil keine große Einsicht vorhanden war, welche Auswirkungen dieser laute Inhalt auf die Kultur der Massen hat und daß er gelegentlich auch
humorvoll, kreativ und provokativ sein kann.

Gegenüberliegende Seite, oben:
42 Kenzo Tange: Themenpavillon, Weltausstellung Osaka/Japan, 1970.
Eine Megastruktur, die verschiedene Dienstleistungen enthielt, wurde
schließlich erbaut, nachdem die Avantgarde zehn Jahre darüber gegrübelt
hatte. Weltausstellungen ermöglichen häufig die Realisation grandioser
und kreativer Ideen und haben daher eine wichtige Rolle in der Entwicklung der modernen Architektur gespielt.

Gegenüberliegende Seite, unten:
43 Der Pavillon von Kambodscha, Weltausstellung Osaka, 1970.
Entworfen unter der Beratung des Prinzen Norodom Sihanouk, gibt dieser
typisch nationalistische Pavillon die Architektur der Khmer und von Ang-
kor Vat wieder. Die meiste Architektur auf Weltausstellungen hat einen An-
flug von Imitation, die überzeugte Nationalisten kränken könnte. Aber sie
geht konform mit der Vorstellung der Massen vom Besitz. Diese Manifestation blieb selbst von ernsthaften Kritikern unbeachtet und wurde nie diskutiert.

44 Patrick Hodgkinson: Wohnbebauung Foundling Estate, London, 1973.
Eine lange Reihe von Wohnhäusern mit wintergartenähnlichen Wohnräumen, die diagonal übereinandergestapelt sind. Der großartige öffentliche Eingang, der größte seiner Art in England, sieht aus, als führe er zu einem zeremoniellen Raum, zumindest zu einem Stadion. Tatsächlich gipfelt er aber in einer leeren Plaza. Die futuristische Gestaltung und semantische Verwirrung sind wiederum eine Folge der Ablehnung der Rhetorik und einer Kommunikationstheorie durch die moderne Architektur.

Unten:
45 Richard Rogers und Renzo Piano: Centre Pompidou, Paris, 1977. Gigantische Stahlträger, von Krupp hergestellt und in den frühen Morgenstunden durch die Straßen von Paris transportiert, stützen dieses kompromißlose Kulturzentrum. Das technologische Image ist überzeugend durchgehalten, besonders in den Versorgungsbereichen, die in starken Primärfarben gehalten sind. Durch Absenken des Gebäudes und Aufbrechen der Fassade wurde der Maßstab vereinbar mit dem traditionellen Straßensystem von Paris.

3. Fabriken und Ingenieurbauten

Von Walter Gropius' Faguswerken aus dem Jahre 1911 bis zu Corbusiers Wohnmaschine von 1922 reichen Geburt und Etablierung einer wichtigen Metapher der modernen Architektur: der Fabrik. Wohnungsbau wurde nach diesem Vorbild geplant, und die Nazis hatten nicht völlig unrecht, das erste internationale Manifest dieser Metapher, die Weißenhofsiedlung in Stuttgart, 1927, wegen ihrer mangelnden Eignung anzugreifen. Warum sollten Wohnhäuser die Formensprache der Massenproduktionsmethoden übernehmen und die weiße Reinheit von Krankenhäusern?

Der spätere Massenwohnungsbau in England, zum Beispiel in London oder Milton Keynes, hat diese allgegenwärtige Metapher des zwanzigsten Jahrhunderts übernommen. Daß keiner darum gebeten hatte, in einer Fabrik zu wohnen, kümmerte den Doktor-Architekten nicht, denn er war ausgezogen, die Krankheit der modernen Städte zu kurieren, egal, wie abscheulich die Medizin auch schmeckte. Er fand es besser, sie schmeckte nach Getriebeöl und rief Krämpfe hervor, denn dann war die Umwandlung der bürgerlichen Gesellschaft vermutlich vollkommener, der Patient würde seine kleinlichen, gewinnsüchtigen Bestrebungen reformieren und zum guten Kollektivbürger werden.

Solche Metaphern für den Wohnungsbau sind fast überall dort, wo sie angewendet wurden, abgelehnt worden (mit Ausnahme von Deutschland und der Schweiz), aber sie haben in geeigneten Bereichen Fuß gefaßt: bei Stadien, Sportplätzen, Flugzeughangars und all den weitgespannten Konstruktionen, die traditionell mit dem Ingenieurbau in Verbindung gebracht werden. Hier ist die Art des Vorgehens anregend, ohne durchaus unpassend oder ir-

46 Jeremy Dixon, Chris Cross und Ed Jones: Wohnbebauung Netherfield, Milton Keynes/England, 1974
Wiederum eine lange Reihe, hier durch tragende Rippen und eine flache Dachebene akzentuiert. Es ist die Apotheose der Montageband-Metapher, angewendet beim Wohnungsbau.

47 Kenzo Tange: Nationale Sporthallen für die Olympischen Spiele, Tokio, 1964.
Zwei Bauten sind als kluge Gegenüberstellung auf ein Podest gesetzt. Die Betonmasten, welche die hyperbolischen Kurven halten, enden in der typisch japanischen „Neigung", die fast zu einem Klischee geworden ist. Die Zurschaustellung der Konstruktion ist ebenfalls ein traditionelles Zeichen.

real zu sein, und wir können den einzigen ungeschmälerten Triumph sehen, den die moderne Architektur auf der Ebene des Inhalts für sich beanspruchen kann.

4. Tempel des Konsums — Kirchen der Zerstreuung

Jemand aus einem fremden Kulturkreis wäre, wenn er einen kurzen Hubschrauberausflug über irgendeine unserer auswuchernden Städte machte, erstaunt zu sehen, daß die Stadtbewohner ihre Andacht an Stätten verrichten, die kommerziellen Göttern gewidmet sind. Die modernen Architekten haben dieses Gebiet der Disneylands und Durchfahrtparks, der Königstraßen und Sunset-Strips noch keineswegs bewältigt. Aber sie sind dabei, es zu versuchen, und wir können die Erfolge schon aufzählen: die exquisiten technischen Juwele von Hans Hollein — Boutiquen, Kerzenläden und Hochglanzmausoleen zum Verkauf religiöser Reliquien für den Ringfinger. Der Aufwand von soviel Entwurfstalent und Geheimkult für solch kleine Geschäfte würde einen Außenstehenden davon überzeugen, daß er endlich auf den wahren Glauben dieser Zivilisation gestoßen sei. Und wenn er bemerkte, daß die gleichen Kultzeichen in den großen Hotels, im theologischen Material der Spiegelplatte, Verehrung genießen, würde er seine An-

48, 49 Hans Hollein: Schmuckgeschäft, Wien, 1975.
Hollein verwendet kostbaren, schimmernden Marmor, um die polierte, handwerkliche Ausstattung hervorzuheben. Der Kontrast von Kreis und Spalt, von hautähnlichem Marmor und den leuchtenden, goldenen, geschlossenen Lippen ist deutlich ironisch und sinnlich. Der beengte Raum wird geschickt aufgeteilt, um die Begierde des Kunden zu wecken. Vielleicht konnte nur ein Wiener diese Mischung von Handel und Sinnlichkeit zustande bringen.

50 Hans Hollein: Schmuckgeschäft, Wien, 1975.

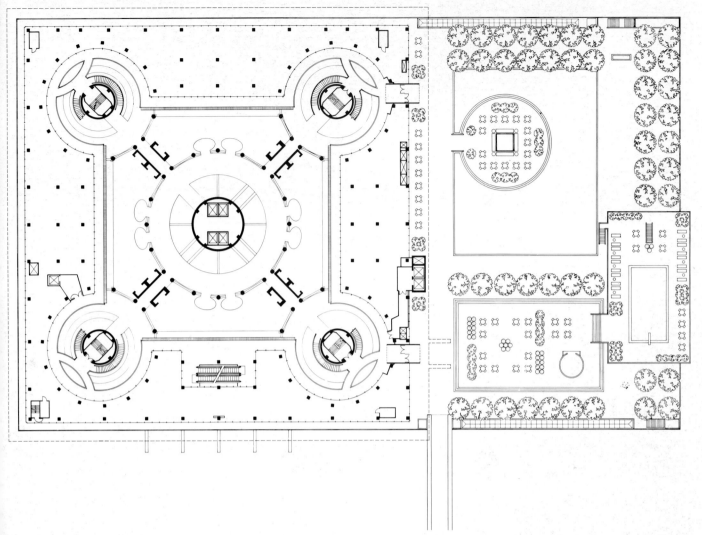

51, 52 John Portman: Hotel Bonaventura (Modell), Los Angeles, 1976.
Portman hat mit seinen protzigen Regency-Hyatt-Hotels in mehreren amerikanischen Großstädten die Tradition des Grandhotels aus dem 19. Jahrhundert aufgenommen — zumindest ihren Kostenfaktor. Er gibt dem Äußeren ein absolut geometrisches Image, von dem Teile in Spiegelflächen rekflektieren wie riesige Juwelen. Die Planung erinnert an die megalomanischen Entwürfe von Boullée.

nahme bestätigt finden. Diese Kultur erhebt Flitter, persönlichen Zierat, privaten Schmuck zum Idol. Je geschickter die modernen Architekten in der Verschönerung von Bauten werden (wobei sie natürlich in ungünstiger Position arbeiten, nachdem sie vorher „Ornament" mit „Verbrechen" gleichgesetzt haben), desto sichtbarer wird die Ungereimtheit. Ein Schmuckstück ist ein Schmuckstück und kein passendes Objekt für große Architektur. Die Banalität des Inhalts bleibt bestehen.

Architektur spiegelt bekanntlich das wider, was eine Gesellschaft für wichtig hält, worauf sie sowohl in geistiger als auch in materieller Hinsicht Wert legt. In der vorindustriellen Vergangenheit waren die wichtigsten Bereiche des Ausdrucks der Tempel, die Kirche, der Palast, die Agora, das Versammlungshaus, die Villa und das Rathaus, während heutzutage das große Geld in Hotels, Restaurants und all jene kommerziellen Gebäudetypen investiert wird, die ich vorher genannt habe. Der öffentlich geförderte Wohnungsbau und Bauten, welche die Stadt oder den öffentlichen Bereich ausdrücken, erfahren die Abstriche. In Bauten, die Konsumwerte repräsentieren, wird investiert. Wie John Kenneth Galbraith über den amerikanischen Kapitalismus sagt, führt das zum privaten Wohlstand und zur öffentlichen Armut.

Verschiedene moderne Architekten haben in dem verzweifelten Versuch, sich zu trösten, beschlossen, daß diese unvermeidliche Situation auch ihre guten Seiten haben muß. Kommerzielle Bauaufgaben sind demokratischer als die früheren aristokratischen und religiösen. „Die Main Street ist fast in Ordnung", meint Robert Venturi.

Als diese kommerziellen Bauaufträge erstmalig auftraten, etwa um die Jahrhundertwende, wurden sie vom Futuristen Sant'Elia mit einer Freude und in einem moralisierenden Ton gepriesen, die später allgemein üblich wurden. Er verglich die neuen Bauaufgaben für den Handel und die Energiewirtschaft mit früheren, die der Anbetung gewidmet waren — der Dynamo des neunzehnten Jahrhunderts kontra die Heilige Jungfrau des dreizehnten.

„Der schroffe Gegensatz zwischen der modernen und der antiken Welt rührt daher, daß es heute Dinge gibt, die es damals nicht gab . . . Wir haben in der Tat den Sinn für das Monumentale, das Wuchtige und Statische verloren und unser Empfinden durch den Geschmack *am Leichten und Praktischen, am Vergänglichen und Raschen* bereichert. Wir fühlen, daß wir nicht länger die Menschen der Kathedralen, der Paläste und der Gerichtshallen sind, sondern die Menschen der großen Hotels, der Bahnhöfe, der ungeheuren Straßen, der riesigen Häfen, der Markthallen. der er-

53 Las Vegas bei Nacht. Die weltlichen und kommerziellen Aktivitäten, die von den Futuristen gepriesen wurden, sind hier mit einer technologischen Perfektion realisiert, die ihnen gefallen, aber mit einem sozialen Inhalt, der ihnen den Atem benommen hätte.

54 Kleine Kapelle der Blumen, Las Vegas, 1960.
Drive-in-Hochzeit und -Scheidung — die alte New-England-Holzkirche mit Neonreklame und vollkommen automatisiertem Service, eine Kombination, die gleichzeitig viel zu alt und zu neu ist, die aber zahlreiche Menschen in der Konsumgesellschaft anspricht.

leuchteten Bogengänge, des Wiederaufbaus und der Sanierung[8]."

Kurz, dies umfaßt die gesellschaftlichen Aktivitäten der Wanderung eines Mittelklassetouristen vom Bahnhof zum Hotel, entlang breiten Super-Autostraßen, die gesäumt sind von planierten Baulücken und beleuchtet durch flimmernde Neonreklamen. Mit leichten Abwandlungen könnte Sant' Elia den Glanz von Las Vegas beschrieben haben oder, weniger modern, etwa die Hauptstraße von Warschau. In welchem Land oder in welchem wirtschaftlichen System auch immer — solche weltlichen Bauaufgaben sind heute die wichtigen, und viele Vertreter moderner Kunst und Architektur sehen diese Tatsache positiv. Der „Heroismus des Alltagslebens", diese von Picasso, Léger und Le Corbusier in den zwanziger Jahren geteilte Vorstellung, war eine Philosophie, die versuchte, banale Objekte auf ein Piedestal zu erheben, das früher besonderen Symbolen der Verehrung vorbehalten war. Der Füllhalter, der Aktenschrank, der Stahlträger und die Schreibmaschine waren die neuen Ikonen. Majakowski und die russischen Konstruktivisten trugen die Kunst auf die Straße und führten sogar eine große Sinfonie mit Sirenen und Dampfpfeifen auf, während sie farbige Fahnen auf Fabrikdächern schwenkten. Die Hoffnung dieser Künstler und Architekten war, die Gesellschaft auf einer neuen Klassen- und Funktionsbasis zu erneuern, Kathedralen durch Kraftwerke, Aristrokraten durch Technokraten zu ersetzen. Eine neue, kühne, demokratische Gesellschaft würde entstehen, angeführt von einer kraftvollen Rasse heidnischer Supermänner, der Avantgarde, der Techniker und Kapitäne der Industrie, der erleuchteten Wissenschaftler und Expertenteams. Welch ein Traum!

In der Tat fand die Revolution der Führungskräfte statt, und es gab auch sozialistische Revolutionen in einigen Ländern, aber der Traum wurde von der Madison Avenue (und ihren Entsprechungen) übernommen. Aus dem „kühnen Objekt des Alltagsgebrauchs" wurde das „neue, revolutionäre Waschmittel". Die Gesellschaften beteten weiterhin, mit nachlassendem Glauben, an ihren alten Altären und versuchten gleichzeitig, die neuen Wertvorstellungen zu übernehmen. Was ist das Ergebnis dessen? Eine Ersatzkultur, eine Karikatur der Vergangenheit und zugleich der Zukunft, eine irreale Phantasie, die sich weder die Avantgarde noch die Traditionalisten erträumt hatten und die von beiden verabscheut wurde.

Mit dem Triumph der Konsumgesellschaft im Westen und des bürokratischen Staatskapitalismus im Osten verblieb unserem unglücklichen modernen Architekten nicht viel an erhebendem Symbolgehalt zur Darstellung. Wenn es Aufgabe der Architektur ist, Lebensweise und öffentlichen Bereich zu symbolisieren, ist sie übel dran, sobald diese Dinge ihre Glaubwürdigkeit verlieren. Der Architekt kann nicht viel dagegen unternehmen, außer als Bürger zu protestieren und von der Norm abweichende Bauten zu entwerfen, welche die komplexe Situation ausdrücken. Er kann die Wertvorstellungen vermitteln, die fehlen, und jene ironisch kritisieren, die ihm mißfallen. Aber um das zu tun, muß er die Sprache des lokalen Kulturbereichs anwenden, anderenfalls trifft seine Botschaft auf taube Ohren oder wird entstellt, um sie dieser lokalen Sprache anzupassen.

54

55 Adolf Loos: Entwurf für den Wettbewerb der Chicago Tribune, 1922.

TEIL II

Die Arten der architektonischen Kommunikation

Monsieur Jourdain, Molières „Bürger als Edelmann", war recht erstaunt festzustellen, daß er „schon mehr als vierzig Jahre lang Prosa" gesprochen hatte, „ohne es zu wissen". Die modernen Architekten erleben einen ähnlichen Schock oder Zweifel, daß sie etwas so Erhabenes wie Prosa sprechen. Die Umwelt erkennen heißt ihre Zweifelhaftigkeit akzeptieren. Wir sehen ein Sprachgewirr, einen offenen Kampf persönlicher Idiolekte, nicht die klassischen Sprachen der dorischen, ionischen und korinthischen Ordnung. Während es einst Regeln der architektonischen Grammatik gab, haben wir jetzt gegenseitige Angriffe der Spekulationsbauträger. Wo einst ein vornehmer Diskurs zwischen den Houses of Parliament und der Westminster Abbey stattfand, schreit jetzt jenseits der Themse das Shell-Gebäude die Hayward Gallery an, die wiederum eine stotternde und kichernde Royal Festival Hall anmault. Es herrscht nur Verwirrung und Streit, und doch ist diese Beschimpfung noch eine Sprache, auch wenn sie nicht sehr verständlich oder überzeugend ist. Es *gibt* verschiedene Analogien, welche die Architektur mit der Sprache gemeinsam hat, und wenn wir die Begriffe frei anwenden, können wir von architektonischen „Wörtern", „Sätzen", „Syntax" und „Semantik" sprechen[9]. Ich will einige dieser Analogien nacheinander abhandeln und zeigen, wie sie bewußter als Ausdrucksmittel genutzt werden können. Dabei beginne ich mit dem in der modernen Architektur allgemein am meisten vernachlässigten Aspekt.

56 Stadtlandschaft von San Francisco, 1973.
Unterschiedliche Hochhäuser, die einen rechteckigen Bau mit diagonalen Verstrebungen und ein dreieckiges Gebäude einschließen, das liebevoll „Pereiras Schwanz" genannt wird (er entwarf diesen Bau für die Transamerican Corporation).

57 South Bank, die Südufer-Bebauung der Themse, London, 1976. Große Klötze für verschiedene Funktionen. Von links nach rechts: Queen Elizabeth Hall, Royal Festival Hall und Shell-Hochhaus führen ihre charakteristische Konversation. Jeder Klotz sendet die einzige, wenn auch stumme Botschaft aus, daß er ein „bedeutendes" Monument irgendwelcher unspezifizierter Art sei.

Die Metapher

Die Menschen betrachten ein Gebäude unweigerlich in Verbindung mit einem anderen Bauwerk oder einem ähnlichen Objekt, kurz, als Metapher. Je ungewohnter ein modernes Bauwerk ihnen erscheint, desto mehr werden sie es metaphorisch mit dem vergleichen, was ihnen vertraut ist. Diese Übertragung von einer Erfahrung auf eine andere ist Bestandteil allen Denkens — vor allem des kreativen. So wurden Ende der fünfziger Jahre die ersten vorgefertigten Betongitter als „Käsereiben", „Bienenstöcke", „Kettenzäune" bezeichnet. Dagegen benannte man sie zehn Jahre später, als sie zur Norm bei einem bestimmten Gebäudetyp geworden waren, in funktionalen Begriffen: „Es sieht aus wie ein Parkhaus." Von der Metapher zum Klischee, vom neuen Ausdruck durch ständige Verwendung zum architektonischen *Zeichen,* das ist der immer wiederkehrende Ablauf, dem neue und erfolgreiche Formen und Techniken folgen.

Typische negative Metaphern, die von der Öffentlichkeit und von Kritikern wie Lewis Mumford benutzt wurden, um die moderne Architektur zu verteufeln, waren „Pappschachtel", „Schuhkarton", „Eierkiste", „Aktenschrank", „kariertes Papier". Diese Vergleiche wurden nicht nur wegen ihrer pejorativen, mechanistischen Bedeutung gewählt, sondern auch, weil sie stark *kodiert* waren in einer Zivilisation, die sensibilisiert war auf das Gespenst von 1984 (George Orwell: 1984 [1949, dtsch. 1950]). Dieser naheliegende Aspekt hat, wie wir noch sehen werden, einige seltsame Zusammenhänge.

Ein Zusammenhang wurde offenkundig, als ich in Japan den Architekten Kisho Kurokawa besuchte. Wir besichtigten sein neues Appartement-Hochhaus in Tokio, das aus übereinandergestapelten Speditionscontainern mit einer sehr ungewöhnlichen Gesamtform besteht. Sie sehen aus wie gestapelte Zuckerwürfel oder eher wie Waschmaschinen, weil die weißen Kuben alle runde Löcher in der Mitte haben. Als ich sagte, diese Metapher hätte eine unglückliche Assoziation für das Wohnen, zeigte Kurokawa Erstaunen. „Es sind keine Waschmaschinen, es sind Vogelkäfige. In Japan bauen wir Vogelkäfige aus Beton mit runden Löchern und setzen sie in die Bäume. Ich habe diese Vogelnester für reisende Geschäftsleute gebaut, die Tokio besuchen, für Junggesellen, die immer wieder mit ihren Vögelchen hereinfliegen." Eine schlagfertige Antwort, vielleicht aus dem Stegreif erfunden, aber eine, die ausgezeichnet den Unterschied unserer visuellen Kodes betonte.

58 Betongitter, heute das Zeichen für Parkhäuser, wurden zuerst in Amerika Ende der fünfziger Jahre für Bürogebäude verwendet. Sie sind hier tragende Konstruktionen und verbergen die Autos. Während die „Käsereibe" heute nicht mehr als Metapher erkannt wird, nutzt man das vorgefertigte Gitter noch gelegentlich für Büros. Ob es Garage oder Büro bedeutet, hängt von der Häufigkeit seiner Anwendung in einer Gesellschaft ab.

Gegenüberliegende Seite:
59 Kisho Kurokawa: Appartementhaus Nagakin Capsule Building, Tokio, 1972.
140 Kisten wurden zur Baustelle gefahren und an den beiden Betonkernen befestigt. Jeder bewohnbare Raum hat ein eingebautes Badezimmer, eine Stereoanlage, Rechenmaschinen und andere Einrichtungen für Geschäftsleute. Die Metapher der Stapelung von Räumen wie Ziegelsteine oder Zuckerstücke taucht etwa alle fünf Jahre wieder auf, seit Walter Gropius sie im Jahr 1922 vorgeschlagen hatte. Die Assoziationen sind doppelsinnig: Dem einen bedeuten sie bereits Reglementierung, dem anderen die Einheit in der Vielfalt der italienischen Hügelstadt.

60 Eine bekannte optische Täuschung verdeutlicht das noch besser: die berühmte „Enten-Häschen-Figur", die man erst von der einen, dann von der anderen Seite betrachten kann. Da wir alle gut ausgebildete visuelle Kodes für *beide* Tiere haben und jetzt wahrscheinlich auch einen Kode für das Zwittermonstrum mit zwei Köpfen, können wir es auf drei Arten betrachten. Eine Sicht kann überwiegen, je nach Stärke des Kodes oder der Richtung, aus der wir die Figur zuerst sehen. Weitere Deutungen („Blasebalg", „Schlüsselloch" usw.) sind schwieriger, weil diese Kodes für diese Figur weniger stark sind, sie stellen sich weniger deutlich dar als die beiden primären — zumindest in unserer Zivilisation. Der entscheidende Punkt ist also, daß Kodebeschränkungen, die auf Erfahrung beruhen, und der jeweilige Kulturbereich eine bestimmte Deutung nahelegen sowie daß es Mehrfachkodierungen gibt, von denen manche über Subkulturen in Konflikt zueinander stehen. Sehr allgemein ausgedrückt, gibt es zwei große Subkulturen: eine mit dem Kode der Moderne, der auf der Ausbildung und Ideologie der modernen Architekten basiert, und eine andere mit dem traditionellen Kode, der auf jedermanns Erfahrung mit allen gewohnten Architekturelementen basiert. Wie schon erwähnt (Seite 24), gibt es sehr elementare Gründe dafür, warum diese Kodes unvereinbar und die Architektur absolut schizophren sein können, sowohl in der Kreation als auch in der Interpretation. Da einige Bauten häufig verschiedene Kodes in sich vereinigen, können sie als gemischte Metaphern mit gegensätzlichen Bedeutungen betrachtet werden; zum Beispiel werden die „wohlproportionierten, reinen Baumassen" des modernen Architekten für die Öffentlichkeit zur „Schuhschachtel" oder zum „Aktenschrank".

60 Die optische Täuschung Ente-Häschen, die von Entenjägern von links nach rechts, von Mitgliedern des Playboy-Klubs von rechts nach links gelesen wird. Da diese Figur so bekannt ist, können wir sie jetzt als neues Tier mit zwei Köpfen betrachten. Aber bitte zu beachten: Man kann sie nur auf *eine* Weise auf einmal lesen, jeweils in dem Kode, für den man sich entscheidet.

61 Jörn Utzon: Opernhaus Sydney/Australien, 1957—1974.
Eine gemischte Metapher: Die Schalen symbolisieren sich entfaltende Blüten, Segelboote im Hafen, einander verschlingende Fische und jetzt, wegen dem lokalen Kode, hohe Kosten. Wie beim Eiffelturm haben doppelsinnige Bedeutungen schließlich alle möglichen funktionalen Erwägungen übertroffen. Das Bauwerk ist einfach zu einem nationalen Symbol geworden. Diese seltene Zeichenart ruft, wie beim Rorschach-Test, eine Antwort hervor, die das Interesse auf den Antwortenden, nicht auf das Zeichen konzentriert. Sie könnte das „rätselhafte" Zeichen genannt werden, weil auf sie, wie auf den Ozean, übertragene Bedeutungen von jedermann projiziert werden.

Ein modernes Gebäude, das Opernhaus in Sydney, hat eine Unzahl metaphorischer Auslegungen sowohl in der Publikums- als auch in der Fachpresse erfahren. Die Gründe dafür sind wiederum, daß die Formen der Architektur nicht vertraut sind und Assoziationen an andere visuelle Objekte nahelegen. Die meisten Metaphern sind organischer Art. So zeigte der Architekt, Jörn Utzon, wie die Schalen des Gebäudes der Oberfläche einer Kugel (wie „Orangenschnitze") und den Schwingen eines Vogels im Flug entsprechen. Sie entsprechen offenbar auch weißen Seemuscheln, und diese letztere Metapher plus dem Vergleich mit den weißen Segeln im Hafen von Sydney sind zum journalistischen Klischee geworden.

Dies führt zu einer weiteren naheliegenden Feststellung mit unerwarteter Tragweite: Die Interpretation der architektonischen Metapher ist elastischer und abhängiger von *lokalen* Kodes als die Interpretation der Metapher der gesprochenen oder geschriebenen Sprache.

Einige Kritiker haben darauf hingewiesen, daß die übereinandergelagerten Schalen dem zeitlichen Wachstum einer Blume — dem Entfalten der Blütenblätter — ähneln, während australische Architekturstudenten die gleiche Ansicht des Gebäudes als „Schildkröten beim Liebesakt" karikierten. Von verschiedenen Blickpunkten aus wird der Gewaltaspekt zerbrochener und zertrümmerter Formen sichtbar — „ein Verkehrsunfall ohne Überlebende", während wiederum die gleiche Ansicht mögliche organische Metaphern hervorruft — „Fische, die einander verschlingen". Die letztere Interpretation wird verstärkt durch die glänzenden, geschuppten Elemente der gekachelten Oberfläche, die aus

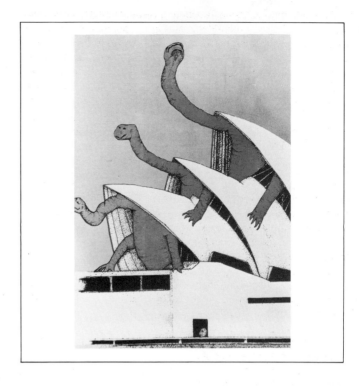

62 Cartoon, veröffentlicht von Architekturstudenten zur offiziellen Einweihung des Gebäudes durch Königin Elizabeth.

63 Opernhaus Sydney: Ansicht der aufragenden und stürzenden Schalen, wieder eine interessante Doppeldeutigkeit, die neben den anderen gemischten Metaphern stehen sollte. Zu beachten ist, wie das Gebäude glänzt und die Formation der Wolken aufnimmt.

der Nähe sichtbar sind. Aber die außergewöhnlichste Metapher und diejenige, welche die Australier mit einer gewissen amüsierten Sympathie anwenden, ist „Rauferei der Nonnen". Diese übereinandergeschobenen Schalen, die sich in zwei Hauptrichtungen gegenüberstehen, ähneln den Hauben und Kapuzen zweier verfeindeter Klosterorden, und die so unwahrscheinliche Vorstellung, daß dies eine Rauferei der Mütter Oberinnen darstellen könnte, beherrscht alle anderen Möglichkeiten.

Geist hat einmal jemand als „die ungewöhnliche Paarung von Ideen" definiert, und je ungewöhnlicher, aber erfolgreicher die Vereinigung, desto stärker beeindruckt sie den Betrachter und bleibt in seiner Erinnerung haften. Ein geistreiches Gebäude ist eins, das uns ausgefallene, aber überzeugende Assoziationen gestattet.

Hier erhebt sich die naheliegende Frage, wie diese Metaphern zur Funktion des Gebäudes und zu seiner symbolischen Rolle passen. Wenn man sich auf diesen Aspekt konzentriert und vorübergehend andere Dinge — etwa Kosten — unberücksichtigt läßt (die Australier bezahlten etwa das Zwanzigfache der Vorauskalkulation für ihre gemischte Metapher), könnten wir zu folgendem Schluß kommen: Einerseits sind die organischen Metaphern einem Kulturzentrum sehr angemessen. Ein Image, das Wachstum andeutet, ist besonders passend als Ausdruck für Kreativität. Das Bauwerk fliegt, segelt, spritzt, krümmt und entfaltet sich wie eine lebende Pflanze. So weit, so gut. Wenn man das Gebäude umbenennen würde in „Australisches Kulturzentrum" (anstatt Opernhaus Sydney) und es als Symbol der Befreiung Australiens von der angelsächsischen Abhängigkeit (dem beherrschenden Einfluß Englands und Amerikas) rechtfertige, dann könnte seine Interpretation klarer sein. Wir könnten dann diese außergewöhnlichen Metaphern in ihrem positivsten Licht sehen: als Symbole für Australiens Bruch mit kolonialem Konformismus und Provinzialismus.

Aber es erheben sich Zweifel daran. Wir wissen, daß das Gebäude von einem Europäer (nicht von einem Australier) entworfen wurde als *Opernhaus* — und eins, das weder wirtschaftlich noch technisch in der Weise funktioniert, wie es geplant wurde. Da ein solches Wissen Bestandteil des Kodes ist, mit dem wir das Gebäude interpretieren, läßt sich nicht vermeiden, daß unser Urteil durch eben dieses Wissen beeinflußt wird. Es geht uns fast so wie beim Anblick der Enten-Häschen-Figur: Unsere Wahrnehmung wird abgelenkt und geformt durch Kodes, die auf früheren Erfahrungen basieren. Es ist eigentlich unmöglich, das Gebäude zu betrachten, ohne den bekannten „Fall Opernhaus Sydney" — den Rausschmiß des Architekten, die Kosten usw. — zu kennen. So werden diese lokalen, besonderen Bedeutungen auch durch die „extravaganten" Schalen symbolisiert.

Mehrere Modernisten kritisierten das Opernhaus aus anderen Gründen: Als Gegenstand der Kommunikation des gesprochenen Wortes sagt das Gebäude wenig und verbirgt viel. Man kann die verschiedenen Theater, Restaurants und Ausstellungsräume nicht hinter den Schalen ablesen, daher ist es ein Ärgernis für Architekten, die in der Tradition des expressiven Funktionalismus aufgewachsen sind. Sie erwarten, daß jeder Funktion ein klares und getrenntes Raumvolumen zugestanden wird, das in der Idealvorstellung einen Umriß der Funktion darstellt — wie das Auditorium. Sie hätten das Bauwerk als eine Reihe von kastenförmigen Bühnentürmen und Keilen (das konventionelle „Wort" für Audito-

64 Konstantin Melnikow: Klub Russakow, Moskau, 1928.
Die Keilform mit rechteckigem Bühnenturm wurde eingeführt, als das „Wort" für Auditorium wegen diesem Gebäude in die Sprache der moder-

nen Architektur einging. Die Formen folgen, mehr oder weniger, den für die Funktionen erforderlichen Volumen.

rium in der modernen Architektur) entworfen. Das Gebäude verletzt diesen Kode — wie es die klassische Architektur häufig tat —, indem es die tatsächliche Funktion hinter Gesamtordnungen verbirgt. Die Frage stellt sich dann, ob solches Verbergen gerechtfertigt ist durch den Geist und die Angemessenheit der organischen Metapher. Meiner Meinung nach ist das der Fall, aber andere würden es leugnen.

Einer von ihnen wäre vielleicht Robert Venturi, der auch davon ausgeht, daß Architektur als Mittel der Kommunikation betrachtet werden sollte. Er kommt aber zu Schlüssen, die von meinen abweichen. Venturi ist der Meinung, daß Gebäude wie „dekorierte Schuppen, aber nicht wie Enten" aussehen sollten. Der dekorierte Schuppen ist eine einfache Hülle mit aufgesetzten Zeichen, wie eine Anschlagtafel, oder mit Zufügung eines konventionellen Ornaments, etwa eines Giebels, der den Eingang symbolisiert. Eine Ente dagegen ist für ihn ein Gebäude in der Form seiner Funktion (zum Beispiel ein vogelförmiges Gebäude, in dem Lockenten verkauft werden) oder ein modernes Bauwerk, in dem Form, Konstruktion und Raum zur Dekoration werden. Es ist klar, daß für Venturi die Oper in Sydney eine Ente ist, und er möchte diese Ausdrucksform herunterspielen, weil er meint, sie sei von der Moderne überstrapaziert worden. Ich möchte dieser historischen Beurteilung nicht zustimmen und sogar gegen die Haltung protestieren, die dahintersteht. Venturi übernimmt, wie der typische Vertreter der Moderne, den er zu verdrängen sucht, die Taktik der ausschließlichen Umkehrung. Er nimmt einen ganzen Bereich der architektonischen Kommunikation aus, die Entengebäude (fachlich ausgedrückt: die ikonischen Zeichen), um die von ihm bevorzugte Bauweise auszuführen, nämlich die viel ausdruckskräftigeren dekorierten Schuppen (symbolische Zeichen). So werden wir wiederum von einem Modernisten aufgefordert, im Namen der Rationalität einem exklusiven, allzu vereinfachten Weg zu folgen. Mit Sicherheit benötigen wir alle Arten der Kommunikation zu unserer Verfügung, nicht nur eine oder zwei. Es ist des Modernisten Verpflichtung zum architektonischen Straßenkampf, die ihn zu solcher Übervereinfachung treibt anstelle einer ausgewogenen Theorie der Signifikanz.

Auf jeden Fall stellt die Oper in Sydney als Ente einige schwierige Probleme wegen ihrer Ermangelung eines allgemein übernommenen öffentlichen Symbolismus — ein Punkt, der Venturi zu seiner extremen Haltung führt. Während die organischen Metaphern geeignete Analogien für ein Kulturzentrum sind, werden sie hier nicht verstärkt durch konventionelle Zeichen, die dem australischen Regionalismus entstammen, und daher haben sie eine unbestimmte Bedeutung. Sie entstammen vielmehr der weitverbreiteten formalistischen Richtung in der modernen Architektur, einer Richtung, die man besser als surrealistisch bezeichnen könnte. Wie bei einem Gemälde von Magritte — der Apfel, der sich ausdehnt und einen ganzen Raum füllt —, ist die Bedeutung auffallend, aber rätselhaft und letztlich ausweichend. Was genau versucht Utzon auszudrücken außer dem Urtümlichen und Erregenden? Warum, abgesehen vom kreativen Moment, all diese Segel, Muscheln, Blumen, Fische und Nonnen? Unsere Gefühle werden um ihrer selbst willen gesteigert, es gibt keine exakte Bestimmung, auf die alle diese Bedeutungen zielen. Sie treiben in unserer Vorstellung umher und nehmen beliebige Verbindungen auf, wie in einem üppigen Traum, der übermäßigem Genuß folgt.

Sie beweisen jedoch einen allgemeinen Aspekt der Kommunikation: je mehr Metaphern, desto größer die Dramatik, und je mehr sie sich auf Andeutungen beschränken, desto größer die Ungewißheit. Eine gemischte Metapher ist stark, wie jedermann weiß,

65 Robert Venturi: Ente kontra dekorierter Schuppen. Venturi bevorzugt dekorierte Schuppen, weil er meint, sie würden effektiv vermitteln und die modernen Architekten hätten zu lange nur Enten entworfen. Die Ente ist, semiotisch ausgedrückt, ein ikonisches Zeichen, weil der Signifikant (die Form) gewisse Aspekte gemeinsam hat mit dem Signifikat (dem Inhalt). Der dekorierte Schuppen ist abhängig von erlernten Bedeutungen — Schrift oder Dekoration —, die symbolische Zeichen darstellen.

66 Security Marine Bank, Wisconsin, um 1971.
Der symbolische Schuppen, ein Teil Kommunikation von Status und Sicherheit, der andere Funktion. Kommerzielle Zwänge trennen auch heute natürlich den Signifikanten und das Signifikat, aber gewöhnlich nicht auf so deutlich sichtbare Weise.

der Shakespeare studiert hat, aber eine angedeutete ist mächtig. In der Architektur bedeutet die Benennung einer Metapher oft ihre Vernichtung, wie die Analyse eines Witzes diesen zerstört. Wenn Würstchenstände die Form von Würstchen haben, lassen sie der Phantasie wenig Spielraum, und alle anderen Metaphern werden unterdrückt. Sie können belegte Brötchen nicht einmal andeuten. Dennoch hat sogar diese Art der univalenten Metapher, die Pop-Architektur von Los Angeles, ihre phantasievolle und kommunikative Seite. Zum einen werden der gewohnte Maßstab und Kontext gewaltsam verändert, so daß das gewöhnliche Objekt, zum Beispiel der Berliner Pfannkuchen, eine Reihe möglicher Bedeutungen übernimmt, die üblicherweise nicht mit dem Gegenstand Nahrungsmittel assoziiert werden. Wenn er auf zehn Meter vergrößert, aus Holz gefertigt und auf ein kleines Gebäude gesetzt ist, wird er zum Magritte-Objekt, welches das Haus seinen Bewohnern weggenommen hat. Teils feindlich und bedrohlich, ist es dennoch Symbol für ein süßes Frühstück und für Behaglichkeit.

Zum zweiten teilt sich eine Architektur, die aus solchen Zeichen besteht, unzweideutig denen mit, die sich mit siebzig Stundenkilometern durch die Stadt bewegen. Im Gegensatz zu so vielen modernen Bauten sprechen diese ikonischen Zeichen mit Exaktheit und Humor über ihre Funktion. Ihre — wenn auch infantile — unmittelbare Wiedergabe drückt die Wahrheit der Fakten aus (die das Werk von Mies verschleiert), und es gewährt ein gewisses Vergnügen (das Kindern nicht entgeht), eine Reihe von ihnen zu betrachten. Entgegen Venturis Meinung brauchen wir mehr Enten; die modernen Architekten haben sie nicht genügend verbreitet.

Einer von denen, die das versucht haben, war Eero Saarinen, unmittelbar nachdem er Utzon als Preisträger des Wettbewerbs für die Oper in Sydney gewählt hatte. Er kehrte nach Amerika zurück und entwarf seine eigene Version der gekurvten Schale. Das Abfertigungsgebäude der Trans World Airways in New York ist das ikonische Zeichen eines Vogels und — im erweiterten Sinne — der Flugreise. In den Details und in der Verbindung der Verkehrsströme, der Ausgänge und Kreuzungspunkte der Fluggäste ist es eine besonders intelligente Herausarbeitung dieser Metapher. Ein tragender Pfeiler stellt sich als Ständer eines Vogels dar, der Regenwasserablauf wird zum drohenden Schnabel, eine innenliegende Brücke, mit blutrotem Teppich belegt, wird, vermute ich,

67 Henry J. Goodwin: Großes Pfannkuchen-Drive-in-Restaurant, Los Angeles, 1964.
Ursprünglich gab es zehn dieser Riesen, heute leider nur noch drei. Die dort verkauften Berliner Pfannkuchen sind besonders groß.

68 Dinosaurier, Los Angeles, 1973.
Ein Raritätenladen, der tatsächlich unter anderem einige alte Knochen verkauft. Los Angeles hatte in den dreißiger und vierziger Jahren eine Menge Pop-Architektur, aber das meiste wurde durch die glatten, kommerziellen Symbole der Ladenketten verdrängt.

69 Eero Saarinen: Abfertigungsgebäude der Trans World Airways, New York, 1962.
Geplant, nachdem Saarinen als Preisrichter beim Wettbewerb für die Oper in Sydney gewirkt hatte. Hier sind die Betonschalen klar als Metapher des Fliegens erkennbar, obgleich auch andere Tiere angedeutet sind.

70 TWA-Gebäude: Der Ständer des Vogels ist gleichzeitig eine schöne Abstraktion der statischen Kräfte.

71 TWA-Gebäude: Der rote Teppich läuft durch den Eingangsbereich. Kurve und Gegenkurve verstärken den Eindruck der ständigen Bewegung — passend für ein Verkehrsgebäude.

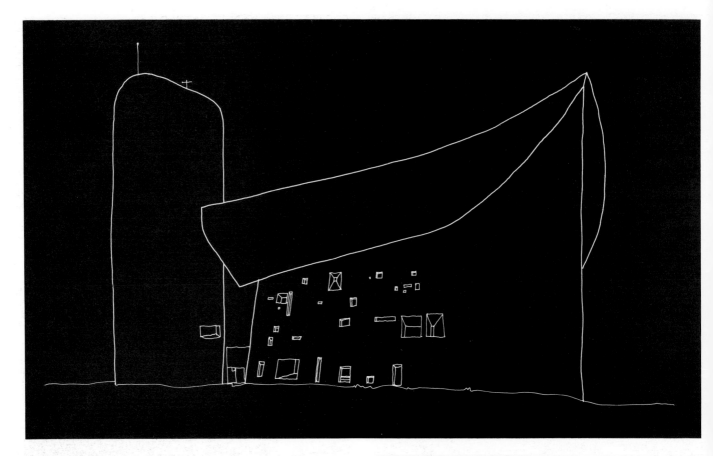

zur Lungenarterie. Hier summieren sich die imaginativen Bedeutungen auf eine angemessene und geplante Weise, die auf eine gemeinsame Metapher des Fluges hinweist. Die Wechselwirkung dieser Bedeutungen erzeugt ein multivalentes Werk der Architektur.

Die gelungenste Anwendung der *angedeuteten* Metapher, die ich in der modernen Architektur kenne, ist Le Corbusiers Kapelle
72 in Ronchamp, die mit allen möglichen Dingen verglichen wurde:
73 von den weißen Häusern der Insel Mykonos bis zum Schweizerkäse. Ein Teil ihrer Ausdruckskraft ist diese Vieldeutigkeit: verschiedene Dinge zugleich zu meinen, den Geist anzusetzen auf die Jagd nach einer Wildgans, bei der die Gans — unter anderen Tieren — tatsächlich gefangen wird. Eine Ente zum Beispiel (um wieder dieses berühmte Merkmal der modernen Architektur zu zitie-
74– ren) ist in der Südansicht vage angedeutet, aber ebenso könnte sie
78 ein Schiff sein oder, noch passender, betende Hände. Die visuellen Kodes, die hier sowohl elitäre als auch populäre Bedeutungen annehmen, wirken überwiegend auf unbewußter Ebene, im Gegensatz zum Würstchenstand. Wir lesen die Metaphern unmittelbar, ohne uns die Mühe machen zu müssen, sie zu benennen oder zu zeichnen (wie es hier geschehen ist). Das Talent des Künstlers ist abhängig von seiner Fähigkeit, unseren reichen Bestand an visuellen Vorstellungen anzusprechen, ohne daß wir seine Absicht wahrnehmen. Vielleicht ist es auch für ihn ein unbewußter Vorgang. Le Corbusier bekannte sich zu nur zwei Metaphern, die beide esoterischer Art sind: zur ,,visuellen Ästhetik'' der gekurvten Wände, welche die vier Horizonte darstellen, als wären sie ,,Klänge'' (respondierend im Wechselgesang), und zur ,,Krabbenschalen''-Form des Daches. Aber das Gebäude hat sehr viel mehr Metaphern als diese, so viele, daß es überkodiert ist, durchsetzt mit möglichen Interpretationen. Das erklärt, warum die Kritiker Nikolaus Pevsner und James Stirling das Bauwerk als so verwirrend empfinden und es anderen als so rätselhaft erscheint. Es scheint präzise rituelle Bezüge anzudeuten, es sieht aus wie der Tempel einer geistig sehr anspruchsvollen Sekte, die einen hohen Grad metaphysischer Abgeklärtheit erreicht hat — während wir *wissen*, daß es nur eine Wallfahrtskapelle ist, geschaffen von einem, der

72, 73 Le Corbusier: Kapelle in Ronchamp/Frankreich, 1955.
Ansicht von Südosten. Das Gebäude ist mit visuellen Metaphern überkodiert, aber keine ist sehr explizit, so daß das Bauwerk uns immer etwas zu sagen scheint, das wir nicht einordnen können. Die Wirkung ist ähnlich, als wenn einem ein Wort auf der Zunge liegt, an das man sich nicht genau erinnern kann. Aber die Vieldeutigkeit kann anregend sein und nicht frustrierend — man sucht im Gedächtnis nach möglichen Anhaltspunkten.

an eine Naturreligion, einen Pantheismus, glaubte. Anders ausgedrückt: Ronchamp erzeugt die Faszination der Entdeckung einer neuen archaischen Sprache; wir glauben, auf den Stein von Rosette zu stoßen, jenes Fragment einer verlorengegangenen Zivilisation. Und jedesmal, wenn wir seine Außenmauern entschlüsseln wollen, begegnen wir neuen, einleuchtenden Bedeutungen von denen wir doch wissen, daß sie keiner präzisen gesellschaftlichen Realität zugehörig sind — obgleich es den Anschein hat. Le Corbusier hat sein Bauwerk so überkodiert mit Metaphern und Element für Element so korrekt aufeinander bezogen, daß die Bedeutungen wirken, als wären sie festgeschrieben durch zahllose

74—78 Metaphern von Ronchamp, gezeichnet von Hillel Schocken in einem Seminar über Architektursemiotik an der Architectural Association in London. Die Wiedergabe ist erstaunlich ähnlich im Vergleich mit den wirklichen Ansichten der Kapelle.

79 Cesar Pelli: Pacific Design Center, Los Angeles, 1976.
Ein langer, hoher Bau, der unter anderem wie eine extrudierte Zierleiste aussieht, weil der Schnitt durch das gesamte Gebäude und die Außenseiten projiziert ist. Diese Metapher paßt zur Funktion des Gebäudes, weil es die der Innenarchitekten (neben anderen Produkten) zur Schau stellt. Sein blaues Äußeres aus durchscheinendem, durchsichtigern und reflektierendem Glas verleiht ihm auffallende Präsenz in Los Angeles. Wegen seiner Größe wird es „Blauer Wal" genannt.

Gegenüberliegende Seite:
80 Pacific Design Center — Metaphern aus der Sicht von Studenten aus einem Seminar über Architektursemiotik an der University of California in Los Angeles, gezeichnet von Kamran. Die Metaphern wurden von der Gruppe in nachstehender einleuchtender Reihenfolge ausgewählt: 1) Flugzeughangar, 2) extrudierte Zierleiste, 3) Stations- oder Empfangsgebäude, 4) Architekturmodell, 5) Lagerhaus, 6) blauer Eisberg, 7) Gefängnis, 8) Bausteine oder Puzzle für Kinder. Die Tatsache, daß sich so viele Metaphern ergaben, die wirkliche Gebäudetypen sind (zum Beispiel Stations- oder Empfangsgebäude), zeigt, daß das Pacific Design Center stark an andere Architektur erinnert.

dem Ritual verhaftete Generationen: Der Reichtum etwa der feinen Muster des Islam, die exakte Ikonologie des Shinto werden angedeutet. Wie anregend, wie unterhaltsam ist das Erlebnis dieses Spiels der Ausdruckskraft, von dem wir doch wissen, daß es vorwiegend auf der brillanten Phantasie des Architekten beruht.

Ein anderes modernes Gebäude, das wegen seiner ungewöhnlichen Form eine Reihe von Metaphern in sich vereint, ist Cesar Pellis Pacific Design Center in Los Angeles — dort bekannt als „Der blaue Wal". Im Gegensatz zu Ronchamp und dem TWA-Gebäude hat es rechtwinklige Formen und einen Curtain Wall aus drei verschiedenen Arten von Glas. Aber diese vertrauten Elemente rufen wegen ihrer besonderen Behandlung dennoch keine vertrauten Assoziationen hervor: „Eisberg", „Registrierkasse", „Flugzeughangar" und — am treffendsten — „extrudierte Zierleiste" (es ist ein Zentrum für Innenarchitekten und Designer).

Diese Metaphern können im buchstäblichen Sinne aufgezeichnet werden mit Umrissen und Schnitten, aber nicht das Image des „blauen Wals", das nur in Begriffen von Farbe und Masse einen Bezug dazu hat. Und doch ist dies der bevorzugte Spitzname. Warum wohl? Weil dort zufällig ein Restaurant ist, dessen Eingang das Maul eines großen blauen Wals darstellt, und der Bau wird als Leviathan inmitten der kleinmaßstäblichen Bebauung angesehen, der alle kleinen Fische schluckt (in diesem Fall die kleinen Dekorationsgeschäfte). Mit anderen Worten: Zwei lokale einschlägige Kodes, der große Maßstab und die Verbindung mit dem Restaurant, rangieren vor den plausibleren Metaphern des Gebäudes: dem Flugzeughangar und der Zierleiste — ein gutes Beispiel da-

für, daß die Architektur mehr von der Gunst des Betrachters als von der Kunst des Erzeugers abhängig ist.

Die Sprache der Architektur ist viel gefügiger als die gesprochene Sprache und mehr der Veränderung durch kurzlebige Kodes unterworfen. Ein Gebäude kann dreihundert Jahre bestehen, aber die Art, wie Menschen es betrachten und nutzen, kann sich alle zehn Jahre ändern. Es wäre pervers, Shakespeares Sonette umzuschreiben, Liebesgedichte in haßerfüllte Briefe zu verwandeln, eine Komödie als Tragödie zu lesen. Aber es ist vollkommen akzeptabel, Wäsche auf dekorative Balustraden zu hängen, eine Kirche in eine Konzerthalle umzuwandeln und ein Gebäude täglich zu nutzen, ohne es anzuschauen (was tatsächlich die Norm ist). Architektur wird häufig unbeteiligt oder mit den größten Vorurteilen je nach Stimmung und Wunsch erlebt — genau entgegengesetzt dazu, wie man gewöhnlich eine Sinfonie oder ein Kunstwerk genießt[10]. Eine Folgerung daraus für die Architektur ist, unter anderem, daß der Architekt seine Bauten überkodieren muß, indem er ein Übermaß an populären Zeichen und Metaphern verwendet, wenn sein Werk sich, wie beabsichtigt, mitteilen und die Transformation schnell veränderlicher Kodes überstehen soll

Erstaunlicherweise leugnen viele modernen Architekten diese wichtige metaphorische Stufe der Bedeutung. Sie empfinden sie als unfunktional und subjektiv, literarisch und vage, gewiß nicht als etwas, das sie bewußt kontrollieren und sinnvoll anwenden können. Statt dessen konzentrieren sie sich auf vermeintlich rationale Aspekte des Entwurfs — auf Kosten und Funktion, wie sie es eng definieren. Das Ergebnis ist, daß ihre unbeabsichtigten Metaphern

81 Verwaltungsgebäude Manufacturers Hanover Trust, New York, 1970.
Diese Art von Gebäuden an der Park Avenue und anderswo wird häufig
satirisch dargestellt von Karikaturisten wie Saul Steinberg und Kovarsky,
die sie als kariertes Papier, Bankauszug oder steigende und fallende Wirt-
schaftskurven darstellen.

81 metaphorische Rache üben und sie in den Hintern treten: Ihre
Bauten sehen schließlich aus wie Metaphern für Funktion und
Wirtschaftlichkeit und werden als solche verdammt. Die Situation
wird sich jedoch ändern, weil sowohl die Sozialforschung als auch
die Architektursemiotik die allgemeine Reaktion auf die Metapher
darstellen. Diese ist weit besser vorhersehbar und kontrollierbar,
als die Architekten es gedacht hatten, und da die Metapher eine
entscheidende Rolle für die Annahme oder Ablehnung eines Gebäudes durch die Öffentlichkeit spielt, werden die Architekten das
mit Sicherheit bald erkennen, wenn auch nur in ihrem eigenen Interesse. Die Metapher, durch konventionelle visuelle Kodes gesehen, unterscheidet sich von Gruppe zu Gruppe, aber sie kann im
großen und ganzen, wenn nicht sogar exakt, für alle Gruppen einer Gesellschaft umschrieben werden.

Wörter

Vielem von dem, was ich bisher gesagt habe, liegt die Klischee-
vorstellung zugrunde, daß die Sprache der Architektur, wie die gesprochene Sprache, bekannte Bedeutungselemente anwenden
muß. Um die linguistische Analogie zu vervollständigen, könnten
wir alle diese Elemente als architektonische „Wörter" bezeichnen.
Es gibt Wörterbücher der Architektur, welche die Bedeutung dieser Wörter definieren: Türen, Fenster, Pfeiler, Zwischenwände,
Auskragungen usw. Offenbar sind diese wiederholbaren Elemente eine Notwendigkeit der architektonischen Praxis. Die Bauindu-
strie standardisiert zahllose Produkte (es gibt in England über 400
Bausysteme), und in jedem Architekturbüro werden die jeweils
bevorzugten Details wiederholt.

Wie in der Sprache wird die kreative Metapher von gestern
durch ständige Anwendung heute zum konventionellen Wort. Ich

habe bereits erwähnt, daß die Keilform zum Zeichen für das Auditorium und das Betongitter — die Metapher der Käsereibe — zum
Zeichen für Parkhäuser wurde („Bürobau" ist seine andere Anwendung). Doch gibt es einen entscheidenden Unterschied zwischen den „Wörtern" der Architektur und denen der Sprache. Betrachten wir den Fall der Säule. Eine Säule an einem Gebäude ist
eine Sache für sich, die Nelsonsäule auf dem Trafalgar Square in
London eine andere, die Säulenschornsteine des Kraftwerks Battersea sind ein Drittes, und der Entwurf von Adolf Loos für den
Wettbewerb der Chicago Tribune ist ein Viertes. Wenn die Säule
ein „Wort" ist, dann ist das Wort zur Redewendung, zum Satz und
schließlich zu einem ganzen Roman geworden. Architektonische
Wörter sind mit Sicherheit elastischer und vielgestaltiger als die
der gesprochenen oder geschriebenen Sprache und basieren
wegen ihrer spezifischen Bedeutung stärker auf ihrem physischen
Kontext und dem Kode des Betrachters. Um festzustellen, was die
Nelsonsäule bedeutet, muß man den sozial-physischen Kontext
analysieren (den Trafalgar Square als Zentrum für politische Ver-
sammlungen), den semantischen Hintergrund von Nelson (sieg-
reiche Seeschlachten, historische Figur usw.), die syntaktischen
Merkmale (freistehend, umgeben von Freiraum und Springbrunnen) und die historischen Kennzeichen der Säule an sich (Anwendung an Tempeln, drei Ordnungen, phallisches Symbol usw.).
Eine derartige Analyse geht über den Rahmen dieses Buches hinaus, aber der Beginn eines Versuchs ist mit der allgemeinen Analyse der Säule gemacht. Sie zeigt, wie gewinnbringend das sein
kann[11]. Wir können eine Teilanalyse der architektonischen Elemente durchführen und herausfinden, welches die unterschiedlichen Elemente jeder Kultur sind.

Die modernen Architekten haben sich nicht immer der Frage
nach dem tieferen Sinn der Klischees oder der überlieferten Wör-

82—86 Die Säule als „Wort" wandelt ihre Bedeutung in verschiedenen Kontexten.

Bei der Kirche St. Martin-in-the-Fields, London, 1726, an einer Vorhalle mit anderen Säulen der gleichen Ordnung steht sie klar für „Säulenreihe", „Eingang", „öffentliches Gebäude" ebenso wie für historische Assoziationen.

Die Nelsonsäule auf dem Trafalgar Square in London, 1860, verschiebt die semantischen Hintergründe auf die Erinnerung an „Sieg", „Politik", „freistehend" usw.

Die Säulenschornsteine des Kraftwerks Battersea, London, 1929 — 1955, haben völlig andere Assoziationen wegen ihrer syntaktischen Eigenschaften. Sie sind an den vier Ecken des Gebäudes auf eine massive Basis gesetzt (übrigens ist dies *heute* das Zeichen für ein Kraftwerk). So sieht das Bauwerk, gelinde ausgedrückt, wie ein umgekehrter Tisch aus. Rauch-

schwaden am oberen Ende der Säulen — die kein Kapitell oder Gebälk haben —, „So hat man den kannelierten Säulen Gewalt angetan".

Adolf Loos' Säule für die Chicago Tribune, ein Wettbewerbsentwurf für ein Zeitungsgebäude, war ein doppeltes Spiel mit dem Wort Säule („Kolumne" = Textspalte, „Tribüne" = der Name der Zeitung). Loos meinte, daß die dorische Ordnung die grundlegende Aussage der architektonischen Ordnung darstellte und daher passend für ein Denkmal wäre.

Als letztes zeigt der Kenton-County-Wasserturm, Ohio, 1955, wiederum den mehrwertigen Aspekt dieser vertikalen Form, wie sie für Aufzugsschächte, Kamine, Raketen-Abschußbasen und Bohrtürme benutzt werden kann. Wegen der positiven Assoziationen der Säule an die Antike dient sie häufig als Verkleidung für solch „praktische und prosaische" Funktionen.

87, 88 Le Corbusier: Siedlung Pessac bei Bordeaux, damals und heute, 1929 und 1969. Die Erdgeschoßwohnungen wurden zugemauert, geneigte Dächer hinzugefügt, die bandartigen Fenster aufgeteilt, Terrassen in zusätzliche Schlafräume verwandelt und eine große Zahl von Zeichen, die „Sicherheit", „Heim", „Besitztum" ausdrücken, überall außen angebracht und damit die puristische Sprache gründlich zerstört.

ter gestellt. Sie haben im großen und ganzen versucht, die Wiederverwendung *symbolischer Zeichen* zu vermeiden (das ist der Terminus technicus für Bedeutung, die durch konventionelle Anwendung bestimmt wird), weil sie meinten, die Anwendung dieser historischen Elemente würde einen Mangel an Kreativität darstellen. Für Frank Lloyd Wright und Walter Gropius bedeutete sie sogar einen Mangel an Integrität und Charakter. Ein Architekt, der das symbolische Zeichen anwendete, war in ihren Augen unaufrichtig und mit Sicherheit snobistisch — die klassischen Ordnungen wa-

ren eine Art anmaßendes Latein, der alltägliche, einheimische Industriebau und die nüchterne Sachlichkeit im Gegensatz dazu nicht. Aus diesen letztgenannten Bauaufgaben könnte, so hofften sie, eine universale Sprache konstruiert werden, eine Art Esperanto in Anwendung über die unterschiedlichen Kulturen hinweg, basierend auf funktionalen Typen. Diese Zeichen würden *indexikalisch* sein (unmittelbar auf ihre Anwendung hindeutend, wie zum Beispiel Pfeile, gerade Korridore) oder andernfalls *ikonisch,* in diesem Fall eine Darstellung ihrer Funktion (die von der Statik bestimmte Form einer Brücke oder sogar Venturis Ente). Die Wörter der modernen Architektur wären begrenzt auf diese Zeichentypen.

Das einzige Problem dieser Auffassung ist jedoch, daß die meisten architektonischen Wörter symbolische Zeichen sind. Mit Sicherheit sind diejenigen die stärksten und überzeugendsten, die erlernt und konventionell sind, nicht die „natürlichen". Das symbolische Zeichen beherrscht das indexikalische und das ikonische, und selbst diese letzteren sind zur korrekten Interpretation in gewisser Weise vom Wissensstand und von der Konvention abhängig. Es gab daher einen verheerenden theoretischen Irrtum gleich an der Basis der Sprache der Moderne. Sie konnte nicht funktionieren, wie die Architekten es erhofften, weil keine lebende Sprache das kann: Alle basieren überwiegend auf erlernten Konventionen, auf symbolischen Zeichen, nicht auf solchen, die direkt und ohne Ausbildung verstanden werden können.

Ein gutes Beispiel für die irrige Haltung der Architekten gegenüber dem symbolischen Zeichen ist ihre Behandlung des geneigten Daches, das konventionellerweise in den nördlichen Ländern „Heim" bedeutet. Der moderne Architekt mißachtete diesen Brauch aus funktionalen und ästhetischen Gründen und schuf Dachgärten, mehr Raum, rechtwinklige Formen. (Walter Gropius gab sechs rationale Begründungen für den Entwurf von Flachdächern.) Es ist nicht verwunderlich, daß diese flach abschließenden

Bauten als fremdartig, als unsicher, sogar als unfertig und „ohne Kopf" empfunden wurden. Die Häuser waren enthauptet. Viele Bewohner von Le Corbusiers Siedlung Pessac meinten, daß ihren harten, weißen, kubischen Formen der natürliche Ausdruck von Schutz und Schirm abging. So verkürzten sie die Fensterbänder, fügten Läden und weitere Verstrebungen hinzu; sie gliederten die reine, weiße Außenfläche durch Blumenkästen, Simse und Wasserspeier, und einige fügten das alte Zeichen von Bordeaux für Schutz hinzu, das geneigte Dach. Kurz, sie mißverstanden systematisch die puristische Sprache, sie planten die Siedlung systematisch um und fügten ihre konventionellen Zeichen für das Heim hinzu.

Trotz der zahlreichen neuen Flachdachsiedlungen beharren gewisse Leute, die sich nicht umgestellt haben, auf ihrer unverbesserlichen Art des Denkens, daß geneigte Dächer Schutz und psychologische Abgeschirmtheit bedeuten. Zahlreiche Untersuchungen haben das bewiesen. Eine große Baugesellschaft in England, die diese Tatsache erkannte, hat als ihr Symbol ein archetypisches Paar gewählt, das Arm in Arm unter einem Schirm in Form eines geneigten Daches spaziert. Da dieses Zeichen existiert und wiederholte Anwendung immer das symbolische Zeichen erzeugt, kann es sein, daß der moderne Architekt seine Haltung gegenüber diesen Konventionen ändern wird. Er könnte sie als starke Bedeutungen betrachten, die normalerweise auf direkte Weise angewendet werden, wenn auch nur, um die Aufmerksamkeit eines Publikums zu fesseln, das er überzeugen will.

Wenn jemand Geschmack und Verhalten eines Kulturkreises verändern oder zumindest beeinflussen will, was die modernen Architekten ausdrücklich zu einem ihrer Ziele erklärt haben, dann muß er zuerst die dieser Kultur gemeinsame Sprache beherrschen. Verändert man die Sprache und die Botschaft gleichzeitig, so werden beide systematisch mißverstanden und neu interpretiert, um den konventionellen Kategorien zu entsprechen, den gewohnten Verhaltensmustern. Das ist genau das, was mit den modernen Wohnsiedlungen geschah. Pruitt-Igoe und Pessac sind die beiden bekanntesten Beispiele. Ein vielversprechenderer Ansatz für den modernen Architekten oder den Sozialforscher wäre es, das volkstümliche Wohnhaus in all seiner Vielfalt zu untersuchen und festzustellen, wie es eine unterschiedliche Lebensweise für unterschiedliche Geschmackskulturen und ethnische Gruppen ausdrückt.

Grob gesprochen, werden diese Gruppen durch Soziologen und Marktforscher in sozio-ökonomischen Begriffen klassifiziert, obgleich es eine Menge Überschneidungen und Entlehnungen innerhalb der Gruppen gibt und auch andere Kräfte am Werk sind[12]. Der Einfluß der Klassen auf den Geschmack ist nur einer von zahlreichen Einflüssen. Es erscheint mir exakter, von semiotischen Gruppen als von auf Klassen basierenden Geschmackskulturen zu sprechen. Gruppen, welche die gleiche *Bedeutung* bevorzugen, haben eigenes Leben und eigenen Bestand, die nur in geringem Maße durch den sozio-ökonomischen Hintergrund bestimmt sind. Im Grunde befinden sich semiotische Gruppen in verschiedenen Bedeutungswelten und haben sehr unterschiedliche Ansichten vom Leben. Ich will drei Versionen des volkstümlichen Wohnhauses erwähnen, die diesen unterschiedlichen Gruppen entstammen.

1. Die Idealvorstellung vieler Arbeiterfamilien ist ein freistehendes, eingeschossiges, kleines Haus, ähnlich den anderen in dem Gebiet, das ihnen vertraut ist. Die mit diesen Häusern ausgedrückten Wertvorstellungen sind Sicherheit, Besitz, Abgeschlossenheit und eine Art konservativer Anonymität (repräsentiert durch mehr oder weniger Anpassung an den örtlichen Standard). Levittown in Amerika und die Ausstellung „Ideal Home" in England ebenso wie die meisten Häuser in beiden Ländern buhlen um diese semiotischen Gruppen. Sie könnten als konservativ oder konformistisch bezeichnet werden, nüchtern oder kleinbürgerlich, je nachdem, welche Werte betont werden und wer die Wertung vornimmt, weil

89 „Volkstümliches Eigenheim", Wales, 1975.
Spekulationsgesellschaften beherrschen diesen Markt, seit Levittown, die bekannte und berüchtigte Satellitenstadt von Philadelphia, den Maßstab für die untere Mittelklasse gesetzt hat. Offenkundige Zeichen sind immer integriert, die in ihrer Herkunft variieren: georgianische Erkerfenster gegen Kamine aus Mauerwerk, Plastikschindeln gegen Zeichen der Hütte, Zurschaustellung des Autos gegen Vorgarten — im Abstand von der Gruppe, aber im Stil der Nachbarn. Diese kleinen Widersprüche bilden genau die richtige Mischung von Individualismus und Konformismus.

90 Eton-Haus, Ausstellung „Ideal Home", London 1974.
Die Metapher des Gesichts ist auf der Ausstellung „Ideal Home" häufig vertreten mit zwei oder drei um die Eingangstür (den „Mund") streng symmetrischen Beispielen. Verschiedene Statussymbole sind angebracht (wie die Glasfiber-Details im Adam-Stil), aber der Snobismus ist mehr scheinbar als wirklich: Er soll nicht die Nachbarn davon überzeugen, daß man seinen Sohn nach Eton schickt, sondern einfach nur das Haus vom „sozialen Wohnungsbau" unterscheiden. Dies ist vielleicht die stärkste soziale Motivation, die Unterscheidung zwischen „unsereins" und „jenen" (die von der Regierung kontrolliert werden). Daher sind die Ideal-Home-Stile relativ tolerant und schließen sogar das Schweizerhaus und die amerikanische Ranch ein. Tatsächlich war das Modell „Ideal British Home" für 1976 im Kolonialstil eine unvorhergesehene Konsequenz der Zweihundertjahrfeier der Unabhängigkeit Amerikas.

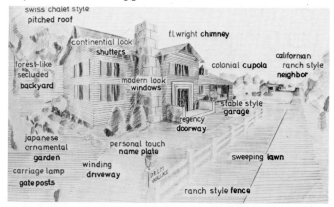

91 Kevin Fisher: Analyse des volkstümlichen englischen Hauses, 1976.
Diese Synthese mehrerer vorherrschender Trends auf dem Markt zeigt, wie eklektisch und tolerant das populäre englische Haus geworden ist. Eine Mischung aus Japanisch, Amerikanisch und Englisch, aus Modern und Traditionell, Städtisch und Ländlich. Wenige Architekten würden es wagen, eine solche unreine Sprache anzuwenden. So bleibt der Markt frei für die Spekulanten. Es ist natürlich möglich, *alle* Sprachen für *alle* Botschaften zu benutzen.

alle diese Aspekte deutlich durch die Sprache bezeichnet sind. Der Prototyp ist ein zweigeschossiges Haus mit zentralem Eingang, symmetrischer Anordnung der Fenster auf beiden Seiten, einem Schornstein und geneigtem Dach — all das erinnert vage an ein Gesicht mit zwei Augen (obere Fenster), Nase (Vorhalle) und Mund (Tür).

Der Grünstreifen vor dem Haus könnte der Hemdkragen oder der Schnurrbart sein, der symbolische „Burggraben" oder der „Wald", je nachdem, welche anderen Zeichen bemüht werden. Da diese Gruppe häufig ihre neuerworbene Unabhängigkeit zu signalisieren wünscht, neigt die Bedeutung dazu, die alte angelsächsische Maxime zu unterstützen: „Jedermanns Haus ist jeder-

manns Burg" — und die Burg mag verteidigt werden durch einer Staketenzaun oder durch Gartenzwerge. Es gibt eine herrschaftliche Avenue, die zur Eingangstür führt — den gewundenen Fußweg — , und statt poetischer Wälder einige Büsche.

2. Die nächste semiotische Gruppe neigt dazu, die vorher genannten Wertvorstellungen für gegeben zu halten, da sie gerade das verlassen hat, was man die Hektik der Großstadt nennt. In Amerika kann man diese Gruppe als schwer zufriedenzustellende Mittelklasse bezeichnen, da der geschorene Rasen und die Statussymbole der kolonialen Abstammung (die fast nie zutrifft) den Vorübergehenden feierlich ansprechen wie ein Redner zur Zweihun-

92, 93 Haus Lucille Ball, Beverly Hills/Kalifornien, um 1955.
Der Besuch von Filmstarhäusern ist seit den zwanziger Jahren zu einem Gewerbezweig geworden, und dankenswerterweise gibt es Karten für die besuchenden Anthropologen. Wohnform und Anlage dieser Häuser sind so konventionalisiert worden, daß sie eine Norm darstellen: zuerst die öffentliche Straße mit Bürgersteig, dann eine Reihe beschnittenes Grün, das diskret Privatheit ausdrückt. Dann das weitläufige Haus in einem von fünf akzeptierten Stilen, die Garage an einer Seite. Dahinter Tennisplatz, Swimming-pool und das Heiligtum, in dem die früheren Triumphe des Stars geladenen Gästen gezeigt werden. Zu diesem Filmvorführungsraum kommt häufig noch ein Gymnastik- oder Spielraum, da körperliche Fitness und Erholung die beiden Hauptziele dieser Sippschaft sind. Der „kalifornische Kolonialstil" von Lucille Balls Haus mit den Dachfenstern als „hochgezogenen Augenbrauen" ist am populärsten, dicht gefolgt vom Pseudo-Tudorstil.

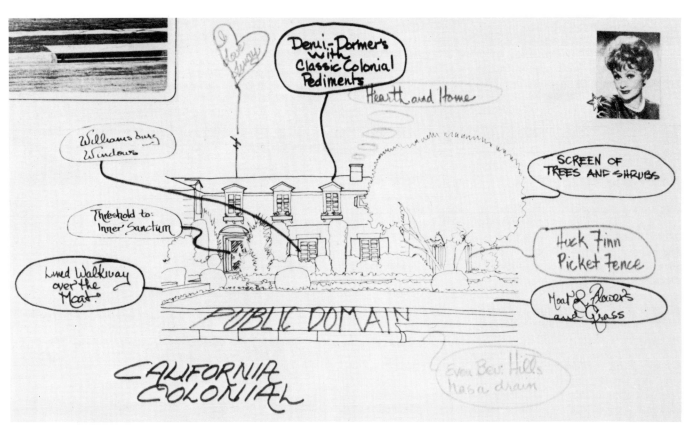

dertjahrfeier in einem Anfall von Nationalismus. In der Tat sind Sauberkeit und Zurückhaltung, harte Arbeit und Diskretion, Wohlstand und Nüchternheit — all diese Erfolgsbilder der amerikanischen Führungsschicht — vorhanden, um dies als den letzten burgeoisen Traum zu kennzeichnen. Das einzige Problem dieser Klassifikation ist, daß die Wirkung dieser Wertvorstellungen weit über die Mittelklasse hinausreicht.

Zum Beispiel fällt der vorherrschende Stil bei Filmstarhäusern, jenen in Beverly Hills und Bel Air, die für eine Viertelmillion bis zu drei Millionen Dollar gehandelt werden, in diese Kategorie. Die Filmstars gehören sicherlich nicht zur Mittelklasse, selbst wenn ihr Geschmack danach aussieht und sie von diesem Hintergrund

herkommen. Passen sie sich einer niedrigeren Gesellschaftsschicht an, oder haben sie nur eine früher existierende semiotische Tradition angenommen und sie dann erweitert? Häufig werden sie die „Aristokratie Amerikas" genannt, weil ihre Wertvorstellungen und ihre Art zu leben zum Standard der Nacheiferung für die Massen in Amerika geworden sind. Filme und zahllose Ausflüge mit Besichtigungen der Filmstarhäuser (ein Gewerbezweig seit 1922) haben erreicht, daß diese Bauten den volkstümlichen Geschmack noch heute am meisten beeinflussen. Sie sind im allgemeinen in einem der folgenden sechs Stile gehalten: 1. Herrenhaus aus den Südstaaten, 2. altenglisch, 3. Kolonialhaus aus New England, 4. französisch-provinziell/Régence, 5. spanisch-kolonial,

94, 95 Haus Jimmy Stewart, Beverly Hills/ Kalifornien, um 1940.
Eine sehr eigene Mischung aus Tudorstil und japanischer Architektur mit Schweizer Akzenten. Die Klarheit der Silhouette, der Wechsel von Schwarz und Weiß, die sehr bewußte Ungezwungenheit der Massierung und Bepflanzung machen eine klare Aussage. Solche Häuser, häufig in Filmen gezeigt, haben das amerikanische Traumhaus bestimmt, wenn nicht gar erzeugt. Ähnliche Beispiele sind am Rande jeder größeren Stadt von Boston bis Los Angeles zu finden. Da die Norm so unveränderlich ist, stellt sie beinahe eine „Sprache ohne Worte" dar. Umgekehrt könnte man sagen, daß die Sprache selbst redet und der Architekt der Wortführer dieser Sprache ist.

6. Mischung aus modern und kolonial. Dies sind auch die sechs vorherrschenden Stile für das volkstümliche Vorstadthaus. Eine genauere Untersuchung wird ergeben, daß die meisten dieser Häuser einen Ersatz darstellen. Das heißt, nur wenige von ihnen sind ernsthafte, intellektuelle Stilreproduktionen; sie erheben keinen Anspruch auf historische Genauigkeit oder ernstzunehmenden Eklektizismus. Die Stile sind imaginär, sind *Zeichen* des Status und historischer Wurzeln — aber Zeichen, die einen an die Vergangenheit erinnern sollen, jedoch nicht davon überzeugen, daß das Bauwerk in der Gegenwart lebendig ist. Es gibt auch erheiternde Fälle, wenn die Zeichen zum ganzen eigentlichen Gebäude werden.

96–98

3. Eine weitere semiotische Gruppe unterscheidet sich von der vorhergehenden dadurch, daß sie diese Zeichen und Wertvorstellungen in das Gegenteil umkehrt. Eine gesuchte Lässigkeit wird dem Wählerischen, eine Art schäbiger, unbefangener Komfort der aufdringlichen Ordentlichkeit vorgezogen. Der abgerissene Aristokrat und der Intellektuelle, der Außenseiter und der vornehme Anhänger des linken Flügels — sie alle vereinigen sich gegen das, was sie für die Vulgarität der früheren Vertreter des „guten Geschmacks" halten. Selbst der moderne Architekt vereint sich mit ihnen auf dieser Linie.

So sehen wir eine Betonung von Natur und *Natürlichkeit,* das Bauwerk wird isoliert und in richtigen Wäldern versteckt (im Ge-

96, 97 Verbreitung der Filmstarsprache. „Gay Eclectic House" auf der bescheideneren Seite von Beverly Hills, Umbau um 1975. Analyse von Arloa Paquin.

In diesem Bereich haben Innendekorateure und andere begonnen, ihre Bungalows aus den dreißiger Jahren zu verändern. Beginnend mit einer sieben Meter langen, verputzten Kiste, fügen sie eine falsche Backsteinfassade hinzu (wie in diesem Fall), Autoabstellplatz, Gitterwerk, „falsche" Schindeln und mexikanische Balken. Einige dieser Kodeumwandlungen sind amüsant, andere kreativ, die meisten abscheulich. Aber die Sprache wird zumindest benutzt, anstatt daß sie den Sprecher völlig beherrscht.

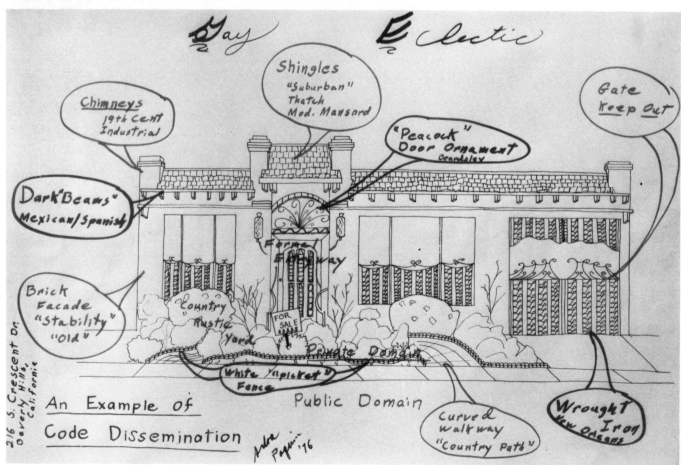

98 „Heckenhaus", Beverly Hills/Kalifornien, um 1965.
Hier ist nicht viel von der alten modernen Architektur geblieben, gegen die
der Besitzer eine Abneigung hatte und die er mit verschiedenen „natürlichen" Zeichen von Bepflanzung verdeckte. Diese gekappten Büsche, die
so beschnitten werden, daß sie in das verbliebene Abschlußband passen,
betonen den Akt des Eintretens und „schützen" die Tür. Sie sind zu vorge-
schriebenen, konventionellen Zeichen für alle Filmstarhäuser geworden.

gensatz zu den vorhin erwähnten Büschen), die *nicht* fast bis zur Perfektion zurechtgestutzt sind. Man läßt sie frei wachsen, schneidet sie nur an bestimmten Punkten zurück, um hier die Sicht auf einen Giebel, dort auf ein Dach freizulegen, wie durch einen glücklichen Zufall. In der Tat ist es unser alter Vertrauter, die pittoreske Tradition, die Lobpreisung des sorgfältig-sorglosen und konstruierten Zufalls in einer Vielfalt neuer Gewänder. Es kann die weiße, moderne Architektur der zwanziger Jahre sein (der Stil Corbusiers ist in der Gestaltung von Richard Meier tatsächlich zu einem populären Statussymbol geworden), der „Stab- und Schindelstil" der sechziger Jahre oder der „Haus-und-Garten-Stil" (nach der populären amerikanischen Zeitschrift „House and Garden") der späten siebziger Jahre, repräsentiert auf kollektiver Ebene durch Ferienorte wie Portmeirion und Port Grimaud.

Portmeirion ist eine an die reizvolle Küste von Wales versetzte italienische Hügelstadt, umgeben von drei Kilometern Rhododendron und anderer üppiger exotischer Bepflanzung. Jeder Ausblick ist sorgfältig als ein Landschaftsbild komponiert, jeder Weg führt perfekt um jeden Felsvorsprung herum, jeder Busch und jede Blume stehen in wundersamer Beziehung zu nahen und entfernt liegenden Bauten, und der Raum steigt und fällt wie Wasser in kleine, eingefaßte Teiche und dramatische, offene Kaskaden. *Trompe l'œil*, blinde Fenster, auf fünf Sechstel der normalen Grö-

100 Sir Clough William-Ellis: Pantheon, Portmeirion, 1926—1966. Eine pittoreske Massierung von Laubwerk und eklektischen Fragmenten, ausgeschlachtet aus zerstörten Baudenkmälern. Hier erhebt sich eine englische Laterne über einer florentinischen Kuppel, die leuchtend grün gestrichen ist und hinter einem echten Kamin von Norman Shaw (durch den man eintritt) auf palladianisch rosa Mauern ruht.

101 Portmeirion, Blick auf den Battery Square, der Küstenarchitektur und einen italienischen Kampanile aufweist. Diese Kulissenarchitektur ist — nicht verwunderlich — für verschiedene Filme und kommerzielle Zwecke genutzt worden. Dies war die erste Schöpfung nach einem Rezept, das später, in billigerer Version, für Ferienorte wie Port Grimaud und Durchfahrtsparks wie Disneyland verwendet wurde.

ße geschrumpfte Gebäude, optische Täuschungen, genau kalkulierte Naivitäten, ausgefallene Spielereien (ein Segelboot, in Beton gegossen, dient als Stützmauer) — solche billigen Einfälle sind bei Schriftstellern und Touristen beliebt. Der Erbauer, Sir Clough William-Ellis, hat alte Gebäude ausgeschlachtet und Teile davon in seine neue Konfektion übernommen.

Die Pflege des Alten und Traditionellen ist auffallend, man kann sie als charakteristisches Zeichen dieser semiotischen Gruppe werten. Das Althergebrachte wird nicht so sehr um seiner selbst willen, sondern als Zeichen der Kontinuität zwischen den Generationen und als eine Verbindung mit der Vergangenheit geschätzt. Die erste Vermutung, daß solche Wertvorstellungen und Understatements nur elitären Geschmack ansprechen, hat sich jedoch nicht als richtig herausgestellt. Zum Beispiel kommen Hunderttau-

Gegenüberliegende Seite:
99 Richard Meier: Haus Douglas, Harbor Springs/Michigan, 1971 bis 1973.
Die Villa in der freien Natur, eingeschlossen, geschützt und doch als von Menschen gemachtes Element herausragend. Diese italienische Tradition, von Le Corbusier ebenso wie von den oberen Klassen übernommen, kontrastiert das Unberührte und das Perfektionierte. Hier benutzt Meier eine Syntax von Corbusier, um den Innenraum darzustellen, der sowohl horizontal als auch vertikal durch vier Geschosse ausgelegt ist.

sende von Besuchern jährlich nach Portmeirion, in dieses weiter-entwickelte Disneyland, und Millionen besuchen Landsitze in England, vorwiegend wegen ihrer reichen historischen Assoziatio-nen.

Diese drei semiotischen Gruppen, die Konservativen, die An-spruchsvollen und die „Natürlichen", erschöpfen kaum die Plura-lität der Geschmackskulturen, die in jeder großen Stadt existieren. In Amerika gibt es auch die Main-Street-Tradition, die Robert Ven-turi und Denise Scott Brown als eine Reihe von Zeichen analysiert haben; England hat sein Gegenstück in der High Street.

Venturi, Scott Brown und ihr Team haben auf diesen weiten Be-reich des Symbolismus aufmerksam gemacht und eine Ausstel-lung mit dem Titel „Zeichen des Lebens: Symbole der amerikani-schen Stadt" zusammengestellt. Sie präsentiert einige dieser Ima-ges, die zu einer populären Sprache gehören. Ihre eigenen Ent-würfe schließen, soweit möglich, diese Zeichen ein, meist auf iro-nische und übertragene Weise. Während manche Kritiker das Werk der Venturis als unnötig banal, häßlich oder herablassend bezeichnen — das heißt alles andere als populär —, ist ihre ge-wollt ausdruckslose Lösung doch nicht unbedingt schlecht. Schließlich kann ein Architekt eine Sprache anwenden, ohne die herkömmlichen Botschaften auszustrahlen, und wenn er „das Häßliche und das Gewöhnliche" mit dieser Sprache ausdrücken

will, hat er das absolute Recht, das zu tun. Die Venturis rechtferti-gen ihre Lösung als Sozialkritik; sie wollen — auf sanfte Art — eine bedingte Wertschätzung der amerikanischen Lebensweise aus-drücken. Widerwilliger Respekt, keine totale Anerkennung. Sie tei-len nicht alle Wertvorstellungen der Konsumgesellschaft, aber sie wollen diese Gesellschaft ansprechen, trotz einiger Meinungsver-schiedenheiten. Auch ist ihr Bewußtsein durch und durch moder-nistisch, ihre Ausbildung erfolgte in der Sprache von Le Corbusier und Louis Kahn. So sind sie nicht fähig, populäre Zeichen lässig und üppig anzuwenden — auf einer Ebene mit den Künstlern der Las-Vegas-Schilder, die sie bewundern. Aber wie sollten sie das auch? Es braucht Jahre, vielleicht eine ganze Generation, um die unbewußte und bewußte Anwendung einer neuen Sprache zu be-herrschen, und so sind diese Architekten — um einen den Futu-risten entliehenen Ausdruck zu verwenden — „die Primitiven einer neuen Empfindsamkeit".

Es ist zu erwarten, daß die nächste Generation von Architekten die neue Sprachkreuzung vertrauensvoll anwendet. Diese wird mehr dem Jugendstil als dem Internationalen Stil ähneln. Sie wird den reichen Bezugsrahmen des ersteren enthalten, seine große metaphorische Reichweite, seine geschriebenen Zeichen und seine Vulgarität, seine symbolischen Zeichen und Klischees — die volle Stufenleiter des architektonischen Ausdrucks.

102 Robert Venturi, Denise Scott Brown und Mitarbeiter: „Die Straße", Teil der Ausstellung „Zeichen des Lebens: Symbole der amerikanischen Stadt", Renwick Gallery, Washington/D.C., 1976.
Öffentliche Bauten, Regierungssitze und Gerichtsgebäude im klassizisti-schen Stil sind gemischt mit der landesüblichen kommerziellen Architek-tur. Die Ausstellung dokumentierte populären Symbolismus in drei wichti-gen Bereichen: dem Haus, der Hauptstraße und dem kommerziellen „Strip". Die „Lehre", die diese Architekten erteilten, begünstigte symboli-sche anstelle von plastischer Architektur, „dekorierte Schuppen" anstelle von „Enten".

103, 104 Venturi und Rauch: Haus Tucker, Katonah/New York, 1975. Das Äußere betont in starkem Maße Elemente des populären Kodes — überhängende Dachtraufen und breite Fenster —, während im Inneren der weiße, flächige Internationale Stil als Hintergrund für Kitsch und andere Objekte vorherrscht. Der Kamin mit einem runden Spiegel ist eigentlich eine Miniatur des Hauses, ein geistreicher Beitrag zu der traditionellen Vorstellung von Nischen, Miniaturmodellen und Puppenhäusern.

Die Syntax

Ein weiterer Aspekt, den die Architektur mit der Sprache gemeinsam hat, ist noch konkreter als Metaphern und Wörter. Ein Bau muß nach bestimmten Regeln oder Methoden erstellt werden. Die Gesetze der Schwerkraft und der Geometrie diktieren das Aufwärts und Abwärts: ein Dach, Fußboden, verschiedene Geschosse dazwischen, genauso wie die Gesetze des Klangs und des Sprachaufbaus bestimmte Vokale, Konsonanten und Aussprachen bedingen. Diese bestimmenden Kräfte erzeugen das, was als Syntax der Architektur bezeichnet werden könnte — das heißt die Regeln für die Kombination der verschiedenen Wörter Tür, Fenster, Wand usw. Die meisten Türen zum Beispiel folgen der syntaktischen Regel, daß sie auf beiden Seiten einen notwendigerweise ebenen Fußboden erfordern. Was passiert, wenn diese Regel ständig durchbrochen wird? Der Unterhaltungspalast im Amüsierpark profitiert von der Tatsache, daß das Nervensystem unbewußt die syntaktischen Regeln kennt und es genießt, wenn sie von Zeit zu Zeit durchbrochen werden. Unsinnige Wortsalate, die Sprache von Schizophrenen und die Poesie — sie alle verdrehen die konventionelle Grammatik. Das ist offensichtlich ein typisches Merkmal aller Zeichensysteme, die in ästhetischer Weise angewendet werden. Sie machen auf die Sprache aufmerksam durch Mißbrauch, Übertreibung, Wiederholung und alle anderen Mittel der Rhetorik.

Michael Graves spricht vom „In-den-Vordergrund-Stellen" der architektonischen Elemente, indem man sie auf die Seite legt, sie aus ihrem üblichen, funktionalen Kontext herausnimmt und sie anmalt wie eine kubistische Komposition von Juan Gris. Seine Häuser sind poetische Verdrehungen einer kubistischen Syntax, ihre einzigen Nachteile, in Begriffen der Kommunikation, die Wahl einer beschränkten Syntax und Unterkodierung. Man braucht einen Führer, um zu erkennen, daß ein blaues Geländer eine liegende Säule ist. Die Eigenbau-Häuser an der Westküste Amerikas verwenden eine leichter zugängliche Syntax auf ähnliche Weise. Schindeln, Holzverkleidung, verschiedene Arten von Normfenstern übereck gestellt, an der Ecke des Gebäudes plaziert, Dächer mit ungewöhnlichen Neigungswinkeln, unbehandelte Hölzer — diese syntaktischen Tricks haben eine reichere Bedeutungsresonanz, mit Ausnahme natürlich in den Augen derjenigen, die im synthetischen Kubismus ausgebildet sind.

Wiederum handelt es sich um eine Frage der Kodierung und ihrer Fülle, nicht um einen absoluten Unterschied in der Bedeutung.

Die Syntax der Architektur hat die Moderne bis zur Besessenheit beschäftigt — ein Grund dafür, daß sie hier nicht besonders betont wird. Beginnend mit den Theoretikern des neunzehnten Jahrhunderts, Viollet-le-Duc, Semper und Choisy, wurde das Interesse daran bald zum Idol und zum beherrschenden Ausdruck der Architektur. Es ist, als ob alle Architektur plötzlich über ihren Konstruktionsprozeß, über die Art, wie sie zusammengesetzt war, reden mußte. Louis Kahn schrieb über die *Form* des Gebäudes, als ob sie der architektonische Retter wäre, der ihn von allen anderen Sorgen befreien würde.

Der Architekt Peter Eisenman stellt schöne syntaktische Verbindungen her, die das Auge blenden, den Geist verwirren und schließlich für *ihn* den Prozeß bedeuten, der sie erzeugte. Wie verführerisch — und wie banal! Vom Geist des Prozesses wird erwartet, daß er einen himmelan hebt, so daß man die prosaischen Vor-

aussetzungen übersieht. Wieder, wie bei Mies, soll die Analogie der schönen, konsequenten Form für die fehlenden Wertvorstellungen eintreten, den Geist über gewöhnliche Belange erheben. Aber diese architektonische Himmelfahrt ist nicht wundersam genug: Es gibt — syntaktisch gesprochen — keine Erhebung vom Boden. In semantischer Hinsicht (eine Art der Kommunikation, die Eisenman ablehnt) übermitteln seine Bauten das scharfe, weiße Licht der Rationalität und die Vorzüge der geometrischen Komposition, die erregenden „Brücken zum Überqueren", die überraschenden ausgestanzten „Raumlöcher", die eingerahmten „Aussichten", das chinesische Puzzle der Struktur. Soweit man diese semantischen Bedeutungen erkennen und sie mit anderen Assoziationen verbinden kann (dem Protestantismus, der weißen Architektur der zwanziger Jahre), haben diese Bauten eine umfassendere Bedeutung. In anderen Worten: Die reine Syntax ist nur wahrnehmbar wirksam, wenn sie in semantische Bereiche eingefügt ist.

Die Semantik

Als im neunzehnten Jahrhundert verschiedene Architekturstile wieder auflebten, gab es eine relativ einheitliche Doktrin der Semantik, die erklärte, welcher Stil für welchen Bautyp anzuwenden war. Ein Architekt wählte die dorische Ordnung für ein Bankge-

109–111

112 113

Gegenüberliegende Seite, oben:
107 „Schuhmobil", Los Angeles, 1976.

Gegenüberliegende Seite, unten:
108 Würstchenstand, Los Angeles, um 1938.
Verstärkt durch zusätzliche Zeichen wie triefender Senf, „Hundeschwänzchen" usw. Diese Architektur scheint eindeutig zu sein, dennoch ist sie an der Architectural Association in London, wo ich lehre, in der Diasammlung als „Hamburgerstand" klassifiziert. Wieder einmal zeigt es sich, daß visuelle Kodes vorwiegend lokaler Art sind (siehe S. 46).

106 Eigenbau-Häuser an der Westküste Amerikas, um 1970.
Traditionelle Holzkonstruktion und Fertigfenster und -türen werden entgegen ihrer üblichen syntaktischen Position angeordnet, um wiederum auf sich aufmerksam zu machen: „Fensterhaus".

105 Ezra Ehrenkrantz, SCSD (Schools Construction System Development), Kalifornien, um 1960.
Die Syntax der Architektur hat offenbar Bezug zu funktionalen Belangen, wie diese Zeichnung zeigt. Sechs wichtige Elemente: 1) Mischkästen, 2) starre Schächte, 3) flexible Schächte, 4) Austritte, 5) Beleuchtung, 6) Dachraum sind die notwendigen Voraussetzungen für die Klimatisierung. Diese Elemente wurden verbunden mit dem Dach, dem Fußboden und einem Trennwandsystem, wodurch eine flexible Syntax entsteht, die auf verschiedene Weise verändert werden kann.

Gegenüberliegende Seite, oben:
109 Michael Graves: Anbau Haus Benacerraf, Princeton/New Jersey, 1969.
Eine kubistische Syntax wird verwendet, um auf sich selbst aufmerksam zu machen. Diese Verstärkung unserer Wahrnehmung von Türen, Treppen, Balustraden und Ausblicken von einer Terrasse ist komplex und meisterhaft. Sie ist hier so reich, daß man vergißt zu fragen, welches die eigentlichen Funktionen sind (eine offene Terrasse oben, ein Spielraum und ein Frühstückszimmer unten). Beachten Sie, wie die Konstruktion, manchmal unnötigerweise, von der Wand freigestellt ist. Geländer und aus der Wand ausgeschnittene Platten dienen auch zur Erzeugung eines rechteckigen Raumnetzes. Das Geländer im Vordergrund ist als eine liegende Säule aufzufassen — ein Spiel mit syntaktischer Bedeutung wie der gesamte Anbau (siehe S. 64).

Gegenüberliegende Seite, unten links:
110 Michael Graves: Haus Hanselmann, Fort Wayne/Indiana, 1967/68.
Der Eingang zu diesem Haus ist im buchstäblichen Sinne erhöht, indem er angehoben wurde, im metaphorischen Sinne durch die vordere Treppe, die direkte frontale Zufahrt und verschiedene Artikulationen über oder nahe beim eigentlichen Eingang. So wird der Akt des Eintretens zu einer Prozession über eine Brücke und dann durch eine Reihe übereinanderliegender Räume und erfährt eine fast sakrale Bedeutung. Der Blick auf Bäume und den Himmel ist ebenfalls durch Rahmen oder Ausbuchtungen verstärkt. Das gekurvte Geländer, die drei überhöhten Stützen und die Diagonale (Treppe) lenken die Aufmerksamkeit auf syntaktische Merkmale.

Gegenüberliegende Seite, unten rechts:
111 Michael Graves: Haus Synderman, Fort Wayne/Indiana, 1972.
Durch Überschneidung zweier verwandter Syntaxen, Corbusier und Rationalismus, entstehen wirkliche semantische Bedeutungen, zum Beispiel „ein Krieg zwischen Mondrian und Juan Gris", „ein Stuckgebäude, das einer Gefängniszelle zu entspringen versucht", „ein Zusammenstoß von zwei Schiffen", „ein Baugerüst" usw. Diese Übernahme einer Syntax aus den zwanziger Jahren ist barock in jeder Beziehung mit Ausnahme der Verwendung geschwungener Elemente.

112, 113 Peter Eisenman: Haus III für Robert Miller, Lakeville/Conncecticut, 1971.
Einige der Zeichnungen, nach denen dieses Haus entstand, zeigen die Gegenüberstellung von zwei Rastern in einem Winkel von 45 Grad (Schritt 6), die Vorstellung eines Rasters aus kistenförmigen Elementen (Schritt 7), ein Stützenraster (Schritt 3) und schräge Wandflächen (Schritt 5). Brücken und Lufträume verbinden und trennen die Raumfunktionen. Die Fassaden „kennzeichnen" gewisse innere Veränderungen, wenn man sie mit den Zeichnungen in der Hand betrachtet und lange Zeit nachdenkt. Diese Architektur erfordert, wie die Programmusik des neunzehnten Jahrhunderts, ergänzende Erläuterungen, um wirklich verstanden zu werden.

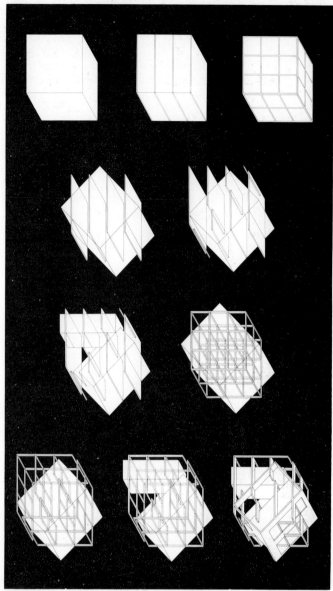

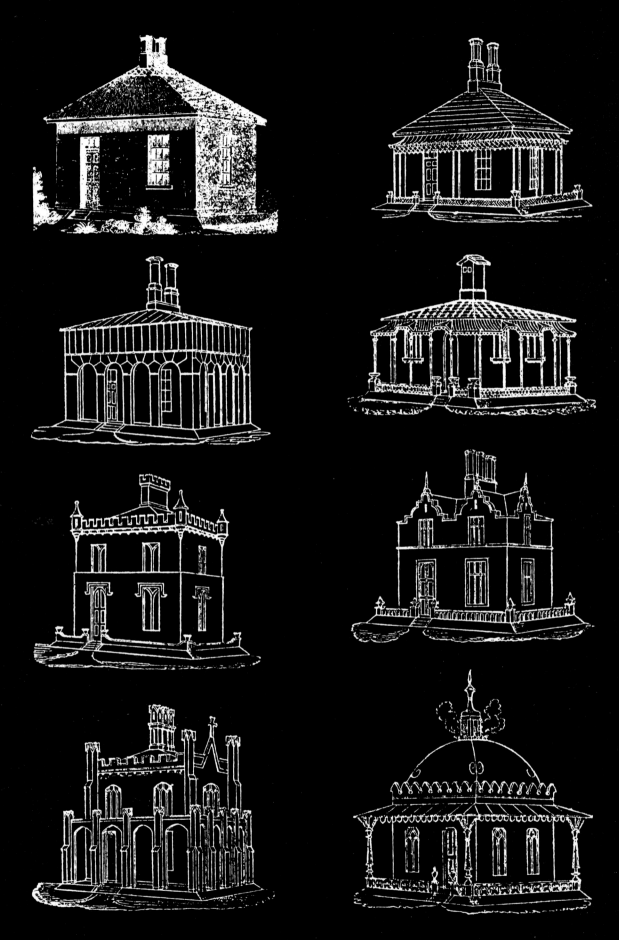

114 J. C. LOUDON, *How to Dress a Utilitarian Cottage,* sketches from Loudon's *Encyclopaedia.* A basic cube with hipped roof is transformed with verandah and terrace, with trellis, with a castellated Gothic jacket, monastic habit and Elizabethan front. The suitability of style depends on the owner's role and place of residence.

115 Thomas Ustick Walter: Gefängnis Moyamensing, Philadelphia, 1835.
Der ägyptische Stil mit sich nach oben verjüngenden Mauern, schweren
Pfeilern und kleinen Öffnungen ist der natürliche Ausdruck für einen Bau
aus dem schwer zu entkommen war.

bäude, weil diese Ordnung und die Funktion der Bank gewisse
gemeinsame Hintergründe hatten: Nüchternheit, Unpersönlichkeit, Männlichkeit und Rationalität. (Eine Bank sollte streng genug
aussehen, um Einbrecher zu entmutigen, und sachlich genug, um
Kunden zu ermutigen.) Diese semantischen Eigenschaften wurden durch Vergleich festgelegt, indem man die Ordnungen einander und anderen Stilen gegenüberstellte. Das gleiche gilt für eine
Menge syntaktischer Aspekte: die Größe des dorischen Kapitells,
das Verhältnis der Säule zu anderen Säulen und ihre Proportionen
zu Sims, Fries und Basis. Da diese Formen und Relationen einheitlich angewendet wurden, fühlten sich die Menschen in der
Lage, ein Urteil über ihre *Eignung* abzugeben. Sie konnten erkennen, was das Gebäude bedeutete, und sie konnten einen
leichten Wechsel der Betonung, eine Variation der Proportionen
ebenso wie einen Wechsel in der Bedeutung wahrnehmen.

Natürlich idealisiert dies die Situation, da nur ein kleiner Teil der
Gesellschaft diese Unterschiede wahrnehmen konnte. Aber zumindest einige konnten es, und diese hielt der Architekt für empfänglich für das ganze vergnügliche Spiel des Ausdrucks. Er wuß-
te, daß seine Kommunikation auf primitive Gesten reduziert würde, wenn man das semantische System gewaltsam umstürzte
oder es zu kompliziert werden ließ. Tatsächlich war um 1860 das
Spiel des Eklektizismus allzu kompliziert geworden. Aus diesem
Grunde wurde es umgestürzt und sechzig Jahre später verteufelt,
weil es nicht vermocht hatte, jene Bedeutungen auszudrücken, die
Architekten für wichtig hielten. Aber es hätte nicht zusammenbre-
chen müssen, wenn es eine entsprechende Theorie des Eklektizismus gegeben hätte. (Ich kann nichts aus dieser Zeit entdecken,

das weit über den Begriff Synkretismus hinausgeht; das heißt, daß
man die besten Elemente von verschiedenen Bauten kombiniert.)

Dennoch rechtfertigten diejenigen Architekten, die alte Stile
wiederaufnahmen, wenigstens ihre Wahl eines Stils als angemessen, als geeignet, und das gab ihrer formalen Entscheidung eine
gewisse Logik. Ein Architekt, J.C. Loudon, schlug eine Theorie
des „Assoziationismus" vor, die auf der Vorstellung der „Assoziation von Ideen" basierte. Er ging sogar so weit zu sagen, daß jedes
Haus auf seine Weise den Charakter und die Rolle seines Besit-
zers ausdrücken sollte[13]. Wenn der Bewohner ein Landpfarrer
war, sollte das Haus gotisch und mit Zinnen und Türmchen oder
entsprechender Verkleidung versehen sein. Dadurch würde die
Umwelt — mit zunehmender Differenzierung der Gesellschaft —
besser ablesbar werden.

Bis zu einem gewissen Grade wurde dieser Doktrin im neunzehnten Jahrhundert gefolgt. Man kann feststellen, daß mit der
Einführung eines neuen Stils seine Angleichung an das dazugehörige semantische Feld erfolgte. Der neo-ägyptische Stil, populär um 1830 wegen dem Fund des Steins von Rosette in Ägypten
(1799) und durch Napoleons frühe Feldzüge, wurde bewußt genutzt für Banken, Grabmäler, Gefängnisse und medizinische Aus-
bildungsstätten. Das Argument für ihre Verwendung beruhte entweder auf *konventionellen* oder auf *natürlichen* Bedeutungen. Erstens war neo-ägyptisch passend, weil die Pharaonen ihre Schät-
ze in Tempeln dieses Stils verbargen oder berühmte ägyptische
Ärzte oder sonstwie medizinisch Tätige manchmal auch Architekten waren. Daher konnte man durch Ideenassoziation durchaus
den ägyptischen Stil für Banken und Apotheken benutzen. Zweitens vertrat dieser Stil die natürlichen Bedeutungen der Schwere,
Undurchdringlichkeit und Massivität. Die Mauern verjüngen sich,
die Öffnungen sind klein — also verwende man ihn für Gefängnisse; „natürlich" bedeutet er große Sicherheit[14].

Bei ähnlicher Argumentation hatte der Neobarock oder Second-Empire-Stil um 1860 eine Reihe natürlicher Assoziationen. Er
war massiv, überladen, prächtig, kräftig, ungestüm, bombastisch,

114

115

116, 117 Charles Garnier: Pariser Oper, 1861—1874.
Die kolossale, kühne Ordnung in doppelter Größe ist gegen eine kleinere
ausgespielt. Die Flächen sind mit Skulpturen und viel Farbe bedeckt.
Überall nehmen die Statuen opernhafte Haltung ein, lassen ihre Muskeln
spielen — selbst die Frauen sehen einschüchternd aus. Das große Treppenhaus im Inneren stellt die Menschen zur Schau, als beträten sie eine
Bühne. Die Ecke im Treppenhaus mit einspringenden Winkeln, Medaillons
und allgemeinem Prunk übertrifft ihre Zeit. Der Stil des Second Empire
drückt natürlich Macht aus: Er kostete eine Menge!

verspielt, überschwenglich, prätentiös und sehr teuer zu bauen. Wo konnte er angewendet werden? Natürlich für ein Opernhaus. Garniers Pariser Konfektion der siebziger Jahre des vorigen Jahrhunderts war ein sehr passendes Gewand, und es war kein Zufall, daß Hitler nach der Eroberung Frankreichs auf den Stufen dieses Opernhauses einen Freudentanz aufführte. Seine Wahl dieses Stils für das Dritte Reich (ein Imperium, das länger dauern sollte als die französischen Versuche) war sowohl passend als auch unbedacht. Er symbolisierte Stärke; aber wie bei so vielen Regierungen, die sich für diesen Stil entschieden hatten, war es eine Stärke, die ihren Führer nicht überlebte. Heute symbolisiert der Stil aus diesem historischen Grunde „verlorene Stärke" oder „unwirksame Diktatur" und wird in zahllosen Filmen und Fernsehspielen benutzt, um dieses ambivalente Pathos auszudrücken. Die kurzlebige Natur von Architekturkodes und ihre Verzerrung durch historische Ereignisse erweisen wiederum die Vorherrschaft konventioneller Bedeutung über die natürliche Ausdruckskraft.

Dieser Ablauf läßt sich erklären, wenn wir die klassische Sprache der Architektur betrachten, die Art, wie die drei Ordnungen ein semantisches System konstituieren und wie dieses System unter dem Druck des Eklektizismus sich wandelte. Vitruv charakterisierte die dorische Ordnung als kühn, streng, einfach, derb, wahr, aufrichtig, schlicht und — in geschlechtlichen Begriffen — maskulin. Zum Teil entstammte diese Charakterisierung den natürlichen Metaphern, die in dieser Form enthalten sind, aber sie entstammte auch dem historischen Zufall (oder zumindest Vitruvs Beitrag zur Entstehung der dorischen Ordnung).

Die korinthische Ordnung war im Gegensatz dazu zart, elegant, schlank, ornamental und, geschlechtlich gesehen, eine Jungfrau. Man sollte annehmen, die mittlere Ordnung, die ionische, wäre eine Art architektonischer Hermaphrodit, ein Neutrum — tatsächlich war sie für Vitruv eine mütterliche Ordnung, denn sie war etwas femininer als maskulin (mit Voluten, die elegant aussehen). Aber diese Charakterisierungen haben, wie Gombrich nachgewiesen hat, erst einen Sinn, wenn die Ordnungen einander gegenübergestellt werden:

„So scheinen die stereotypen Säulenordnungen der klassischen Architektur auf den ersten Blick ein mehr als sprödes Material für die Wiedergabe psychologischer oder physiognomischer Kategorien. Das hindert jedoch nicht, daß wir die Empfehlungen des Vitruvius als sinnvoll empfinden, wonach der dorische Stil für die Tempel von Minerva, Mars und Herkules und der korintische für die der Venus, Flora oder Proserpina zu verwenden sei, während andere Gottheiten, die zwischen diesen Extremen stehen, also etwa Juno oder Diana, jonische Heiligtümer erhalten sollen. Innerhalb der beschränkten Möglichkeiten, die den Architekten zur Verfügung stehen, ist der dorische Stil bestimmt männlicher als der korinthische. Wir sagen daher, die dorische Ordnung drücke die Strenge der Gottheit aus. Aber daß wir imstande sind, so etwas zu behaupten, beruht ausschließlich darauf, daß sie am strengeren Ende einer bestimmten Skala steht und nicht auf einer irgendwie gearteten inneren Verwandtschaft zwischen dem Kriegsgott und der dorischen Ordnung." (E. H. Gombrich: Kunst und Illusion, Köln 1967, S. 414/415)

Gewiß bestehen keine Gemeinsamkeiten zwischen Kriegführung und der dorischen Ordnung, mit Ausnahme gewisser vergleichbarer Dinge oder Elemente: Beide nehmen gleichwertige semantische Bereiche ein. Mit anderen Worten, wenn wir die drei Ordnungen in einem semantischen Raum darstellen, ist es die Relation (r 1, r 2, r 3), die wirkliche Bedeutung hat, nicht die „natürliche" Bedeutung der Formen, auch nicht die Art der semantischen Achsen, die wir wählen (ob nun die Vitruvs oder unsere eigenen).

Solange wir die klaren Unterschiede zwischen den Elementen wahrnehmen können, macht es nicht allzuviel aus, welcher Art diese Unterschiede sind, weil Gewohnheit und Anwendung sie erst in einen semantischen Raum setzen und sie dann auf einen anderen übertragen werden. Das läßt sich im neunzehnten Jahr-

117 Charles Garnier: Pariser Oper.

hundert mit seiner schnellen Verschiebung stilistischer Bedeutungen beobachten. Zum Beispiel wurde der Begriff der Staatsmacht, allgemein gesprochen, nacheinander ausgedrückt durch den römischen und den griechischen Neoklassizismus, die Neugotik (zumindest im House of Parliament in London), die italienische Hochrenaissance, den Rundbogenstil, die hochviktorianische Gotik und schließlich, in den siebziger Jahren, durch den Second-Empire-Stil. Es gab in dieser Entwicklung einen allgemeinen Trend zu immer mehr Überschwang und Artikulation, verstanden als Metaphern der Macht. Aber ganz plötzlich konnte das semantische System umgestoßen werden. Einfachheit konnte zum Korrelat der Stärke werden, wie im Neoklassizismus und beim Internationalen Stil. Es gibt nichts, was eine Epoche davon abhalten könnte, den semantischen Raum ihrer Vorgänger umzukehren. Die Beziehung zwischen Form und Ausdruck ist meist konventioneller Art.

Wir können diesen Wandel der Bedeutungen beobachten im Sprung von der klassischen Sprache der Architektur zum Eklektizismus und im Werk eines Architekten: John Nash. Nikolaus Pevsner hat die Art, wie Nash einen unterschiedlichen „Stil für die jeweilige Aufgabe" anwendete, folgendermaßen zusammengefaßt:

„Gedankliche Assoziationen, für die er viel Verständnis hatte, 118 bestimmten ihn dazu, die antikisierende Manier für sein Stadt-

118 John Nash: Reihenbebauung Chester Terrace, Regent's Park, London, 1825.
Die korinthische Ordnung, Triumphbogen und endlos wiederholte weiße Formelemente wurden für diese städtischen Häuser verwendet und verliehen ihnen entsprechende Unpersönlichkeit und Geradlinigkeit. Die Detaillierung war allgemein gehalten und symbolisch, schnell erdacht für Spe-

haus, die gotische für sein Landhaus zu bevorzugen, wobei es im letzteren Falle auch zu einem gotischen Gewächshaus kommen konnte. Der 1802 erbauten Villa Cronkhill in Shropshire gab er die Gestalt einer italienischen Villa mit rundbogiger, von leichten Säulen getragener Loggia und weit vorspringendem Dach (Roscoes ,Lorenzo Medici' war 1796 erschienen). Aber damit nicht genug: in Blaise Castle (1809) bei Bristol erneuerte er den Stil altenglischer Bauernhäuser mit ihren Strohdächern und geschnitzten Giebeln. Man fühlt sich an Goldsmiths ,Vicar of Wakefield' erinnert, an Marie-Antoinettes Schweizerhäuschen im Park von Versailles und an die verniedlichten und sentimentalisierten Bauernkinder von Gainsborough und Greuze. Bei der Vollendung des 121 königlichen Sommerpalastes in Brighton erging Nash sich schließlich in indischem Stil, einer ,Hindu-Manier', die übrigens schon kurz nach 1800 auf englischem Boden begegnet, und zwar in Sezincote in den Cotswold-Bergen, wo der Bauherr aufgrund persönlicher Erinnerungen diesen Stil gewünscht hatte . . ." (Nikolaus Pevsner: Europäische Architektur, München 1963, S. 419/ 420)

Nash hat im wesentlichen eine Stilwiederaufnahme an die Stelle 120 jeder der drei Ordnungen gesetzt. Grob gesprochen, wurde Korinthisch durch Hindu ersetzt, Ionisch durch Gotisch und Dorisch durch Klassizistisch. (Altenglisch und italienische Stile nehmen besondere Stellungen ein.)

kulationsbauherren. Wegen dieser Art von Opportunismus wurde Nash von ernsthaften Klassizisten angegriffen. C. R. Cockerell: „Vom Griechischen besessen — perspektivische Tricks, hastig erdacht, hastig ausgeführt . . ." Der Vorwurf mag begründet sein, aber die Bereitschaft von Nash, sich dem geeigneten semantischen System anzupassen, hat größere Bedeutung.

Bezeichnender ist, daß eine einzelne Form in dem System ihre gegensätzliche Bedeutung übernommen hat. Die korinthische (oder Nashs klassizistische) Ordnung ist maskulin, einfach und schlicht, weil sie jetzt in Gegensatz zu anderen formalen Elementen gesetzt wird. Diese Umkehr ist eine gute Illustration der semiotischen Regel, daß die Beziehungen zwischen den Elementen mehr zählen als die ihnen anhaftenden Bedeutungen. Wir könnten ungezählte weitere Beispiele quer durch die Architekturgeschichte finden: die pittoreske Ästhetik, die um 1840 „funktional" und in den zwanziger Jahren dieses Jahrhunderts „anti-funktional" war; einfache, platonische Formen, die um 1540 Wahrheit und Aufrichtigkeit symbolisierten und Täuschung und List um 1870, und so weiter. Obwohl wir unsere Intuition und Wahrnehmung der Form als originär und „natürlich" empfinden mögen, basieren sie auf einem komplizierten System sich wandelnder Konventionen. Die Unterschiede nebeneinandergestellter Elemente bilden eine der Grundlagen für ihre Bedeutung — nicht die natürlichen Assoziationen, die den Elementen selbst innewohnen.

Wenn auch heute ästhetische und technische Erwägungen die Architekten beherrschen, widmen sie doch ein gewisses Maß an Aufmerksamkeit der Semantik. Ein Architekt wird einen Curtain Wall für ein Bürogebäude wählen, weil Glas und Stahl kühl wirken, unpersönlich, korrekt und geordnet — die Assoziation methodischer Arbeit, rationaler Planung, geschäftlicher Transaktionen.

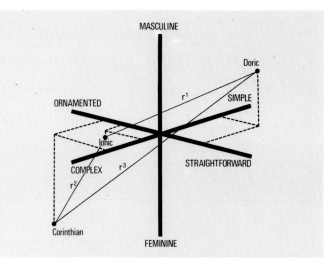

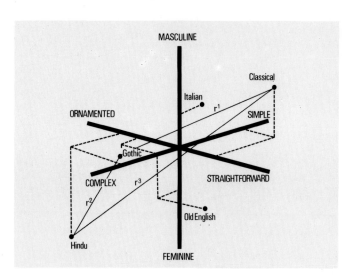

119 Die drei Ordnungen. Ich habe diese speziellen Achsen von Vitruv der Einfachheit halber und zum Vergleich mit den folgenden Diagrammen gewählt. Aber es lassen sich interessantere Gegensätze finden, sofern sie in semantischer Hinsicht ausgeprägt genug sind, um unterschiedliche Informationen zu geben. Zum Beispiel könnte „Natur" in Gegensatz zu „Kultur" gesetzt werden, „Macht" in Gegensatz zu „Schwäche" usw. Semantische Bedeutung besteht zum Teil aus den *Gegensätzen innerhalb eines Systems.*

120 John Nashs fünf Stile, verglichen im gleichen semantischen Raum wie die drei Ordnungen (Abb. 127). Der Vergleich zeigt die Tatsache, daß die Relationen zwischen den Stilen oder Ordnungen für die Bestimmung der semantischen Bedeutung entscheidend sind. Die korinthische oder klassische Ordnung hat in Nashs System die ihr exakt entgegengesetzte Bedeutung übernommen, weil sie jetzt maskuliner, einfacher und direkter ist als der Hindustil.

121 John Nash: Königlicher Pavillon, Brighton/England, 1815—1818. Nash warf in sein Soufflé etwas Gotik, etwas Chinesisch, ein wenig Gußeisen (palmenförmige Säulen) und seine eigene Version eines zwiebelförmigen Hindustils. Die Kuppeln deuten zaghaft die Form einer Brust an. Dies ist der Beginn des modernen „Ersatz", das erste überschwenglich-kitschige Gebäude in England. Schlechter Geschmack ist seither zu einer positiven, kreativen Kraft geworden, die einen Höhepunkt im viktorianischen Landhaus erreichte. Warum jedoch die Wahl des indischen Stils für ein Ausweichschloß am Meer? Was kann, wenn man einen „Vergnügungsdom" für den Prinzen plant, welcher der Londoner Nüchternheit entfliehen möchte, besser sein als der Stil des Kubla Khan?

122 Norman Foster: Bürogebäude Willis Faber, Ipswich/England, 1975.
Dunkel getöntes Sonnenschutzglas und Stahlstützen machen dieses
„große, schwarze Klavier" oder den „Rolls Royce" geeignet für kühle Bü-
roarbeit. Das Gebäude ist entsprechend dem Grundstück gekurvt, nimmt
den Straßenverlauf auf und spiegelt die umgebende Bebauung in Teilen
wider.

123 Das traditionelle Schweizer Chalet „Montbovon" aus dem sechzehnten Jahrhundert, jetzt in Genf.
Die natürlichen Eigenschaften des Holzes machen es semantisch geeignet als Wohnhaus. Knoten, Körnung und Struktur sind Metaphern für die Falten und Muttermale der Haut. Die Oberfläche ist taktil, warm und schwach reagierend, wieder wie der menschliche Körper: Das Material kann in menschlichem Maßstab leicht bearbeitet werden. Bei diesem Beispiel ist die Außenwand mit Steinen geschmückt und dekoriert wie ein bäuerliches Kostüm.

Man könnte einwenden, daß der Architekt diese Bedeutungen abschwächen sollte, daß er Geschäftigkeit unternehmungslustiger und häuslicher wirken lassen könnte, als sie es tatsächlich ist. Dennoch ist die zugrunde liegende Klassifizierung brauchbar.

Holz ist von Natur aus warm, biegsam, weich, organisch und voll natürlicher Prägungen wie Knoten und Fasern. So wird es im Wohnungsbau angewendet oder dort, wo die Menschen in engen Kontakt mit dem Gebäude kommen. Backstein wird gewohnheitsmäßig mit Wohnungsbau assoziiert und ist seiner Natur nach flexibel im Detail. So wird auch er in diesem Bereich angewendet. Ungeachtet der Tatsache, daß sehr viel mehr wirtschaftliche Materialien verfügbar sind, nimmt die Mischung aus Backstein und Holz immer noch fünfundsiebzig Prozent des spekulativen und des öffentlich geförderten Wohnungsbaus ein — ein deutliches Zeichen dafür, daß semantische Belange in der Vorstellung der Menschen vor den technischen rangieren.

Was ist mit den neuen Baustoffen wie Nylon, aus dem pneumatische Konstruktionen hergestellt werden? Das aufgeblasene Ergebnis ist natürlich elastisch, weich, anschmiegsam, sexuell, voluminös und angenehm zu berühren. So hat es eine sichere Stellung im semantischen Bereich eingenommen und wird entsprechend für Swimming-pools, aufblasbare Möbel, den Unterhaltungssektor und für andere unaussprechliche Orte benutzt. Die gelegentliche Anwendung als Kirche oder Bürohaus erzeugt abweichende, weniger dominierende semantische Assoziationen.

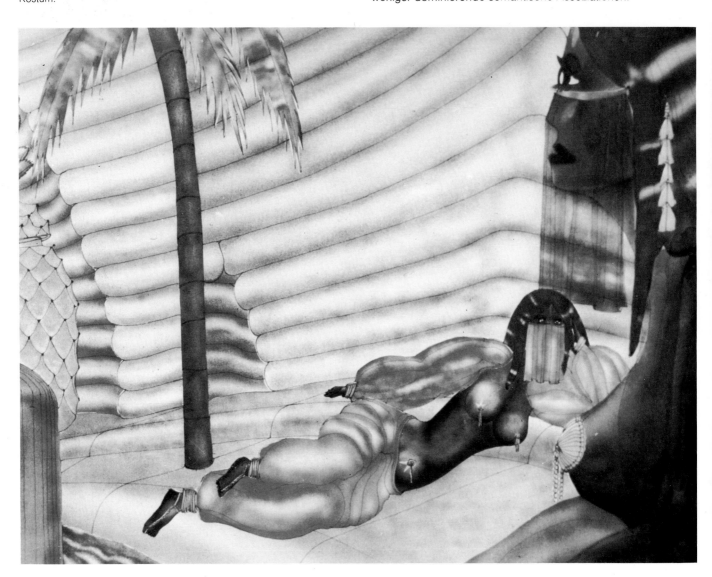

124 Paul Burrows: Bordell für Ölmänner in der Wüste, 1973.
Die pneumatische Architektur nimmt die natürlichen Metaphern dieser Mädchen auf und unterstützt sie ebenso wie ihre Aktivitäten.

125 Barbarella, 1968, wird immer von zähem, schimmerndem Kunststoff
und weichem, haarigem Pelz umgeben gezeigt.

126 James Bond und Tiffany Case in „Diamantenfieber", 1971. Sie tollen
auf einem transparenten Wasserbett, umgeben von 3 000 tropischen Fi-
schen. Connerys sardonisches Lächeln läßt vermuten, daß er von solchen
Sachen genug hat.

Diese vergleichenden Aspekte von Baustoffen können im semantischen Raum grafisch dargestellt werden, ähnlich dem bereits angewendeten, wenn auch andere Achsen als die von Vitruv
127 übernommenen brauchbarer wären. Die *Relationen* zwischen Backstein, pneumatischen Konstruktionen, Beton und Stahl stellen das semantische Feld dar, das bei jeder individuellen und besonderen Anwendung leicht differiert. Gegenwärtig stellen Architekten nicht bewußt verschiedene Baumaterialien und Funktionen einander gegenüber und vergleichen dann die beiden Möglich-
128 keiten. Vielmehr überlassen sie semantische Fragen der Intuition, sofern sie sie überhaupt anerkennen. Dennoch muß, wenn unsere komplexe städtische Umwelt sich einheitlich darstellen soll, eine explizite Methode angewendet werden. Die verschiedenen Bauweisen, die neuen Baustoffe, die fünf oder mehr vorherrschenden Baustile erzeugen eine solche semantische Vielfalt, daß sie Verwirrung stiftet. Bisher haben die Architekten darauf nur als auf etwas im ästhetischen Sinne Positives reagiert, indem sie stilistische Entscheidungen gegen psychologische und soziale Bedeutungen einhandelten. Als Ergebnis dessen erwartet niemand, ein Gebäude zu begreifen und es als einen Text zu erfassen. Verlierer sind alle, der Architekt und das Publikum. Daher die dringende Bitte, daß irgendein System semantischer Ordnung explizit angewendet werde. Es kann so unfertig sein wie das hier vorgeschlagene, weil es hier um grobe Unterscheidungen und Gegensätze geht, nicht um die feinen Schattierungen der semantischen Bedeutung (die auf jeden Fall nur in Sprache mitgeteilt werden können).

Mehrere Architekten haben zögernde Schritte in dieser Richtung getan — zögernd, weil sie nicht durch theoretisches Verständnis gestützt waren oder mehr darstellten als einzelne Beispiele in ihrem großen Output. Ein solches Gebäude, 1965 in Rom
129 fertiggestellt, ist stark kritisiert worden, weil es angeblich aus Klischees bestünde und schizophren wäre. Dieser Bau der Brüder Passarelli verwendet die konventionellen Formen für ein Bürogebäude — glatten, schwarzen Stahl und Glas — mit konventionellen Zeichen des Wohnens darüber — hängenden Reben, gebrochener Silhouette, pittoresker Massenverteilung und Balkonen. Ein drittes Bausystem unter der Erde in monolithischem, brutalistischem Beton ist die Tiefgarage. Der Standardwitz war, daß jeder der drei Brüder einen anderen Teil des Bauwerks plante und sie niemals miteinander sprachen. Ein Teil der Kritik an diesem Gebäude richtete sich gegen die langweilige Anwendung von Stilelementen, die zum Beispiel von Harrison und Abramovitz, Paul Rudolph und Le Corbusier bereits weit besser entwickelt waren, und das ist nicht zu leugnen.

Aber ein anderer — vielleicht tiefer wurzelnder — Grund für den Unwillen war die Anwendung verschiedener Konstruktionen und Materialien. Die mit dem Internationalen Stil aufgewachsenen Architekten und Kritiker waren der puristischen Vorstellung verhaftet, daß nur *ein* ästhetisches und konstruktives System bei einem Gebäude angewendet werden sollte. Diese Auffassung unterstützende Gedanken waren die Vorstellung von Harmonie, vom klassischen Ideal, daß kein Teil hinzugefügt oder weggenommen werden kann, ohne das integrierte Ganze zu stören, und daß es für jedes Gebäude, platonisch gesprochen, eine und nur eine beste Lösung gäbe.

Es gab sogar weitere Voraussetzungen, die dieses Bauwerk in Frage stellte: die selbstbewußte Anwendung entgegengesetzter Stilelemente als *Stilmerkmale*. Le Corbusier hatte gesagt: „Die ‚Stile' sind eine Lüge." Frank Lloyd Wright und Walter Gropius glaubten, daß ein einziger Stil, der den Charakter und die Integrität des Architekten ausdrückt, sein ganzes Werk durchdringen müßte — anderenfalls würde er sich der Unaufrichtigkeit schuldig machen, den Launen seines Bauherrn und letztlich einem korrupten herrschenden Geschmack willfahren. Eklektizismus bedeutete Nachgiebigkeit und Mangel an Überzeugung.

Es gibt zwei offen zutage liegende Probleme bei dieser Ein-Stil-Auffassung (die immer noch vorherrscht, wenn auch weniger explizit als früher). Erstens ist die Mischung von Stilen eine Hilfe bei

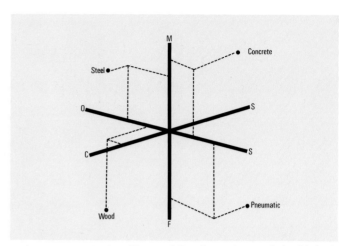

127 Vier Baumethoden. Die speziellen Anwendungen jeder Methode müssen festgelegt sein, ehe die Relationen aufgetragen werden können. Zum Beispiel kann die Verwendung von Beton in besonderen Fällen tatsächlich komplexer und femininer sein als die Verwendung von Stahl. Dann müssen die funktionalen Aspekte in den gleichen semantischen Raum aufgetragen und die beiden Darstellungen miteinander verglichen werden.

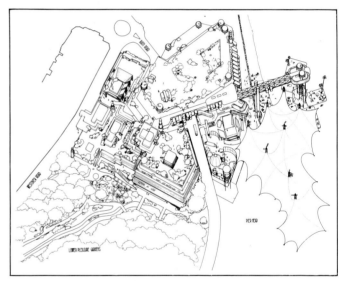

128 Archigram: Entwurf für Bournemouth/England, 1971.
Hier sind vier verschiedene Bausysteme im semantischen Sinne angewendet: Die zeltähnlichen Formen bedeuten vorübergehende Aktivitäten am Strand, die verstreuten, gestaffelten Formen bedeuten großmaßstäbliche kollektive Aktivitäten (Kaufhaus), die fragmentarischen Einzelobjekte sind die konventionellen Zeichen für einen Vergnügungspark, und die lineare Achse bedeutet Verkehr. Diese Systeme werden dann modifiziert oder entstellt, um weitere Bedeutungen zu artikulieren. Die lineare Achse wird eingeschnitten, um schalenartige Kunststoffräume aufzunehmen, und verändert sich, wenn sie hinaus aufs Wasser führt, in einen Gitterträger.

der Kommunikation, wie das Passarelli-Gebäude zeigt. Ein Architekt muß mindestens drei oder vier beherrschen, um heute ein komplexes Gebäude zu planen, besonders dann, wenn er auch die Innenraumgestaltung übernimmt.

Zweitens ist die Anwendung jedes einzelnen Stils mit Aufrichtigkeit, ob es sich um den Internationalen Stil oder die Ad-hoc-Ästhetik handgefertigter Häuser handelt, eine Frage der Historie und der Konvention, nicht etwas ewig Gültiges. Durch diesen typischen Prozeß der historischen Umkehrung sind wir gegenwärtig an einer Position angelangt, wo Konsequenz und Purismus nicht gleichbedeutend mit Integrität sind, sondern genau das Gegenteil. Wie konnte das geschehen?

Genau deshalb, weil der Internationale Stil in großem Maßstab von denen übernommen wurde, die Städte bauen. Er ist heute der

WORLD

SCHIZO

The split functions of mixed development have rarely, if ever, been expressed in so split-minded a way as in the *casa per uffici e abitazioni* recently completed in the Via Romagna at Rome, 1, designed by the three brothers Passarelli: three floors of parking out of sight below ground, an open ground floor concourse, three office floors of the sleekest curtain walling in black steel following the street lines, and finally four floors of crazily expressed hanging gardens punched askew. Rudolph stands on Mies. The quadruple columns (ducts running centrally between them) stand proud as pilotis, are enveloped in curtaining and are threaded through balconies. The obvious merit of this mixture aesthetically is that it develops the accrued confusion of history: Roman wall, neo-Romanesque church, 2, shuttered palazzos. Like so many Italian schemes, it all seems balanced, even academic, in section, 3. How was it designed? Perhaps the brothers split it: Vincenzo the flats, Luca the offices and Fausto the car park—a new Adelphi.

TEA

129 Gebrüder Passarelli: Mehrzweckbau, Rom, 1965.
Beton und hängende Reben klassifizieren Wohnungen, der schwarze Curtain Wall aus Stahl deutet Bürogeschosse an, und Sichtbeton unter der Erde artikuliert Parken. Obgleich das Gebäude deswegen als „schizophren" von der Zeitschrift „Architectural Review" bezeichnet und von den Modernisten wegen mangelnder Stilreinheit angegriffen wurde, macht es dennoch grundlegende Unterscheidungen, die in der puristischen Gestaltungsweise verwischt werden.

konventionelle Stil der herrschenden Klasse und ihrer Bürokratie (zumindest für Großbüros und kommunale Bauten). So garantiert seine Anwendung kaum die gleiche Aufrichtigkeit, welche die Pioniere des Stils für sich in Anspruch nehmen.

Des weiteren sind die Werke der „Meister der modernen Architektur" (ich benutze den Titel der Buchreihe) zu Konsumprodukten wie Coca Cola, Xerox und Ford geworden, jedes Büro mit eigenem Firmenstil und eigener Firmenmarke. Sie haben dies natürlich nicht beabsichtigt, aber da sie nicht werben konnten und da sie in einer Konsumgesellschaft arbeiten mußten, lag für sie die Hauptmöglichkeit, ihr Ansehen zu verkaufen, darin, einen einzigen, erkennbaren Stil zu entwickeln, der über Zeitschriften, Bücher und Fernsehen geliefert werden konnte. Kurz, ihre Glaubwürdigkeit und ihre Aufrichtigkeit selbst wurden zur gängigen Ware, genauso wie in anderen Bereichen die von Picasso und Ché Guevara.

Die Nachfolger der „Meister" sind in die gleiche Richtung geführt worden mit dem Ergebnis, daß wir jetzt den Safdie-Stil erkennen können, die Firmenzeichen von Kurokawa und Tange, die Stirling-Manier und so weiter. Wie weiß ein Bauherr oder ein Komitee, welche zu wählen sei? Sie wählen aus Büchern, die einen Stil vor den Stilen der Konkurrenz auszeichnen. Originalität und Besonderheit sind zu verkäuflichen Gegenständen geworden.

Das Ergebnis dieses verborgenen Prozesses der Vermarktung von Ansehen ist die Produktion eines ablesbaren Stils der elitären Mittelklasse-Architekten. Er tendiert zur Univalenz wegen dem Zwang zur Konsequenz. Dieser Stil besteht aus wiederholbaren geometrischen Elementen, getrennt von den meisten Metaphern,

130 Paolo Soleri: Arcosanti, Cordes Junction/Arizona, 1972—1977. Restaurant und Hotelzimmer links, Glockengießerei und großer Bogen rechts, mit Wohnungen auf beiden Seiten (halbkreisförmige Fenster). Das römisch anmutende System, das Plätze, Kreise und flache Mauern bildet, ist an kein semantisches System gebunden, weder historischer Art noch im Entwurf enthalten. Das Spiel der Formen ist vergnüglich, aber es bezieht sich auf nichts anderes als die großen ökologischen Träume Soleris.

mit Ausnahme derjenigen der Maschine, und gereinigt von der Vulgarität und den Zeichen, die anderen semiotischen Gruppen als den Architekten vertraut sind. In der Umwelt, die durch eine solche Situation geschaffen wird, stellt jedes Bauwerk ein Denkmal für die Konsequenz des Architekten dar, anstatt der Aufgabe oder der städtischen Umgebung gerecht zu werden.

Die damit verbundenen Folgen sind offensichtlich komplexer Natur. Ein Architekt muß bis zum gewissen Grade seine eigene Arbeitsweise entwickeln, seine eigenen Details und seine Manierismen. Aber diese garantieren oder bezeichnen heute nicht mehr Glaubwürdigkeit, was der Fall war, ehe sich die Avantgarde in die Konsumgesellschaft integrierte. Und wenn diese Praxis gegenwärtig im wesentlichen langweilige, abweisende Formen erzeugt, künstlich vereinfacht in einer einzigen Sprache, dann kann heute die Aufrichtigkeit des Architekten an seiner Fähigkeit gemessen werden, in einem Stilpluralismus zu entwerfen.

EVOLUTIONARY TREE

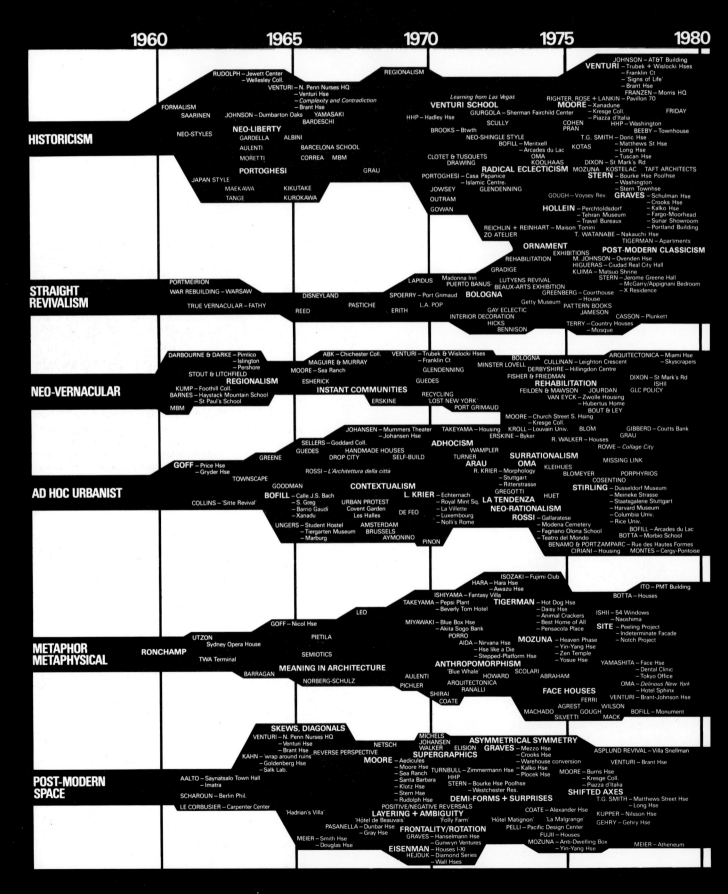

| 1960 | 1965 | 1970 | 1975 | 1980 |

HISTORICISM

RUDOLPH – Jewett Center
– Wellesley Coll.
VENTURI – N. Penn Nurses HQ
– Venturi Hse
– *Complexity and Contradiction*
– Brant Hse
FORMALISM
SAARINEN   JOHNSON – Dumbarton Oaks   YAMASAKI
BARDESCHI
NEO-STYLES
NEO-LIBERTY
GARDELLA   ALBINI
AULENTI   BARCELONA SCHOOL
MORETTI   CORREA   MBM
PORTOGHESI   GRAU
JAPAN STYLE
MAEKAWA   KIKUTAKE
TANGE   KUROKAWA

REGIONALISM

Learning from Las Vegas
VENTURI SCHOOL
GIURGOLA – Sherman Fairchild Center
HHP – Hadley Hse
SCULLY
BROOKS – Btwth
NEO-SHINGLE STYLE
BOFILL – Meritxell
– Arcades du Lac
CLOTET & TUSQUETS   OMA
DRAWING   KOOLHAAS
RADICAL ECLECTICISM
PORTOGHESI – Casa Papanice
– Islamic Centre.
JOWSEY   GLENDENNING
OUTRAM
GOWAN
REICHLIN + REINHART – Maison Tonini
ZO ATELIER

VENTURI – Trubek + Wislocki Hses
– Franklin Ct
– 'Signs of Life'
– Brant Hse
FRANZEN – Morris HQ
RIGHTER, ROSE + LANKIN – Pavillon 70
MOORE – Xanadune   FRIDAY
– Kresge Coll.
– Piazza d'Italia
COHEN   HHP – Washington
PRAN   BEEBY – Townhouse
T.G. SMITH – Doric Hse
– Matthews St Hse
KOTAS   – Long Hse
– Tuscan Hse
DIXON – St Mark's Rd
MOZUNA KOSTELAC TAFT ARCHITECTS
STERN – Bourke Hse Poolhse
– Washington
– Stern Townhse
GOUGH – Voysey Rev. GRAVES – Schulman Hse
– Crooks Hse
– Kalko Hse
HOLLEIN – Perchtoldsdorf – Fargo-Moorhead
– Tehran Museum – Sunar Showroom
– Travel Bureaux – Portland Building
T. WATANABE – Nakauchi Hse
TIGERMAN – Apartments

**JOHNSON – AT&T Building
VENTURI**

ORNAMENT
EXHIBITIONS   POST-MODERN CLASSICISM
REHABILITATION   M. JOHNSON – Ovenden Hse
GRADIGE   HIGUERAS – Ciudad Real City Hall
KIJIMA – Matsuo Shrine
STERN – Jerome Greene Hall
– McGarry/Appignani Bedroom
– X Residence

**STRAIGHT
REVIVALISM**

PORTMEIRION
WAR REBUILDING – WARSAW
TRUE VERNACULAR – FATHY
REED   PASTICHE   ERITH
DISNEYLAND
LAPIDUS   Madonna Inn
PUERTO BANUS
SPOERRY – Port Grimaud   L.A. POP
L.A. POP
INTERIOR DECORATION
HICKS
BENNISON

LUTYENS REVIVAL
BEAUX-ARTS EXHIBITION
BOLOGNA
Getty Museum
GAY ECLECTIC
GREENBERG – Courthouse
– House
PATTERN BOOKS
JAMESON
TERRY – Country Houses
– Mosque
CASSON – Plunkett

NEO-VERNACULAR

DARBOURNE & DARKE – Pimlico
– Islington
– Pershore
STOUT & LITCHFIELD
KUMP – Foothill Coll.   REGIONALISM
BARNES – Haystack Mountain School
– St Paul's School
MBM

ABK – Chichester Coll.
MAGUIRE & MURRAY
MOORE – Sea Ranch
ESHERICK
INSTANT COMMUNITIES
ERSKINE

VENTURI – Trubek & Wislocki Hses
– Franklin Ct
GLENDENNING
GUEDES
RECYCLING
'LOST NEW YORK'
PORT GRIMAUD

BOLOGNA   ARQUITECTONICA – Miami Hse
MINSTER LOVELL CULLINAN – Leighton Crescent – Skyscrapers
DERBYSHIRE – Hillingdon Centre
FISHER & FRIEDMAN   DIXON – St Mark's Rd
REHABILITATION   ISHII
FEILDEN & MAWSON JOURDAN GLC POLICY
VAN EYCK – Zwolle Housing
– Hubertus Home
BOUT & LEY

AD HOC URBANIST

GOFF – Price Hse
– Gryder Hse
TOWNSCAPE
COLLINS – 'Sitte Revival'
GREENE
GOODMAN
BOFILL – Calle J.S. Bach
– S. Greg
– Barrio Gaudi
– Xanadu
UNGERS – Student Hostel
– Tiergarten Museum
– Marburg
SELLERS – Goddard Coll.
GUEDES   HANDMADE HOUSES
DROP CITY   SELF-BUILD
ROSSI – *L'Architettura della città*
CONTEXTUALISM
URBAN PROTEST
Covent Garden
Les Halles   DE FEO
AMSTERDAM
BRUSSELS
AYMONINO   PINON

JOHANSEN – Mummers Theater TAKEYAMA – Housing
– Johansen Hse
ADHOCISM
WAMPLER
TURNER   SURRATIONALISM
ARAU   OMA
R. KRIER – Morphology
– Stuttgart
– Ritterstrasse
GREGOTTI
L. KRIER – Echternach LA TENDENZA
– Royal Mint Sq. NEO-RATIONALISM
– La Villette   ROSSI – Gallaratese
– Luxembourg   – Modena Cemetery
– Nolli's Rome   – Fagnano Olona School
– Teatro del Mondo
BENAMO & PORTZAMPARC – Rue des Hautes Formes
CIRIANI – Housing MONTES – Cergy-Pontoise
KROLL – Louvain Univ. BLOM   GIBBERD – Coutts Bank
ERSKINE – Byker   GRAU
R. WALKER – Houses   ROWE – *Collage City*
MISSING LINK
KLEIHUES
BLOMEYER   PORPHYRIOS
COSENTINO
STIRLING – Dusseldorf Museum
HUET   – Meineke Strasse
– Staatsgalerie Stuttgart
– Harvard Museum
– Columbia Univ.
– Rice Univ.
BOFILL – Arcades du Lac
BOTTA – Morbio School
MOORE – Church Street S. Hsing
– Kresge Coll.

**METAPHOR
METAPHYSICAL**

RONCHAMP
UTZON
Sydney Opera House
TWA Terminal
BARRAGAN
GOFF – Nicol Hse
LEO
PIETILA
SEMIOTICS
MEANING IN ARCHITECTURE
NORBERG-SCHULZ

ISHIYAMA – Fantasy Villa
TAKEYAMA – Pepsi Plant
– Beverly Tom Hotel
MIYAWAKI – Blue Box Hse
– Akita Sogo Bank
PORRO
AIDA – Nirvana Hse
– Hse like a Die
– Stepped-Platform Hse
ANTHROPOMORPHISM
'Blue Whale'   HOWARD
AULENTI   ARQUITECTONICA
PICHLER   RANALLI
SHIRAI
COATE

ISOZAKI – Fujimi Club
HARA – Hara Hse   ITO – PMT Building
– Awazu Hse   BOTTA – Houses
TIGERMAN – Hot Dog Hse
– Daisy Hse   ISHII – 54 Windows
– Animal Crackers – Naoshima
– Best Home of All SITE – Peeling Project
– Pensacola Place – Indeterminate Facade
MOZUNA – Heaven Phase – Notch Project
– Yin-Yang Hse
– Zen Temple
– Yosue Hse   YAMASHITA – Face Hse
– Dental Clinic
SCOLARI   – Tokyo Office
ABRAHAM   OMA – *Delirious New York*
– Hotel Sphinx
FACE HOUSES   VENTURI – Brant-Johnson Hse
FERRI
AGREST   WILSON
MACHADO GOUGH   BOFILL – Monument
SILVETTI   MACK

**POST-MODERN
SPACE**

SKEWS, DIAGONALS
VENTURI – N. Penn Nurses HQ
– Venturi Hse
– Brant Hse
KAHN – 'wrap around ruins'
– Goldenberg Hse
– Salk Lab.
NETSCH
REVERSE PERSPECTIVE
MOORE – Aedicules
– Moore Hse
– Sea Ranch
– Santa Barbara
– Klotz Hse
– Stern Hse
– Rudolph Hse
AALTO – Säynätsalo Town Hall
– Imatra
SCHAROUN – Berlin Phil.
LE CORBUSIER – Carpenter Center
'Hadrian's Villa'
'Hôtel de Beauvais'
PASANELLA – Dunbar Hse
– Gray Hse
MEIER – Smith Hse
– Douglas Hse

MICHELS
JOHANSEN   ASYMMETRICAL SYMMETRY
WALKER ELISION GRAVES – Mezzo Hse
SUPERGRAPHICS   – Crooks Hse
– Warehouse conversion
TURNBULL – Zimmermann Hse – Kalko Hse
HHP   – Plocek Hse
STERN – Bourke Hse Poolhse
– Westchester Res.
DEMI-FORMS + SURPRISES
POSITIVE/NEGATIVE REVERSALS
LAYERING + AMBIGUITY   COATE – Alexander Hse
'Folly Farm'   'Hôtel Matignon' 'La Malgrange'
FRONTALITY/ROTATION   PELLI – Pacific Design Center
GRAVES – Hanselmann Hse   FUJII – Houses
– Gunwyn Ventures   MOZUNA – Anti-Dwelling Box
EISENMAN – Houses I-XI   – Yin-Yang Hse
HEJDUK – Diamond Series
– Wall Hses

ASPLUND REVIVAL – Villa Snellman
VENTURI – Brant Hse
MOORE – Burns Hse
– Kresge Coll.
– Piazza d'Italia
SHIFTED AXES
T.G. SMITH – Matthews Street Hse
– Long Hse
KUPPER – Nilsson Hse
GEHRY – Gehry Hse
MEIER – Atheneum

TEIL III

Postmoderne Architektur

Historizismus, die Anfänge der Postmoderne

Die Frage, welche Stilperiode der Architektur sinnvollerweise wiederaufgenommen werden könnte, wurde von Engländern und Italienern Ende der fünziger Jahre leidenschaftlich diskutiert. Reyner Banham und sein Lehrer Nikolaus Pevsner starteten sehr unterschiedliche Angriffe auf die italienische Neoliberty, die sie für eine Rückkehr zum Historismus (nicht zu verwechseln mit Karl Poppers Anwendung dieses Begriffes in der Politik) hielten. Professor Banham rief seine Klasse zur Ordnung, griff „den italienischen Rückzug von der modernen Architektur" als „infantilen Rückschritt" an, weil er auf einen Stil des Vor-Maschinenzeitalters zurückfalle. Pevsner listete die anderen Rückzüge vom wahren Glauben auf und stellte geringe Abweichungen fest: „Neo-Jugendstil" und „Neo-de-Stijl", Neo-dies und Neo-jenes, die überall hervorsprossten wie giftiges Unkraut. Ihre Artikel und Attacken von 1959 bis 1962 sollten diese Häresie mit ein wenig kritischem Unkrautvertilger vernichten. Aber die Italiener schlugen auf diesen Puritanismus, diese „Kühlschrankkritik" zurück[15].

Alle Bauten, die diese Diskussion verursacht hatten, wiesen vage oder verdrängte historische Anspielungen auf: Franco Albinis Museen und das Warenhaus La Rinascente in Rom, zwischen 1957 und 1962 entstanden, erinnerten an die traditionelle römi-

sche Baukunst. Der Torre Velasca in Mailand (1957) ähnelte einem mittelalterlichen Turm. Luigi Moretti verwendete eine echte Rustikabasis bei der Casa del Girasole in Rom (1952), während Lubetkin in England ironischerweise schon 1939 eine Porte-cochère mit Karyatiden anwendete. Eins der überzeugendsten historizistischen Bauwerke der fünfziger Jahre ist Paolo Portoghesis Casa Baldi (1959—1961), ein Versuch mit frei geformten Krüm-

133 Berthold Lubetkin und Tecton: Highpoint II, Highgate, London, 1938. Wegen der Abneigung der örtlichen Bevölkerung gegen die Moderne fügte der Architekt gewissermaßen ironische Abgüsse der vom Erechtheion entwendeten Karyatide ein. Der Bezug zur Antike paßte sicher zu diesen geordneten, klassischen geometrischen Formen. Aber für diese Zeit der Entstehung sind die Anwesenheit einer menschlichen Figur und der Mut zur Gegenständlichkeit an passender Stelle — an der Tür — beachtenswert.

132 Franco Albini und Franca Helg: Kaufhaus La Rinascente, Rom, 1957—1962.
Ein moderner Palazzo mit schwerem Gesims, ohne Fenster, statt dessen mit gewellten Versorgungsschächten. Das sichtbare Stahlskelett nimmt die Proportionen der traditionellen römischen Straßen auf, während das Mauerwerk den Kontext nachahmt.

134 Paolo Portoghesi und Vittorio Gigliotti: Casa Baldi I, Rom, 1959—1961.
Halb barock, halb modern in Kurven und Materialien. Die Ebenen der Wände sind gebogen, um Fenster und Türen zu bilden oder ineinandergreifende Raummittelpunkte zu schaffen. Im Gegensatz zu späteren Bauten der gleichen Architekten sind die Formen nicht völlig plastisch, sondern enthalten semantische Andeutungen (zum Beispiel an Gesimse, Baublock, geschlossene Schlafräume).

135 Eero Saarinen and Associates: Stiles und Morse College, New Haven/Connecticut, 1958—1963.
Mittelalterliche Raumbildungen und das schwere, rauhe Mauerwerk von San Gimignano wurden für den neogotischen Campus der Yale University gewählt. In der Rückschau erscheint der Historizismus schematisch, ebenso eintönig und maßstablos wie die Moderne, die seine Vertreter kritisieren.

mungen, deutlich an Borromini erinnernd, den er studiert hatte, jedoch ebenso unübersehbar von Le Corbusier beeinflußt. Hier haben wir die schizophrene Kreuzung zweier Kodes, die für die Postmoderne charakteristisch ist: die einhüllenden, fließenden Kurven des Barock, das Übergreifen des Raumes, die verschiedenen Raummittelpunkte, die sich überschneiden, *und* die brutalistische Behandlung des Betonblocks, grobe Schalung und die Gitarrenformen des Modernismus. Ich nenne diese Daten des italienischen Historizismus, um sie dem nur wenig später Auftreten der gleichen Erscheinung in Japan, Spanien und Amerika entgegenzusetzen (wenn Kritiker auch manchmal behaupten, in den USA sei er zuerst erschienen). Obgleich Saarinen seine „Orangenschalenkuppel", das Kresge Auditorium mit Kapelle, 1955 erbaute und diese an die Renaissance und ihre mittelalterlichen Vorläufer erinnert, tritt tatsächlich erst bei seinem Stile und Morse College in Yale (1958—1962) in „Erdnußkrokant-Gotik" offenkundiger Historizismus zutage. Hier haben wir ein bewußt mittelalterliches Layout, pittoreske Massenverteilung, eine Beachtung des lokalen Kontextes von Yale — summa summarum die Anfänge der einfühlsamen Stadtgestaltung. Detaillierung und Massierung mögen schematisch und ärmlich sein, aber das ist das Erbe der Moderne. Saarinen konnte nicht gleich den zweiten Schritt machen und konventionelle Dekoration einplanen.

Der Semi-Historizismus beginnt in Amerika im großen Stil um 1960 mit den großen Werken von Philip Johnson und den kitschi-

Gegenüberliegende Seite:
136, 137 Dr. Norman Neuerburg u. a.: Getty-Museum, Malibu/Kalifornien, 1970—1975.
Die Villa dei Papyrii in Herculaneum sah nicht ganz so aus, da ihr eine Garage und gechlortes Wasser abgingen, aber Teile dieses Palastes am Meer sind hier nachgebildet. Seine Verpflanzung nach Südkalifornien und eine herrliche Aussicht auf den Pazifik machen diesen Bau besonders geeignet als Museum für antike Exponate. Da es ein größeres Budget und daher auch höhere Unterhaltungskosten als andere Museen hat, liegt ein wundersamer Glanz über dem Ganzen, um den die Römer es beneidet hätten. Zu beachten sind (unten) die vorgetäuschten Säulen, die Girlande und der falsche Marmor. Verschiedene pompejanische Stile machten aus der Täuschung eine Tugend, die hier ironischerweise noch täuschender ist — zum Beispiel die einander widersprechend gestrichenen Schatten (siehe Seite 94/95).

geren Varianten von Yamasaki, Edward Stone und Wallace Harrison. Yamasaki und Stone produzieren ihre glänzenden islamischen Ziergitter im Jahr 1958 und danach „Beinah-Gotik" (1962) — zumindest ist dies das Datum von Yamasakis berüchtigten Bogen in Seattle (die noch auf ihre Kathedrale warten). Der Historizismus ist verdünnt, unsicher, halbfertig — weder überzeugende Applikation noch strenger Strukturalismus —, ein Problem für viele Architekten, die Mies verließen, um sich auf den Weg zur Dekoration zu machen (und niemals wirklich ankamen).

Philip Johnson ist mit Abstand der begabteste und intelligenteste dieser Gruppe. Er dachte über das Problem des Historizismus viel früher und länger nach als andere Architekten. Sein erster Versuch eines Bruches mit Mies war die Synagoge in Port Chester (1956) — außen eine verblüffende Vereinfachung, die an Ledoux erinnert, innen Anklänge an das Soane-Museum in London. Diese historischen Entlehnungen sind in einen schwarzen Bilderrahmen aus Miesschem Stahl plaziert, und das Fehlen von Ornament und Inhalt kennzeichnet den Bau als modern. So schaut Johnson, wie so viele andere, in zwei Richtungen. Seine schriftlichen Äußerungen und seine Sensibilität übertreffen vermutlich seine Architektur als Beiträge zur Postmoderne.

Im Jahr 1955 enthüllte der Aufsatz, der „Die sieben Krücken der modernen Architektur" attackierte, einige der Formeln, hinter denen sich die modernen Architekten versteckten oder der Verantwortung für formale Entscheidungen zu entgehen suchten. Zum Beispiel waren der Anspruch auf Nützlichkeit und konstruktive Effizienz zwei solche „Krücken"[16]. Im Beitrag „The Processional Element in Architecture" entlarvte Johnson später (1965) die räumliche Vereinfachung der Moderne. In Verbindung mit seinem Spiel mit historischen Formen (der überflüssige Segmentbogen erscheint an seinem Amon Carter Museum — 1961 — und beim Gartenpavillon in „halber Größe" in New Canaan — 1962) stießen diese Argumente zweifellos die Tür der Geschichte weiter auf:

„Mies ist solch ein Genie! Aber ich bin alt geworden! Und gelangweilt! Meine Richtung ist klar: eklektische Tradition. Das ist keine akademische Stilreproduktion. Es gibt keine klassischen Ordnungen oder gotische Kreuzblumen, ich suche, aus der Geschichte zu übernehmen, was mir gefällt.

Wir können die Geschichte nicht kennen[17]."

So haben wir 1961 zumindest eine frühe treffende Äußerung zugunsten des Eklektizismus. Was Johnson von seiner Weiterentwicklung abhält, sind nicht nur sein scherzhafter Ton, seine Bevorzugung von oberflächlichem Witz gegenüber tiefergehender Forschung, sondern auch seine sehr modernistische Verpflichtung

Gegenüberliegende Seite, oben:
138 Ralph Erskine: Die „Mauer" der Siedlung Byker von außen, Newcastle upon Tyne/England, 1976.
Alte Bauten sind in die Bebauung integriert, welche die Siedlung vorm Ver-
kehrslärm schützen soll. Verschiedenfarbiger Backstein und die Hauben
der Ventilatoren bilden eine Art rhythmischer Dekoration, die am Verspiel-
ten gerade noch vorbeigeht. Die „Mauer" hat dem Quartier starke Identität
verliehen, sowohl positiver als auch negativer Art (siehe Seite 104).

Gegenüberliegende Seite, unten links:
139 Bernard Maybeck: Haus Leon Ross, San Francisco, 1909.
Eine sehr dynamische Behandlung des Themas Gesicht, verbunden mit
vielen anderen Vorstellungen: einem Körperimage, einem Satz dicht ge-
schichteter Frontalflächen, der Nebeneinanderstellung von Gotik und Tudorstil, dem Kontrast der Materialien (siehe Seite 116)

Gegenüberliegende Seite, unten rechts:
140 Antonio Gaudi: Kapelle der Colonia Güeli bei Barcelona,
1908—1915.
Diese Eingangshalle der Krypta zeigt geneigte und gegeneinander ge-
drehte Säulen, während die Muskeln und Sehnen dieses dynamische
Spiel der Kräfte betonen. Einige Säulen ähneln sich neigenden Bäumen,
da sie mit einem borkenähnlichen Stein verkleidet sind. Die Backsteinkup-
peln sind hyperbolische Paraboloide — das gesamte Mauerwerk war vor
der Ausführung als Modell erarbeitet. Leider wurde nur die Krypta gebaut.
(siehe Seite 117).

141 Sir John Soane: Frühstückszimmer (Soane-Museum), London,
1812.
Die Kuppel, erstmalig säkularisiert von Palladio, ist hier in diesem „Tempel" der Häuslichkeit noch stärker verweltlicht. Spiegel nehmen den Platz
der religiösen Ikonographie ein, der Kamin ersetzt den Altar, mystisches
Licht wird durch indirekte Beleuchtung und einen sehr dichten, geschich-
teten Raum ersetzt, der die Tiefe verkürzt. Soanes Werk wird von Postmodernen wie Charles Moore und Michael Graves bewundert.

142 Philip Johnson: Synagoge Kneses Tifereth Israel, Port Chester/New
York, 1956.
Ein dünner Gipsbaldachin ist zeltähnlich über das Schiff gespannt und
bricht es in gewölbte Felder auf. Diese Anwendung einer traditionell unter
Druck stehenden Form unter Zug und mit indirekter Belichtung erinnert
an Soanes erstaunliche Verdrehung der klassischen Grammatik.

143 Kisho Kurokawa: Kinderheim, Yokohama, 1964/65.
Die schwere Dachform mit nach oben gebogenen Dachtraufen, den langen Horizontalen und der übergreifenden Konstruktion sind traditionelle
japanische Zeichen. Die Proportionen und das Fehlen von kleinmaßstäblichen Details sind jedoch ebenso modern wie das Stahlzelt.

144 Kiyonoro Kikutake: Hotel Tokoen, Badeort Kaike, Yonago/Japan,
1963/64.
Der japanische Stil ist deutlich erkennbar in den konstruktiven Elementen
und dem Dachrestaurant mit seinen sanften Kurven. Das Gebäude ist
außerdem stark ablesbar und aufgebrochen in verschiedene semantische
Bereiche: Pensions- und Konferenzräume unten, darüber ein offenes
Deck und zwei Geschosse Hotelzimmer (die Maße im Inneren entsprechen den Abmessungen der Tatami-Matten) und vertikaler Treppentrakt.

zur „reinen Form — häßlich oder schön — aber reine Form"[18]
Der Historizismus Johnsons bleibt auf der Ebene der Nestbe-
schmutzung, mehr bei abstrakten Kodes als bei leichter zugängli-
chen und konventionellen. So erarbeitete er niemals Argumente
für das Ornament, für regionale Anpassung oder kontextuelle Eignung — drei mögliche Unterstützungen seines Eklektizismus, die
ihn hätten stärken können.

Wenn Johnson und Saarinen als Semi-Historizisten oder halbe
Postmoderne klassifiziert werden können (siehe die Genealogie,
Seite 80), dann trifft das auch auf den „Japanstil" und die „Schule
von Barcelona" zu, die sich zur gleichen Zeit entwickelten, aber in
Richtung auf einen regionalistischen Ausdruck. Der „neue Japanstil", ein Begriff, den Robin Boyd prägte, ist am beispielhaftesten
143 dargestellt im Werk von Kunio Mayekawa, Kenzo Tange, Kiyonori
144 Kikutake und Kisho Kurokawa in den sechziger Jahren[19]. Es enthält nationalistische und traditionalistische Elemente innerhalb einer auf Corbusier basierenden Syntax. So werden vorkragende
Balken, Auflager, Torii-Eingänge, sanfte Kurven, schräge Masten,
Darstellung der Konstruktion — alle die Kennzeichen der japanischen Holzarchitektur — übersetzt in Stahlbeton und nebeneinandergestellt nach der Methode der „gedrängten Komposition".
Le Corbusier entwickelte diese Methode der kubistischen Collage,

und die Japaner verfeinerten sie häufig mit ihrer traditionellen Zen-
Ästhetik des asymmetrischen Gleichgewichts. Während sie brutalistische Materialien verwenden und durcheinanderwerfen, enden
sie doch immer bei etwas so Elegantem wie einem Raum für das
Teezeremoniell (wenn auch aus fleckigem Beton). Wie Johnson
und Saarinen zögern sie mit der Übernahme traditioneller Elemente und eines totalen Eklektizismus. Tange schrieb 1958: . „So gesehen, ist Regionalismus nichts weiter als die dekorative Anwendung traditioneller Formelemente. Diese Art von Regionalismus
orientiert sich an der Vergangenheit . . . Dasselbe gilt für die Tradition[20]."

Was, möchte man fragen, ist denn eigentlich so schlecht an der
dekorativen Anwendung traditioneller Elemente — am ehrlichen
Ornament und an traditionellen Stilen? Keiner war in den sechziger Jahren darauf vorbereitet, diese Fragen klar zu stellen, und so
blieb das vage modernistische Mißtrauen vor dem Ornament und
der Konvention bestehen.

Ich meine, daß der erste moderne Architekt, der dekorative
Formgebung und traditionelle Symbole (etwa den Torbogen) auf
aggressive Art anwendete, Robert Venturi ist. Sein Zentrum für
Krankenschwestern und Zahnärzte (1960) hat dekorative Formen,
die als übertriebene Augenbrauen über die tieferliegenden Fen-

145, 146 Venturi und Short: Schwesternhaus, North Penn Visiting Nurses Association, 1960.
Der Bogen, ein Zeichen für die Tür, ist in Kontrast zu rechtwinkligen und diagonalen Elementen gesetzt, um den öffentlichen Eingang zu betonen oder überzubetonen. Diese bizarre, ja „häßliche" Anwendung war jedoch eines der ersten Gebäude, das historisches Ornament auf erkennbare und symbolische Weise verwendete.

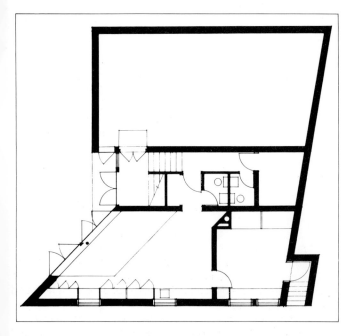

147 Venturi und Short: Schwesternhaus.
Der Grundriß ist ein verschobenes Quadrat. Die ungeraden Winkel und der schiefe Raum der Postmoderne entwickelten sich aus solchen Grundrissen.

ster gesetzt sind, und einen hauchdünnen, durch diagonale Verstrebungen geteilten Bogen, der ausruft: „öffentlicher Eingang!" Alle Arten von Ideen, die später einen Einfluß ausübten, sind in diesem Bau bereits vorhanden. So könnte er durchaus zutreffend als das erste Anti-Monument der Postmoderne bezeichnet werden. Robert Stern entwickelte ornamentale Vorstellungen, und viele Architekten, zum Beispiel Charles Moore, lernten von seinen spaßigen Ecken, gebogenen Wänden, häßlichen Ironien und dem „postmodernen Raum" (aber davon später mehr). Es genügt hier 147 zu sagen, daß wir endlich ein Gebäude haben, das in bestimmter Hinsicht vorsätzlich traditionell ist. Wie barocke Bauten ist es nach den Forderungen des urbanen Kontextes, der Straßenflucht und des Raumflusses gestaltet. In manieristischer Weise spielt Venturi mit dem Maßstab, indem bestimmte Fenster und Türen stark vergrößert, andere wiederum verkleinert wurden. Mit Sicherheit sind die einkalkulierte Häßlichkeit und Unbeholfenheit manieristisch. Das Dach ist eine Beleidigung der Strenge des Wetters, die aufgelöste Kistenform eine Beleidigung des Internationalen Stils (was beabsichtigt war).

Venturis Polemik gegen den Modernismus konzentrierte sich zu Beginn vorwiegend auf die Geschmacksfrage und erst später auf den Symbolismus. In seinem ersten Buch, „Complexity and Contradiction in Architecture", 1966 (deutsch: Vielfalt und Widerspruch, 1978), hat er eine Reihe visueller Prioritäten in Gegensatz zum Modernismus gesetzt: Vielfalt und Widerspruch kontra Vereinfachung; Doppeldeutigkeit und Spannung anstelle von Offenheit; „Sowohl-als-auch" anstelle von „Entweder-oder"; doppelt funktionierende Elemente anstelle von einfach wirkenden; Kreuzungen anstelle von reinen Elementen; unsaubere Vitalität (oder das problematische „Ganze") anstelle der klaren Einheitlichkeit. Zusätzlich zu diesen stilistischen Kodes lieferte Venturi zwei noch wichtigere Beiträge zu der wachsenden Diskussion. Der erste war seine Absicht, bisher unbeachtete historische Bauwerke zu plündern, wie die der Manieristen und von Lutyens (der mit Gaudi jetzt zum Vorbild für fast alle postmodernen Architekten geworden ist), der zweite sein Engagement für die Pop-Kunst, dann für die Main Street, Las Vegas und schließlich für Levittown. Zusammen mit seiner Frau, Denise Scott Brown, und seiner Planungsgruppe untersuchte Venturi diese bisher abgelehnten Manifestationen des volkstümlichen Geschmacks auf ihre „Unterweisung im Symbolismus". Die Ergebnisse wurden in einer Ausstellung zusammengefaßt, die durchaus die erste Anti-Ausstellung der postmodernen Architektur genannt werden kann: „Zeichen des Lebens: Symbo- 102 le in der amerikanischen Stadt" (anti, weil sie den konventionellen Museumskodes für die Ausstellung von Kunstwerken widersprach).

Das Schwergewicht von Venturis Beitrag als Ganzem lag auf der Aufwertung kommerzieller Gags und des Eklektizismus des neunzehnten Jahrhunderts, wie sie sich auf der Massenebene mitteilten. Es gab gewisse Probleme der exakten Betrachtung, jedoch wurde keine ausgearbeitete Theorie des Symbolismus vorgelegt, und so vermehrten sich die Beispiele in jeder beliebigen Richtung; es wurden keine Maßstäbe zur Auswahl und Beurteilung von kommerziellen Gags gesetzt.

Die Diskussion wurde auf der Ebene des persönlichen Geschmacks, nicht der semiotischen Theorie geführt, so daß Venturis „Reklamewände" etwas willkürlich über die „Enten" trium- 65 phierten (um diese beiden ziemlich primitiven Kategorien zu verwenden). In der Tat waren das bedingungslose Eintreten des Venturi-Teams für die Argumentation mit dem Geschmack und die Umkehrung des Geschmacks der vorhergehenden Generation im Grunde exklusiv und modernistisch[21]. Im Gegensatz dazu vertritt die Postmoderne, die sich aus semiotischer Forschung entwickelt hat, die abstrakte Vorstellung von Geschmack und seine Kodierung und nimmt erst danach eine Position ein. Kein Kode ist also von vornherein besser als der andere, und daher muß die Subkultur, für die geplant wird, identifiziert werden, ehe ein Kode dem anderen vorgezogen werden kann.

148, 149 Venturi und Rauch: Allen Art Museum, Oberlin College, Oberlin/Ohio, 1973—1977.
Dieser Anbau an ein italienisches Neorenaissance-Gebäude aus dem Jahr 1917 sucht sowohl Harmonie als auch Kontrast mit dem alten Bauwerk durch seine Proportionen und den rosafarbenen und roten Naturstein. In semantischer Hinsicht ist dieser „elegant dekorierte Schuppen" jedoch eher eine Turnhalle als ein Museum und unglücklich in die umgebende Bebauung integriert.

Das Venturi-Team schloß ein ganzes Repertoire von Kodes aus, nicht nur „Enten", sondern auch „kühne und originale" Architektur, die große Geste, die Wiedererweckung des Palazzo pubblico und alle die Bauwerke, die für sie im Widerspruch zu ihrem dekorierten Schuppen stehen[22]. Warum das? Weil sie immer noch eine modernistische Vorstellung vom „Zeitgeist" haben und ihre besondere Auffassung dessen „nicht die Umgebung für kühne Kommunikation durch reine Architektur" ist. „Jedes Medium hat seinen Tag." Unser Tag, so könnte man es von McLuhan gehört haben, ist der des Symbolismus durch elektronische Medien — die „elektrografische Architektur" von Tom Wolfe. Es ist erheiternd, die diametral entgegengesetzten Positionen des Venturi-Teams und von Philip Johnson festzustellen. Beide nehmen A-priori-Stellungen zur „reinen" Form ein — die einen anti, der andere pro —, als ob solch einseitige Betrachtungen der Kommunikation angemessen wären. Da die Postmoderne radikal umfassend ist (wie die Renaissancearchitektur), muß sie die Vereinfachung beider Polemiker kritisieren und ihre Ursachen angreifen. Letztlich ist der Modernismus in entscheidendem Maße nichts anderes als die Vorspiegelung eines Zeitgeistes nach dem anderen, von denen jeder behauptet, im Mittelpunkt zu stehen, jeder das Pendel zu weit ausschlagen läßt, jeder die Kriegstaktiken von Schock, Schlachtruf und Vertreibung übernimmt. Ein Problem der Postmoderne ist das Übernehmen von Mehrfachkodes, ohne in den Kompromiß und in unbeabsichtigte Nachahmung abzugleiten. Ein Weg dahin ist, wie wir später sehen werden, die partizipatorische Planung. Sie unterwirft den Planer Kodes, die nicht notwendigerweise seine eigenen sind, aber auf eine Art, die es ihm leichtmacht, diese Kodes zu respektieren.

Das Venturi-Team hat gewiß verschiedene Kodes angewendet, deren sich die Architektur bis dahin nicht bedient hatte, solche, die von der unteren Mittelklasse stammen und vom Kommerz à la Las Vegas. Ihre ausgeführten Bauten haben jedoch meist eine andere Geschmackskultur zur Zielgruppe — Professoren, Colleges oder „Bauherren mit Geschmack" —, und so entstand eine Art Schluckauf zwischen der Theorie und der Praxis[23].

Ihre Praxis variiert in dem Bemühen um „gewöhnliche und häßliche" Architektur. Die Erweiterung des Oberlin College (1973—1977) ist ein dekorierter Schuppen aus rosa Granit und rotem Sandstein — „eine High-school-Turnhalle der vierziger Jahre", wie sie es nennnen —, angeklatscht an ein harmonisches Neorenaissance-Gebäude. Der Anschluß, die Struktur, das Dach und das Muster sind widersprüchlich und beabsichtigt stümperhaft. Man bezweifelt, daß die Rechtfertigung: „Die Künstler wollen keine kühne Architektur", ausreicht. Da ist ein offenkundiger Bruch in der Logik, verursacht durch Venturis frühere Verpflichtung zur Häßlichkeit. Denn warum sollte die Kodierung einer Gymnasialturnhalle aus den vierziger Jahren verwendet werden?

Das Haus Brant (1971) liefert das Argument für seine Kodierung durch Assoziation: Da die Eigentümer eine große Sammlung von Art-déco-Objekten besitzen, gibt es verschiedene Zeichen dafür in der Detaillierung. Außen gleiten zwei Blenden aus grün glasierten Ziegeln auf der Diagonale, und flache, stromlinienförmige Elemente aus schimmerndem Metall fassen die Fläche ein. Innen werden Andeutungen von Lutyens sichtbar: schwarze und weiße Marmortreppen schwingen gegeneinander, und die Eingangsfolge ist unterbrochen durch eine Reihe von Verschiebungen in Achse und Maßstab.

Aber — und hier erscheint wieder der willkürliche Kode — die Rückseite ist „ein Postamt aus den dreißiger Jahren und Walter Gropius", als ob diese beiden Quellen zu Art déco passen würden. Sicher steigen die Venturis bewußt herab und genießen die „triviale" Seite der Dinge. Ein weiteres Zitat enthüllt die Ausgefallenheit der enthaltenen Kodes: Sie sagen, die Südseite „ähnelt einem schlichten georgianischen Landhaus" (mit Ausnahme dessen, daß kein zentrales Motiv vorhanden ist)[24].

Nachdem dieser Vergleich jedoch einmal gemacht ist, herrscht — wie bei so vielen anderen modernen Gebäuden, die historische Assoziationen versuchen — die *nicht*-historische Parallele vor. Die Bogenfront ist so weit ausgedehnt, daß kein Georgianer sie erkennen würde; das gleiche gilt für die gigantische seitliche Vorhalle. Die Fenster, Farbgebung, Details sind in ihren manieristischen Proportionen alle nicht georgianisch. Man kann das Gebäude wegen seiner hervorstechenden Besonderheiten, seiner sorgfältigen Verzerrung der Kodes und seinem sprühenden Witz mögen — ein hübsches Gartenhäuschen aus grünem Gitterwerk erhebt sich an der Westseite —, aber sich dennoch wundern, warum die Venturis sich so sehr bemühen müssen, originell auf diese ausgefallene Weise zu sein. Es hat den Anschein, als wäre ihr Empfinden immer noch modern, während ihre Theorie postmodern ist.

Zwei Bauwerke, die in ihrer historischen Anspielung direkter sind und einen harmlosen, aber interessanten Dialog mit der Vergangenheit führen, sind die Häuser Trubeck und Wislocki (1970), welche die regionalen Elemente von Cape Cod in überzeugender und doch faszinierender Weise anwenden, und der Entwurf für Franklin Court (1972—1976), eine Hommage an Benjamin Franklin zur Zweihundertjahrfeier. Hier kennzeichnet ein passendes Geisterimage aus nichtrostendem Stahl die Silhouette des alten, nicht mehr existenten Landsitzes. Darunter liegen die Reste der alten Bebauung, die man durch verschiedene bunkerähnliche Schlitze, gut durchdacht über Bodenniveau angeordnet, erspähen kann. Ein neokolonialer Garten, etwa nach Franklins Beschreibung angelegt, ist übersät mit verschiedenen seiner moralisch aufrüstenden Slogans. So hat das Venturi-Team hier kein Gebäude produziert, sondern einen sehr amüsanten Garten, der Bedeutungen aus Vergangenheit und Gegenwart auf eine Weise verbindet, die nicht besonders ausgefallen ist. Er paßt in den urbanen Kontext, er folgt sowohl populären als auch elitären Kodes, er ist häßlich und schön und könnte daher als das erste *Monument* der Postmoderne bezeichnet werden.

190-
193

150 Venturi und Rauch: Haus Brant, Greenwich/Connecticut, 1971. Ansicht von Süden. Der grün glasierte Backstein in zwei Schattierungen und die Metallstreifen sind im Einklang mit der Art-déco-Sammlung der Besitzer, aber die beabsichtigten Bezüge zu Landhäusern sind so versteckt und unterkodiert, daß sie unbemerkt bleiben.

151 Venturi und Rauch: Franklin Court, Philadelphia, 1972—1976. Ein offener Rahmen aus nichtrostendem Stahl folgt etwa der Form von Benjamin Franklins altem Landhaus, der „Wundergarten" enthält seine Memorabilien, während die umgebenden Bauten restauriert wurden — eine überzeugende, wenn auch bescheidene Verbindung von alt und neu.

152 Lluis Clotet, Oscar Tusquets: Giorgina Belvedere (Pavillon), Gerona/Spanien, 1971/72.
Dieser Pavillon sollte zu dem klassizistischen Anwesen Bezug aufnehmen und einen Kontrast darstellen. Man betritt ihn über das Dach, zwischen den Säulenreihen des Tempels. Der doppelgeschossige Raum ist gegen kleinmaßstäbliche Gitter und Balustraden abgesetzt, bäuerliche Holzläden sind gegen weißen Verputz gesetzt, eine großartige Ironie der Postmoderne.

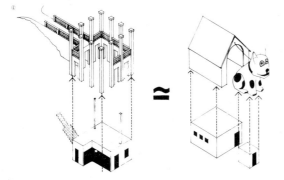

153 Clotet und Tusquets: Vergleich ihres Pavillons mit dem „Hunde"-Haus in Südafrika. Dekoration und Symbolismus sind hier wörtlich genommen wie bei Venturi.

Vielleicht waren Robert Venturi und Denise Scott Brown, weil sie die Moderne bekämpfen mußten, um ihren Stil und ihre Position zu behaupten, damals noch nicht in der Lage, traditionelle Kodes gelassener anzuwenden, wie es ihre Nachfolger getan haben. Sicher zeigt Robert Stern, über den wir später sprechen werden, eine Art üppiger Leichtigkeit in der Anwendung des „Venturi-Stils", und die Schule von Barcelona kann ihn ihren lokalen Gegebenheiten anpassen[25]. Eine Gruppe der Barcelona-Architekten, Mora-Piñon-Viaplana, hat Elemente nicht nur von Venturis formalen Vorstellungen übernommen, sondern auch von der Semiotik im allgemeinen, um ironische Gegenüberstellungen von Eingangsbereich und Verkehr, Pfeiler und Wand zu bewirken. Ein anderes Team, Clotet und Tusquets, produziert dagegen betonten Sarkasmus durch Nebeneinanderstellen von Altem und Neuem. Sie setzen ein hauchdünnes Gitter über eine kühne Ordnung von Pfeilern. Zwischen den Pfeilern und auf dem Dach des Hauses, von einer Balustrade umgeben, ist Platz zum Parken der Autos. Schließlich wirken die Pfeiler, die bis zum Boden reichen, als Abschirmung, hinter der rustikale Läden und Fenster liegen — nicht in der gleichen Ebene mit den Pfeilern! Die Betonung der Vertikalen ist meisterhaft, die Aufteilung des Raumes eine Überraschung, der Kontrast der Bedeutungen begeisternd. Es ist, als ob man ein antikes Gebäude nach der Ästhetik des Internationalen Stils (oder umgekehrt) komponiert hätte, ein typischer Einfall der Postmoderne.

Mit solch einem Gebäude also, 1972 fertiggestellt, schließt der moderne Architekt *beinahe* Frieden mit dem Historizismus und gestattet sich selbst, die Tradition unmittelbar zu zitieren, wo es einen Sinn hat (das Bauwerk steht auf einem klassizistischen Anwesen). Ich betone das Wort „beinahe", weil diese Architekten den traditionellen Weg wirklich noch nicht weit gehen können und befürchten müssen, Innendekorateuren und Reaktionären zu begegnen, die ihnen von rückwärts entgegenkommen. Denn ihre volle Ausnutzung der Vergangenheit ist teilweise gestoppt worden durch den Nostalgie-Boom, die Fortführung der reproduzierten Architektur mit ihren reproduzierten Stilmöbeln, dem Pseudo-Traditionalismus, der niemals ausgestorben war und häufig zum Kitsch wurde. Der Ex-Modernist will immer noch nicht mit etablierten Wertvorstellungen belastet werden, denen des Eklektizismus, welcher der Stil von Wohlstand und Opportunismus in den vergangenen zweihundert Jahren gewesen war. So ist dieser Eklektizismus, wenn der Architekt zögernde Schritte auf ihn hin unternimmt, immer noch so verbogen, daß er als „modern" erkennbar ist, zumindest im konstruktiven Bereich, das Gegenteil also von Kitsch[26].

So müssen sich die postmodernen Architekten von der nächsten Gruppe unterscheiden, den Stilreproduzenten, die niemals in erster Linie modern waren.

Direkte Stilreproduktion

Man ist immer wieder überrascht zu sehen, daß die gotische Architektur in England das sechzehnte, siebzehnte und achtzehnte Jahrhundert unmittelbar bis zur Neugotik überlebte. Sie starb nie völlig aus, weil die Menschen diesen „nationalen" Stil liebten und es immer einige baufällige Kathedralen gab, die der Reparatur bedurften. Auf ähnliche Weise hat die alte Methode des Entwerfens nie ganz aufgehört zu existieren. Vielmehr hörten die Historiker auf, darauf zu achten — mit Ausnahme von Henry Russell Hitchcock, der ein kleines Kapitel seiner Geschichte der Gegenwartsarchitektur „Architecture called Traditional in the Twentieth Century" nannte. Sogar Hitchcock hört mit seinem Beitrag in den dreißiger Jahren auf. Seither hat meines Wissens niemand versucht, die Geschichte umfassend auf den gegenwärtigen Stand zu bringen. Der Grund dafür liegt zum Teil in der Tatsache begründet, daß die Stilreproduktionen zum Kitsch werden, traditionell zu traditionalistisch wird und das Ganze zu einer Art Ersatz — das heißt zu einem Substitut für die wiederbelebte Stilperiode, niemals zu einer

154 David Hicks: Appartement „Athen", 1972.
Die dorische Ordnung ist weiß gestrichen und von außen nach innen ge-
kehrt mit einem tiefen Fries, in dem die Entlüftungsschächte verborgen
sind. Stühle und Tische sind nach Abbildungen auf alten Vasen gestaltet.
Die weißen und schwarzen grafischen Elemente sind verblüffend in ihrer
Einfachheit und wirken eher modern als hellenistisch.

155 Lomonossow-Universität, Moskau, 1947—1953.
Der klassizistische Realismus, die Architekturform des Sozialistischen
Realismus, übernimmt hier die repressiven Formen des Zarismus, die gestaffelten Pyramiden und die Zeichen der bourgeoisen Macht. Dieser er-
zwungene und eintönige Symbolismus — die Architektur der Monotonie
— ist mit einer entsprechenden Megalomanie verbunden: Das Gebäude
beherbergt 18 000 Studenten in einem palastähnlichen Massenquartier.
Daß verschiedene westliche Marxisten, zum Beispiel Aldo Rossi, diese
Bauten als sozialistische Träume bewundern, ist ihre Sache. Aber daß sie
als urbane Prototypen angeboten werden, ist lachhaft. Das Unverständnis
für Kontext und historische Bedeutung wirkt komisch.

kreativen Fortführung der Tradition und zu einer intellektuellen Ko-
pie[27]. Das gilt zum Beispiel für die „Kathedrale des Lernens" in
Pittsburgh, eine vierziggeschossige gotische Kathedrale, die dem
Studium gewidmet ist, oder die sieben Wolkenkratzer in Moskau
im stalinistischen Barock (oder dem, was der Intourist-Führer be-
schönigend als den „Stil der fünfziger Jahre" bezeichnet). Viel
solcher Konfektionsarchitektur wurde gebaut, und einiges davon,
wie die Karl-Marx-Allee in Ostberlin oder die Arbeiteruniversität in
Gijon, sind wegen ihrer städtebaulichen Bedeutung von Aldo Rossi und anderen aufgewertet worden[28]. Rossi und andere Rationalisten, etwa die Brüder Krier, haben trotz der ihnen gemachten Vorwürfe ausgedrückt, daß ihr Werk nicht faschistisch sei und es tatsächlich keine ideologische Architektur gebe. Ihre Konfusion in
dieser Hinsicht ist insofern großsprecherisch, als sie auch ab und
an eine kommunistische Architektur anbieten:

„(Die diffamierenden Kritiken) sind töricht, weil eine ‚faschistische Architektur' nicht existiert. Es gibt jedoch eine Architektur der
faschistischen Ära, italienisch oder nazistisch, so wie es eine der
stalinistischen Ära gibt.

Ich habe große Bewunderung für die Architektur der stalinistischen Periode, und ich betrachte heute Bauwerke wie die Universität in Moskau und die Karl-Marx-Allee in Berlin als Denkmäler
der modernen Architektur[29]."

Warum wohl? Weil sie „gewaltige kollektive Kraftakte" darstellen, die beliebt sind beim „einfachen Volk" und heute ein Lehr-
stück für die Idee der Straße und des Denkmals darstellen.

In positiver Hinsicht hat Rossi einen Beitrag geleistet zu der
wachsenden Erkenntnis von der Rolle, die das Baudenkmal für
die Erhaltung oder die Erzeugung des Interesses für die Historie
und für das Stadtbild spielt — Grundgedanken der Postmoderne
für den kollektiven oder öffentlichen Bereich der Architektur. Ohne
ein klares Beharren auf dem öffentlichen Symbolismus — und
das bedeutet monumentale, dauerhafte Gesten, die selbstbewußt
bestimmte Wertvorstellungen ausdrücken — wird das Bild der
Stadt unvollständig, die Architektur ausweichend. Aber in negativer Hinsicht gelingt es Rossi nicht zu verstehen, wie Symbolismus
wirkt, warum Städte und gewöhnliche Menschen ein volles Recht
darauf haben, seine Architektur weiterhin faschistisch zu nennen,
selbst wenn er sie als Rückerinnerung an lombardische Bauernhäuser und seine Kindheit aufgefaßt sehen will. Das heißt, wieder
einmal hat der Architekt keine allgemeine Theorie der Kodes, daß

156 Aldo Rossi: Friedhof (Entwurf), Modena/Italien, 1971.
Das „Haus der Toten" im Vordergrund ist ein Spuk im buchstäblichen Sinne. Wie bei einem von Geistern heimgesuchten Haus werden die Fenster
nach außen geblasen, ist kein Dach vorhanden — perfekt für Tote und im
Sinne des Malers De Chirico. Eine leere Straße führt zum aufragenden
„gemeinschaftlichen Grab", unglücklicherweise als Rauchfang eines Kre-
matoriums kodiert. Diese teils unbeabsichtigte Kodierung, die Assoziation
der „Endlösung", hat zu Rossis Popularität und Ablehnung geführt. Ob ein
Friedhof so unbarmherzig tödlich sein sollte, mag dahingestellt sein, aber
außer Frage stehen seine monumentale Präsenz, das Image der Architektur als öffentliches Mahnmal und Symbolismus.

sie durch Gebrauch und Rückwirkung entstanden sind und sich je nach Klasse und Hintergrund unterscheiden. Wie der moderne Architekt sieht er naiv nur die Bedeutungen, die er eben sieht, und nimmt an, daß sie — und keine anderen — *in* dem Gebäude vorhanden sind. Im Gegensatz zu diesem naiven Realismus anerkennt die Postmoderne die weitgehend mögliche Natur der Bedeutungen. Zum Beispiel, ob der Faschismus nur reine klassizistische Formen verwendet hat oder nicht, und dann plant der Postmodernist mit diesen vergänglichen Zeichen im Gedächtnis. Natürlich gibt es keine unmittelbar „faschistische" Architektur, aber ebenso offenkundig ist die Tatsache, daß es in jüngster Zeit üblich war, Totalitarismus mit Neoklassizismus zu verbinden. Die Rationalisten versuchen, diese Form unverzüglich wieder in den semantischen Bereich zu erheben, wie es die Faschisten taten. Aber es wird weiterer zwanzig Jahre neuer Anwendung bedürfen, bevor die alte ausgelöscht ist und man sie neutraler betrachten kann.

Wenn Zeit und Gewohnheit die entscheidenden Variablen der architektonischen Bedeutung sind, wird der Fall der direkten Stilreproduzenten problematischer, denn sie sind, wie die Modernisten, oft unempfindlich für die Nuancen von Zeit und Kontext. Raymond Erith und Quinlan Terry haben in England sehr gelungene, kluge Übungen im klassizistischen Stil produziert — ein Landhaus in Kingswalden Bury, Hertfordshire, das sowohl im Stil der Brüder Adam als auch palladianisch ist, teilweise sogar im georgianischen Stil (Georgs von England, Anfang des neunzehnten Jahrhunderts). Aber es wurde 1971 fertiggestellt, und es ist kein anderer Hinweis auf diese Tatsache vorhanden als langweilige Wohlanständigkeit im Ausdruck.

Für eine Moschee irgendwo im Vorderen Orient produziert Quinlan Terry eine Kuppel — „so groß wie die von St. Paul" —, aber, abweichend von der St.-Pauls-Kathedrale, flankiert von zwei indischen Minaretts. Wiederum ist der Entwurf meisterhaft in seiner Berücksichtigung von Licht- und Schattenwirkung, und die Proportionen sind anständig. Aber es ist keine Andeutung von Ironie in der Übernahme von Kulturformen oder der Bruch im klassischen Entwurf spürbar. Während die Moderne allzu vereinfacht und alle Arten von Mißgriffen wie Pruitt-Igoe angeregt haben mag, läßt sich nicht behaupten — wie diese Entwürfe es tun —, daß die Moderne nie existiert habe. Das Klima der Meinungen muß genau erkannt werden, denn es ist nicht der Zeitgeist, den die Modernisten für sich in Anspruch nahmen, vielmehr eine Gewohnheit wie die Sitten und die Sprache eines Volkes[30]. Sie wird übernommen und geachtet aus Respekt, nicht aus Notwendigkeit.

Die Gleichgültigkeit der Stilreproduzenten in dieser Hinsicht geht, wie manchmal behauptet wird, mit ihrem Mangel an Kreativität, dem mangelnden „Leben der Formen" (um Focillions Ausdruck zu verwenden) in ihrem Werk einher. Henry-Russell Hitchcock hat auf das Problem hingewiesen: „. . . Wieviel Leben auch immer die traditionelle Architektur des zwanzigsten Jahrhunderts bis zum zweiten oder gar dritten Jahrzehnt des Jahrhunderts behalten hatte, im vierten war es gewichen. Nachrufe auf die traditionelle Architektur hat es viele gegeben — und oft vorzeitig. Die Gründe für den Tod sind noch strittig, aber die Tatsache der Auflösung ist jetzt [1958] allgemein anerkannt[31]."

Nun, Anhänger der Postmoderne würden etwas so Endgültiges wie den Tod bestreiten. Quinlan Terry hat argumentiert, daß die klassische Tradition, wie jede andere, möglicherweise noch lebendig sei:

„Es ist wie bei einem dreidimensionalen Schachspiel — je öfter man das Spiel spielt, desto faszinierender wird es. Wenn ich entwerfe, spiele ich dieses Spiel; ich mache keine Imitation. Die Entwürfe entwickeln sich, als hätten sie ein eigenes Leben. Ich finde das faszinierend[32]."

Das Schachspiel der Ausarbeitung von Zügen, die noch nicht in einer Tradition verhaftet sind, ist eine Quelle von Inspiration und Leben. Aber im Gegensatz zu Terry kann dies sogar Imitation einschließen — ein mißverstandenes Spiel des Augenblicks.

157 Reymond Erith und Quinlan Terry: Kingswalden Bury, Hertfordshire/England, 1971.
In die symmetrische Tempelfront ist ein zurückgesetzter, verkleinerter Eingang plaziert. Eine geringe visuelle Rhythmisierung ist in den Fensterfeldern zu sehen. Aber diese Übung im palladianischen Stil ermangelt einer starken zugrundeliegenden Idee oder einer Erweiterung der klassischen Tradition.

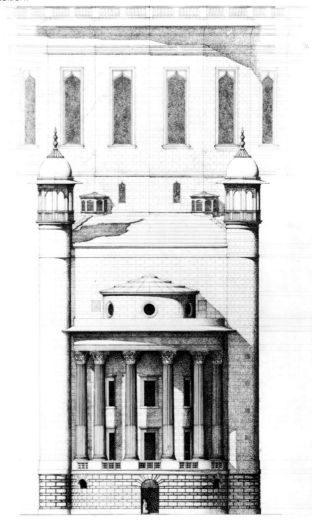

158 Quinlan Terry: Moschee im Vorderen Orient, ab 1975.
Eine klassische römische Grammatik axialer Bauten mit Hinzufügungen aus indischer Kolonialarchitektur — und das für den Nahen Osten! Der Neoklassizist ist häufig ebensowenig einfühlsam wie der Modernist in der Annahme, daß seine Sprache universal anwendbar sei. Terrys Bauten haben jedoch eine schöne Balance der Teile, einen menschlichen Maßstab und eine feinkörnige Textur, wie seine Zeichnungen zeigen.

159, 160 Wohnhäuser (8 834, Dorrington und 8 836, Rangley) in Los Angeles, um 1972.
Bungalows, von Innenarchitekten in verschiedene Neo-Neo-Bauweisen umstilisiert. Die zugrundeliegende Sechsmeter-Kiste wird vorn durch einen Zaun oder eine Hecke erweitert, die Fassade verputzt oder mit Holz verkleidet und mit verschiedenen übertriebenen Zeichen für Status und Eingang versehen. Aber die Neo-Stile sind mit gewisser Kreativität imitiert. Zu beachten sind die Giebelungeheuer (Hummer), der Bruch im Maßstab und die starken Kontraste der Materialien. Diese szenografischen Tricks sind so amüsant wie gute Karikaturen.

161 Mozuna Monta: Haus Okawa (Entwurf), 1974.
Die „Renaissance der Renaissance" mit dem Äußeren des Palazzo Farnese, gekreuzt mit dem Innenraum der Kapelle Pazzi. Seit die Japaner — wie die Bewohner von Los Angeles — Kultur ein wenig falsch reproduzieren, haben Künstler wie Monta diese Parodie zum Ausgangspunkt genommen und ernst zu nehmende Werke geschaffen, die auf der Karikatur basieren. Das Ergebnis ist manchmal eine Erweiterung der traditionellen Sprache.

Die respektable Fachwelt, die Akademiker und ernst zu nehmenden Architekten, ist ein wenig zu schnell in der Ablehnung dieser Art von Architektur. Aber glücklicherweise gibt es jetzt eine Reihe begabter Halbarchitekten, die auf diesem Gebiet arbeiten. Sie variieren von den Gay-Eclectic-Designern in Los Angeles — den Innenarchitekten, die bei ihren „Bungaloiden" (umgewandelten Bungalows, deren Geschlecht vom Spanisch der dreißiger Jahre zum „Roccocola" der siebziger Jahre und in andere Moden umgewandelt wird) auch am Äußeren arbeiten — bis zu den japanischen Architekten wie Mozuna Monta, die bewußt die Moderne und die Renaissance karikieren und aus der Parodie eine rätselhafte Kunstform schaffen. Toyokaze Watanabe zum Beispiel vereint Le Corbusiers Villa Savoie und Aaltos Rathaus in einem Bau oder baut ein Kolosseum in einer ottomanischen Burg. Monta, der größte Ironiker unter ihnen, ein Mann, der die ganze kulturelle Verwirrung eines im westlichen Gewand lebenden Japaners im zwanzigsten und gleichzeitig im fünfzehnten Jahrhundert erkennt und empfindet, hat verschiedene Renaissance-Prototypen gekreuzt, zum Beispiel Michelangelos Palazzo Farnese mit Brunelleschis Kapelle Pazzi. Die Ergebnisse solcher Kreuzungen haben eine gewisse formale Integrität und Bedeutung; das Schachspiel enthielt diese unentdeckten Formen des Schachmatt in seinen Regeln. Kulturen wie die von Los Angeles oder Japan, die wesentliche Trends immer ein wenig zu spät kopieren, bereitet es besonderes Vergnügen, diesen Zeitverzug zu einer bewußten Kunst zu machen.

Diese Karikatur oder Parodie ernsthafter Kultur unterminiert natürlich ihren Anspruch, ebenso wie die unbewußte Entstellung sie abwertet. Aber die Abkehr ist nur vorübergehender Art, eine kurze Zeitspanne, ehe die latent vorhandene Stimmung sich geltend macht und die Entstellung auf einem neuen Kulturniveau wieder etabliert. Monta, Watanabe, Shirai und bis zu einem gewissen Grad Isozaki und Takeyama verwenden die Entstellung als eine Art Spiegelbild — Genre der gegenwärtigen kulturellen Verwirrung. Wenn sie lange genug praktiziert wird, kann sie die unbeabsichtigte Folge zeitigen, eine brüchige Gesellschaft zu einen[33]. Einer der Vorzüge der Parodie außer ihrem Witz ist ihre Beherrschung des Klischees und der Konvention, Aspekte der Kommunikation, die für die Postmoderne essentiell sind.

Gibt es Anlässe, wo die direkte Stilreproduktion ohne Ironie anwendbar ist? Conrad Jameson würde mit Ja antworten, wenn es um Wohnungsbau geht, vor allem um Massenwohnungsbau, wo man nach Vorlagenbüchern sucht[34]. Das Argument könnte hier lauten, daß Reihenhäuser im Stil des achtzehnten oder neunzehnten Jahrhunderts modernen Siedlungen vorzuziehen wären, weil jede Tradition — solange sie ungebrochen ist — mehr und ausgewogenere Wertvorstellungen enthält, als ein moderner Architekt erfinden oder planen kann. Die Menschen lieben diese Reihenhäuser mehr als neue Wohnformen. Sie sind häufig billiger zu bauen als die Alternative im Systembau, und sie passen in Ausdruck und Maßstab in den urbanen Kontext. So wählt man ein Modellvokabular, das in die Umgebung paßt und sie nur schrittweise modifiziert, wenn hier Bedarf für eine Garagentür oder dort für einen Kühlschrank besteht. Sonst hat die Tradition immer den Vorzug der Ungewißheit: Architektur ist eine soziale Aufgabe, keine kreative Kunst.

Während Jamesons Argumente besonders für den Massenwohnungsbau zutreffen, scheint es mir, daß sie nicht so absolut sind, wie er es beabsichtigt: „Radikaler Traditionalismus" ist nur ein möglicher Ausgangspunkt unter vielen, und es gibt keine Begründung dafür, daß ein Architekt ihn nicht auch verwenden kann, um nichtsoziale, ästhetische und metaphysische Bedeutungen zu signalisieren, die sich nur an wenige richten. So kann Jamesons Traditionalismus durchaus übernommen werden als eine führende Richtung der Postmoderne. Er wird aber als eine Sprache verwendet werden, die gelegentlich eklektische Elemente enthält und ebenso die persönlichen, ja elitären Ideen ausdrückt wie die sozialen Bedeutungen, die er fordert.

162 Altstadt von Warschau, wiederaufgebaut 1945—1953, Rekonstruktion nach alten Fotografien, Aufmaßzeichnungen und persönlichen Aussagen der Menschen, die dort gewohnt haben. Der Marktplatz wurde nach der Zerstörung durch die Nationalsozialisten als Symbol für Polens Wiedergeburt wiederhergestellt. Das Innere der Häuser wurde natürlich schrittweise umgestaltet, um modernen Bedürfnissen zu entsprechen.

163 Hassan Fathy: Neue Stadt Gourna/Ägypten, 1945—1947. Eine Neuentdeckung der bodenständigen Architektur. Dieses Dorf aus Lehmziegeln mit engen, geschützten Straßen und traditionellen Formen ist eine heutige Nachbildung einer seit 2 000 Jahren existierenden Dorfform. Als Beispiel für Eigenbau ist die Stadt nicht nur viel billiger, als jedes moderne Pendant sein könnte, sondern auch vielfältiger und reizvoll. Jameson behauptet, daß es die Aufgabe des Architekten ist, solche Bautraditionen der Vergangenheit wiederzuentdecken und sie funktionsfähig zu erhalten durch schrittweise Veränderung. Gourna ist der Beweis dafür, daß das möglich ist — aber wo gibt es den barfüßigen Architekten im Westen?

164, 165 Wohnbebauung in Houston/Texas, um 1971. Die Vorderfronten sind individuell gestaltet in einem von fünf Pseudostilen, während die Rückseiten — die zum Parken und zur Anlieferung dienen — à la Bauhaus aussehen. Die traditionsreiche Trennung von Dekor und Funktion ist hier zu seltsamer Länge ausgedehnt.

Es gibt bereits eine Richtung der kommerziellen Stilnachahmung, die zu einer großen Industrie geworden ist: das populäre Haus und der spekulative Wohnungsbau. Es gibt auch die wohlbekannten Imitationen von Portmeirion, Disneyland und ihre weltweiten Varianten. Diese Tradition entwickelte sich sehr schnell im Fernen Osten, in Los Angeles und Houston in Texas, wo neue „Ersatz"-Städte oder zumindest gewaltige Wohnsiedlungen so schnell entstehen wie ein amoklaufendes Kunststoffmolekül. Einige dieser Siedlungen sind so artifiziell, daß beim Einzug in eine Wohnung bereits Van Goghs Sonnenblumen an der Wand hängen und die Betonscheite vor Hitze aus verborgenen Gasdüsen knistern. Dieser „totale Service" ist offenbar hilfreich für eine Familie, die alle zwei Jahre umziehen muß und nicht die Zeit hat, sich eigene Bilder auszusuchen und Holz zu sägen. In Europa sind verschiedene „Ersatz"-Städte entstanden, vor allem an der Küste, zum Beispiel Port Grimaud, La Galiote, Puerto Banus. Im Vergleich zu modernen neuen Städten oder sogar modernen Seebädern sind diese Gebilde sichtbar menschlicher, geeigneter und erfreulicher — daher ihr kommerzieller Erfolg. Maurice Culot, ein angeblicher Stalinist, betrachtet sie sogar als die Antwort für die kommunistische Zukunft, eine schöne Ironie, da der überzogene Kapitalismus zur Hebamme der Geschichte wird[35]. Welche „historischen Kompromisse" auch gegenwärtig bei den neuen „Ersatz"-Städten entstehen, es ist an der Zeit, daß die Architekten den Spekulanten in dieser Richtung folgen und solche kommerziellen und sozialen Zwänge für architektonische Zwecke nutzen. Sowohl die Gesellschaft als auch die Architektur würden von dieser Vernunftehe profitieren.

Ein amerikanisches Beispiel für Stilnachahmung, das alle Arten von Reaktionen von Architekten und Kritikern hervorgerufen hat, ist John Paul Gettys Museum in Malibu in Kalifornien, eine intellektuelle Neuschaffung der Villa dei Papyri in Herculaneum — und anderer reizvoller pompejanischer Dinge. Die Architekten haben das Gebäude als „abscheulich", „geradezu widerwärtig", „zu intellektuell", als des „elementarsten architektonischen Urteilsvermögens ermangelnd", „betrügerisch", „neugeschaffen mittels ungeeigneter Technologien" und natürlich als zu teuer abqualifiziert (10 Millionen Dollar — oder waren es 17? —, nur ein Horsd'œuvre für Getty). Diese vorhersehbaren Aufschreie wurden von David Gebhardt, dem scharfsichtigen Historiker aus Südkalifor-

166 François Spoery: Port Grimaud/Frankreich, 1965—1969.
Fahren Sie Ihr Segelboot bis zum gepflegten Rasen eines provenzalischen
Fischerdorfes aus Stahlbeton. Keine zwei Häuser sind gleich, und die Vielfalt des Raumerlebnisses liegt weit über der moderner Gegenstücke. So ist
dieses Dorf zum beliebtesten Beispiel für Ferienzentren im Mittelmeerraum
geworden. Einige fernöstliche Varianten befinden sich im Planungssta-
dium.

167 Getty-Museum, Innenhof mit Peristyl. Vorgetäuschte Fenster, Abgüsse von Plastiken und Wandgemälde als Imitationen von Imitationen aus
dem ersten Jahrhundert nach Chr. — eine sehr erheiternde und farbige
Neuschöpfung, deren Witz aber vielleicht nicht beabsichtigt war.

nien, zurückgewiesen. Er verweist auf die offenkundige Funktio-
nalität und Popularität und hält es für eins der bedeutendsten Bauwerke des vergangenen Jahrzehnts:

„Als Objekt in Betrieb scheint das Getty-Museum so gut zu
funktionieren wie andere neuerbaute Museen — oder sogar besser . . . (Die Architekten) haben eine wesentlich sympathischere
Antwort auf die Bedürfnisse eines breiten Publikums gefunden,
als dies bei irgendeinem anderen der kürzlich fertiggestellten ‚modernen‘ Imagebauten, die in den Vereinigten Staaten entstanden,
der Fall gewesen ist[36]."

Reyner Banham, bekannt für seine gelegentliche Würdigung
solcher Popkreationen, verdammt das ganze Gebäude wegen
seiner leblosen Erscheinung und der „bürokratischen Präzision"
im Detail:

„Die Intellektualität und Kunstfertigkeit sind so makellos und
absolut tödlich, wie es diese Art von Plusquamperfekt-Rekon-
struktion zwangsläufig immer ist . . . Kein Blut wurde hier verspritzt,
kein Same, kein Wein noch irgendein anderer Lebenssaft."

Im Grunde ist das Gebäude nicht wirklich römisch genug in seiner Stimmung und Erscheinung, die alte Behauptung der Modernisten, daß Traditionalisten in unserem Jahrhundert eine Leiche
gebären. Charles Moore, ansonsten dieser Art von Dingen zuge-
tan, hat es ebenfalls kritisiert wegen seinem Mangel an räumlicher
Vielfalt.

Mein eigener Eindruck von dieser ebenso übermäßig gepriese-
nen wie verdammten Villa ist ein etwas anderer. Sie ist erregend in
ihrer Situierung, begeisternd zu erleben als eine gute Nachbildung
(wie Sir Arthur Evans' Rekonstruktionen in Knossos), sehr geeignet als Standort der darin ausgestellten antiken Gegenstände und
sogar eine kulturelle Herausforderung, denn sie besagt, daß unsere Zeit sich wie keine andere an akkurater historischer Nachahmung erfreuen kann. Dank unseren Reproduktionstechniken (Xe-
rographie, Film, synthetische Materialien) und unserer spezialisier-
ten Archäologie (in diesem Fall sowohl archäologische als auch
Landschaftsspezialisten), mit unseren hochentwickelten Technologien der Klimatisierung und Temperaturkontrolle und unseren
heutigen konstruktiven Möglichkeiten (der ganze Bau sitzt auf einer Tiefgarage) können wir tun, was die Stilnachahmer des neunzehnten Jahrhunderts nicht tun konnten. Wir können fragmentarische Kenntnisse aus verschiedenen Kulturen reproduzieren, und

da alle Medien dies seit fünfzehn Jahren tun, hat sich unser Emp-
findungsvermögen verändert. Dank den farbigen Zeitschriften,
den Reisemöglichkeiten, der Fotoindustrie hat Herr Jedermann
ein gut bestücktes Musée imaginaire und ist zu einem potentiellen
Eklektiker geworden. Zumindest ist er einer Vielfalt anderer Kulturen ausgesetzt, und er kann Auswahl und Unterscheidungen aus
dieser großen Sammlung treffen, während frühere Kulturen dem
verhaftet blieben, was sie ererbt hatten.

So würde ich argumentieren, daß das Getty-Museum ein pas-
sables, wenn auch unbeabsichtigtes Beispiel für ein postmodernes Gebäude ist, lobenswert wegen seinem Pluralismus und der
Wahlmöglichkeit, aber weder glänzend noch besonders dekadent. Daß es so unverhältnismäßig viel Lob und Tadel erfahren
hat, liegt vielleicht in der Tatsache begründet, daß es zur richtigen
Zeit die Frage aufwarf, woraus die Architektur in den siebziger
Jahren bestehen sollte. Aber es gibt die Antwort darauf nicht (und
deshalb erregen sich alle).

Ein anderes, ähnliches Ereignis, Arthur Drexlers Ausstellung im
Museum of Modern Art in New York mit dem Titel „Die Architektur
der Ecole des Beaux-Arts" (Oktober 1975 bis Januar 1976), stellte
die gleiche Frage, ohne eine klare Antwort darauf zu geben. Hier
schien das Museum of Modern Art, die Mutter des Internationalen
Stils im Jahr 1932, eine Rückkehr zu den Wertvorstellungen des
neunzehnten Jahrhunderts vorzuschlagen: Ornament anstelle von
Pseudo-Funktionalismus (wie Drexler es haben wollte), Urbanis-
mus und öffentliche Bauten anstelle von Massenwohnungsbau,
eine Hinwendung zum historischen Detail anstelle einer abstrakten, zeitlosen Äußerung. Während die Ausstellung solche Alternativen durchaus enthielt, war sie doch unklar in ihrem Eintreten für
eine direkte Rückkehr zur Entlehnung vom Beaux-Arts. Ein offen-
sichtliches Problem war, daß diese Architektur viele Fehler der
Moderne enthielt: Sie war häufig so unpersönlich, schwerfällig
und akademisch wie die schlimmsten Auswüchse des Internationalen Stils. Und — noch wichtiger — die Ausstellung des Museums of Modern Art bot keinen theoretischen Kontext für die Anwendung des Überkommenen. Ohne eine klare Theorie aber
konnte sie nur an die Sensibilität appellieren, an den neuen Sinn
für die Vergangenheit — sagen wir für die „Roots"?

Im gleichen Zusammenhang wurden Anfang der siebziger Jahre in England mehrere bedeutende Bücher über viktorianische

168, 169 Sir Edwin Lutyens: Landhaus „Heathcote", Ilkley/Yorkshire, 1906.
Lutyens' „High Game"-Stil benutzt das volle Repertoire dorischer Elemente — Basen, Säulen, Friese, Gesimse — und französische Verfeinerungen, um eine großartige Anhäufung zu produzieren, die einer königlichen Residenz oder einem Rathaus wohl anstünde. Die Gliederung und zurückspringenden Winkel machen den Bau zu einem vergnüglichen Spiel, ebenso die Gesichtsmetaphern beider Seitenflügel. Lutyens erfährt heute eine Neueinschätzung.

oder edwardianische Architektur veröffentlicht, die Historismus enthielten, ohne für ihn einzutreten. Zu diesen englischen Publikationen, die zur Diskussion beitrugen, gehörten Walter Kidneys „The Architecture of Choice: Eclecticism in America 1880—1930" (1974), „Edwardian Architecture and Its Origins", herausgegeben von Alastair Service (1975), „Bay Area Houses", herausgegeben von Sally Woodbridge (1976), „The Architecture of Victorian London" von John Summerson (1976). Diese Historiker, und vor allem jüngere wie John Beach, Gavin Stamp und Mark Girouard, sind dabei, die Praxis der Gegenwart zu beeinflussen. Aber ihre Verpflichtung gegenüber der Vergangenheit war mehr in dem Sinne, daß sie vorüber und erledigt sei. Doch wenn wir uns mit der Entstehung einer postmodernen Tradition auseinandersetzen, bedarf es dieser historischen Untersuchungen, weil sie die Vorzüge einer eklektischen Architektur aufzeigen, unmittelbar bevor sie durch die Moderne überwältigt wurde. Die Beispiele eines reichen Vokabulars, das der „Queen Anne Revival" und von Lutyens, wurden ins Licht der Öffentlichkeit gerückt, um von gegenwärtigen Eklektikern studiert zu werden.

Die Wiederbelebung bodenständiger Architektur

Eine andere Reaktion auf das offenkundige Versagen der Moderne in der Weiterentwicklung und umfassenden Erneuerung war eine Rückkehr zu einer „Art" bodenständiger Architektur. Die Anführungszeichen sind hier notwendig (das Zeitalter der Anführungszeichen heißt „Ersatz"), weil das landschaftsgebundene Bauen weder eine direkte Stilnachahmung noch eine akkurate Reproduktion, vielmehr „quasi" oder „in der Art von" war — eine Kreuzung zwischen Moderne und dem Backsteinbau des neunzehnten Jahrhunderts. Der Stil ist jedoch klar erkennbar und hat folgende Attribute: beinahe immer geneigte Dächer, grobe Detaillierung, pittoreske Massierung und Backsein, Backstein . . . „Backstein ist menschlich", so heißt der Slogan (oder wird er karikiert), so menschlich, daß sogar der Ex-Brutalist Mayekawa ihn verwendet: für Hochhäuser in der Altstadt von Tokio, um (ich scherze nicht) die „Menschlichkeit" zurückzubringen. Man versteht, warum so viele Noch-Modernisten wie James Stirling sich über die „Rückkehr zu volkstümlichen Details im Kinderland" amüsieren[37]. Es ist eine Art kosmetischer Schicht um manche dieser Arbeiten, ein leutseliges Gesicht, das eine abstoßende moderne Siedlung verbirgt.

Auf jeden Fall gibt es, seit Jane Jacobs ihren Angriff auf die moderne Stadtplanung startete, wachsende Nachfrage nach gemischter Bebauung. Das war im Jahr 1961, als Darbourne und Darke den Wettbewerb Pimlico in London gewannen gegen Gruppen wie Archigram, die eine umfassende Neubebauung favorisierten. Die Lösung von Darbourne und Darke illustriert sehr deutlich mehrere Argumente von Jane Jacobs: Sie beziehen alte Bauten ein, wie die dunkle Backsteinkirche aus dem neunzehnten Jahrhundert; sie mischen verschiedene Aktivitäten, wie Eckkneipen, Bibliothek, Altenheim und Wohnungsbau. Der Entwurf zeigt eine Vielfalt von baumbestandenen Freiräumen und vermittelt ein deutliches Gefühl dafür, was jeder Architekt der sechziger Jahre über den „Ort" empfand. Schließlich verwenden Darbourne und Darke die „viktorianische" Ästhetik der groben Ziegel und etablierten, ja, erfanden so die neo-bodenständige Architektur.

Dieser Stil wurde in den siebziger Jahren im verarmten und ideologisch unsicheren England zu dem Stil, auf den man zurückgreifen konnte, als es keine anderen klaren Richtungen gab. Er war oder ist akzeptabel für die Mehrheit der englischen Bevölkerung, weil er nicht allzusehr vom traditionellen Familienheim abweicht (obgleich Darbourne und Darke so „unenglische" moderne Elemente hinzugefügt haben wie Straßen im Freien, falsche Mansarden und Staffelung — im Gegensatz zur Einfamilienhaus-an-Einfamilienhaus-Massierung).

In einer Ausstellung der Arbeiten Darbounes und Darkes von Mai bis Juli 1977 erklären Colin Amery und Lance Wright von der

170 Darbourne und Darke: Wohnbebauung Pimlico, London, 1961—1968, 1967—1970.
Das kräftige Backsteinmauerwerk und die Volumen sind als riesige Dekoration behandelt. In dieser Siedlung sind unterschiedliche Nutzungen in verhältnismäßig niedriger Bebauung mit hoher Dichte vermischt, auch alte und neue Gebäude, Grünräume und Mauerwerk. Die Entwürfe von Darbourne und Darke zeigen immer ein Gefühl für den Kontrast, das auf die pittoreske Tradition zurückgeht. G. E. Streets Kirche St. James-the-Less blieb erhalten und wurde zum zentralen Punkt der Planung. Den Backstein wählten die Architekten teils aus wirtschaftlichen Erwägungen, teils wegen der von den Bewohnern gewünschten Assoziation: solide anstelle der „schwächlichen Plattenbauweise".

„Architectural Review", was sie für die — wenn auch mit Vorbehalt — typische Hauptströmung der britischen Architektur von Pugin über Shaw und Howard bis zur Gartenstadt Letchworth halten:

„(Sie) drückt im besonderen englische Tugenden des Wohnhausbaus aus. Zur gleichen Zeit, da viele örtliche Behörden sich in einer Orgie von inhumanem Systembau ergehen, haben Darbourne und Darke ruhig bewiesen, daß einige der wesentlichen Merkmale des häuslichen Lebens, wie Privatheit, kleine Gärten und gute Landschaftsgestaltung, in Städten mit hoher Dichte innerhalb eines Rahmens von einheimischen Baumaterialien erreicht werden können . . . Dann ist da noch der in Pershore so gut entwickelte Aspekt — der sich mit der Wiederaufnahme von traditionellen (und daher freundlichen) Materialien und Formen befaßt — ein Backsteinbogen über der Eingangstür, Fenster mit stärker verkalen Abmessungen . . .[38]"

Ein radikaler Traditionalist wie Jameson hätte natürlich aufgezeigt, wieviel raffinierte Neubildungen Darbourne und Darke eingeführt haben. Ganz ernsthaft haben sie die traditionelle Straße abgeschafft und statt dessen eine — wenn auch in der Erscheinung bruchstückhafte — große „Wohnsiedlung" geschaffen. So war diese neo-bodenständige Architektur doch wieder eine Zwischenstation, wie die Bezeichnung mit Bindestrich es nahelegt,

171 Darbourne und Darke: Wohnbebauung in Pershore/England, 1977.
Die traditionelle englische Dorfarchitektur mit geneigten Dächern, Stützbogen, kleinen Durchgängen und halbprivaten Bereichen. Die Maße der Fenster und die Massierung sind nicht traditionell. Einige Puristen haben festgestellt, daß die Formen plump seien. Aber die Siedlung stellt eher einen Schritt in Richtung zum Bodenständigen dar als die Absicht, es zu erreichen.

172 McGuire und Murray: Mitarbeiterwohnungen des St. John's College, Bramcote/England, um 1974.
Eine pittoreske Version der ländlichen Natursteinarchitektur aus Beton. Diese Architekten haben die bodenständige Architektur studiert, teils wie Jameson als handwerkliche Tradition, aber ihr Beitrag hier ist die Manipulation derselben in eine bescheidene Kunstform. Auch hier schneiden Vergleiche der Kosten und der Zufriedenheit der Bewohner mit modernen Siedlungen ähnlicher Größe günstig ab.

und nicht beabsichtigt, entweder modern oder traditionell zu sein, sondern ein wenig von beidem.

Andere englische Architekten arbeiteten wieder stark mit dem Gefühl für Maßstab und pittoreske Massenverteilung: McGuire und Murray, Ahrends, Burton und Koralek, Edward Cullinan, gelegentlich das Greater London Council und Innenarchitekten wie Max Clendinning. Die Richtung wurde so stark, daß sie etwa um 1975 beinahe zur offiziellen britischen Baupolitik erklärt werden konnte (obgleich Politik wie diese niemals offizieller Art ist und mit Sicherheit in England nicht erklärt wird). Ein Anzeichen dafür ist das Civic Centre in Hillingdon (1974—1977) mit seinem Durcheinander von grobem viktorianischem Backstein, in dem überwiegend von Andrew Derbyshire für und im Wohlfahrtsstaat geplant wurde. Er hat seine Intentionen ausdrücklich auf der Konferenz des Royal Institute of British Architects gerechtfertigt:

,,. . . Wir sind bei diesem Projekt davon ausgegangen . . ., einen Bau zu entwerfen, der die Sprache seiner Form seinen Benutzern verständlich ausdrückt (seinen Bewohnern ebenso wie den Bürgern dieses Quartiers), und haben sie dazu benutzt, um etwas zu sagen, was sie hören wollten[39]."

Hierauf folgt die grandiose Behauptung, daß das Gebäude administrative Barrieren überwinden und jedermann dazu bringen

173 Andrew Derbyshire vom Büro Robert Matthew, Johnson, Marshall und Partner: Civic Centre Hillingdon/London, 1974—1977.
Dekorative Anwendung von Backstein an den Fenstern, eine große Bürokratie, in dörflichen Maßstab aufgebrochen, eine Anhäufung zahlreicher Steildächer mit Elementen von Frank Lloyd Wright und ,,menschliche Werte". Das Gebäude erinnert seltsamerweise an die großen Ferienhotels des neunzehnten Jahrhunderts in Amerika. Die Architekten haben bewußt versucht, in der Sprache der Nutzer zu planen.

werde, sich in herzlichem Ton mit dem von ihm gewählten Repräsentanten zu unterhalten, als würde die Freundlichkeit der Formen plötzlich einen entsprechenden Ausbruch von Gastlichkeit in ihrer Nachbarschaft bewirken. Diese Behauptungen, daß Architektur das Verhalten radikal ändern könne, stammen von modernen Architekten, obgleich die Beobachtung von Nutzerverhalten und die gegenwärtige Sozialforschung postmodern sind. Tatsächlich ist die starke Betonung der *Sprache* der Architektur und der Kodes der verschiedenen Gruppen, die das Gebäude nutzen werden, genau die Postmoderne, die hier befürwortet wird. Aber die Argumente werden in einer Art naiver Volksnähe und in wörtlicher Auslegung verwendet:

„Geneigte Dächer bedecken die Stufen des Mauerausschnittes fast bis zum Erdboden, so daß mehr Dach — das schützende, angenehme Element — zu sehen ist als Wand — das defensive, feindliche Element[40]."

Eine Form gleicht einer direkten Bedeutung, so läßt sich daraus folgern. Die gesamte Vorstellung von vielfacher Auslegung und von einer Auslegung, die sich über die Zeiten wandelt, ist reduziert auf die erhabene volkstümliche Bedeutung — geneigte Dächer sind gleichbedeutend mit dem „schützenden, angenehmen Element".

Während es unmöglich ist, diesen neuen Einfluß nicht in aktuellen, populären Kodes nahezubringen, läßt sich der Eindruck nicht vermeiden, daß diese spitzfindig verdreht und auf geschmackvolle Mittelklasseversionen dieser Kodes beschränkt werden. Tatsächlich leidet die Arbeit mit der neo-bodenständigen Architektur manchmal an einer durchdringenden Selbstgefälligkeit, an einer Art Ehrfurcht vor dem Hausgemachten, die danach strebt, sich selbst darzustellen. Diese Ehrfurcht mag den Einöden des Massenwohnungsbaus vorzuziehen sein, zu dem diese Architektur immer in Gegensatz gestellt wird. Aber sie ist weniger als eine genaue Spiegelung der existierenden architektonischen Geschmackskodes. Schon das Werk von Venturi und Scott Brown hat gezeigt, daß sie reicher sein kann als diese „Architektenarchitektur" aus Backstein.

Die neo-bodenständige Architektur stand offensichtlich und berechtigterweise mit dem Trend zur Sanierung und Umnutzung in Verbindung, der auch um 1975 zur öffentlichen Politik wurde. Diesmal wurde sie als Europäisches Denkmalschutzjahr proklamiert und zur Hauptaufgabe des Greater London Council. Ein Büro wie das von Feilden und Mawson zum Beispiel konnte gleichzeitig Restauration historischer Baudenkmäler, moderne Bauten und landschaftsgebundene Stilreproduktionen durchführen — wie ihre Backsteinwohnungen in Norwich nach dem Modell des hohen nordeuropäischen Kaufmannshauses. Diese Entwürfe gingen nicht nur auf alte Vorbilder zurück, sondern übernahmen auch alte Stadtsysteme, bestehende Straßenzüge und den Reichtum der angehäuften Zufälligkeiten — oder vielmehr der spezifischen historischen Fakten, die hier eine Straße sich krümmen, dort eine Häuserreihe sich wenden und knicken lassen Diese pittoresken Besonderheiten, die liebenswürdigen Wahrzeichen der mittelalterlichen Stadt, wurden schließlich zu Entwurfsrezepten in den neuesten Werken von Aldo van Eyck und Théo Bosch.

In ihrer Siedlung Zwolle, erbaut zwischen 1975 und 1977, sind viele Bauten im alten historischen Zentrum renoviert worden, ihnen ist eine gemischt genutzte Bebauung hinzugefügt: 21 Geschäfte und 75 neue Wohnhäuser. Diese, eng und hoch wie die traditionellen holländischen Vorbilder, passen sich auch dem vorhandenen, gekrümmten Straßensystem an. Dadurch entsteht eine Vielfalt von Freiräumen: kurze Durchgänge, kleine Straßen mit Arkaden, Straßen mit außenliegenden Treppen, die zu Wohnungen auf höheren Ebenen führen, halböffentliche Bereiche mit Gärten. Die Wohnform beschneidet das Giebeldach — eine typische modernistische Verstümmelung, die anzeigt, daß das Gebäude aus unserer Zeit stammt. Ansonsten aber wird die traditionelle Form auf großartige Weise erweitert. Zum Beispiel öffnet sich der Innenraum auf eine verborgene Loggia, von der aus man die halböffent-

174, 175 Feilden und Mawson: Wohnbebauung Friars Quai, Norwich/England, 1972—1975.
Ein pittoresker Bebauungsplan und das nordeuropäische Kaufmannshaus wurden für dieses historische Grundstück bei der Kathedrale gewählt. Die Steildächer, die Vielfalt der Farben und der halbprivate Raum tragen dazu bei, das Gefühl für historische Kontinuität zu verstärken. Bernard Feilden erhielt größere Restaurationsaufträge um St. Paul's in London und die Kathedrale in York.

176 Aldo van Eyck und Théo Bosch: Wohnbebauung Zwolle/Niederlande, 1975—1977.
Verschiedene Funktionen und Modernisierung, verbunden mit einer Neubebauung, die auf der schmalen holländischen Hausfassade basiert — nur der Giebel ist gestutzt. Die gekurvten Blocks sind in die traditionelle städtische Struktur einbezogen, um die Straßenflucht und die Identität mit der Nachbarbebauung einzuhalten. Sechzehn Haustypen wurden angeboten, viele mit halbprivaten Gärten.

99

177 Wohnbebauung Zwolle: Blick auf die Loggia, die als Verbindungsraum zwischen Wohnzimmer, Garten und Obergeschoß dient.

178 Van den Bout und De Ley: Wohnbebauung Bickerseiland/Amsterdam, 1972—1976.
Schmale, tiefe Häuser mit Erkerfenstern, „Lichthöfen" in der Mitte, gestutzten Giebeln (vgl. die Beispiele aus dem siebzehnten Jahrhundert) und „halb"-brutalistischen Details. Wiederum eine „halbherzige", eine neobodenständige Ausführung. Diese billige Wohnbebauung rettete das Gebiet vor der Übernahme durch kommerzielle Interessenten, sehr nach dem Wunsch der Bevölkerung. Wie Zwolle ist Bickerseiland ein Beispiel dafür, daß Protest der Bürger zu einer positiven Aktion führen kann.

Gegenüberliegende Seite:
179 Peter Eisenman: Haus VI für die Familie Frank, Washington/Connecticut, 1975.
Die Rückseite des Hauses setzt das Thema einer großen Fläche fort, die frontal zum Eingang gesetzt ist, und verschiedener kleinerer, vertikaler Motive, die im rechten Winkel zur Verkehrsrichtung angeordnet sind. Man beachte, daß die Umrisse der Säulen außen entweder als weitergeführte Pilaster oder Raumkeil zwischen zwei Volumen gekennzeichnet sind. Die vordere Eingangstür liegt links um die Ecke, das Schlafzimmer im ersten Obergeschoß rechts über dem Wohnraum. Erkennen Sie die hängende Säule in der Mitte (siehe Seite 119)?

Eingefügte Abbildung:
180 Säule und eigentliche Treppe. Die Säule ist grau oder schmutzig weiß gestrichen, um verschiedene Bedingungen — je nachdem, ob sie einen Balken trägt, elektrische Leitungen, oder gar nichts — und ihre Beziehung zu anderen Flächen anzudeuten. Die vorgetäuschte Treppe ist rot gestrichen als Gegensatz zur wirklichen grünen Treppe (gleichbedeutend mit Halt und Gehen).

lichen Gärten überblicken kann, oder hinauf in den sonnenerfüllten, verformten Dachraum. Diese reiche Vieldeutigkeit ist charakteristisch für den postmodernen Raum, wie wir später erläutern werden.

Van Eyck wurde mit diesem Projekt 1970 beauftragt, in einem typischen Protest der damaligen Zeit gegen inhumane Stadtsanierung. Seine Argumente zur Modernisierung und zur Nutzung der Häuser sind die härteste, eindeutigste Aussage eines modernen Architekten zum Zeitpunkt seiner Hinwendung zur Postmoderne:

„Was die Silhouette der Stadt nahelegt, ist eine sorgfältige Korrektur, eine Anpassung, Modifizierung und Hinzufügung. Die Städte sind chaotisch, und das notwendigerweise. Sie sind auch kaleidoskopisch. Dies sollte als ein positives Kredo akzeptiert werden, ehe es zu spät ist . . . Diesem ist die Absicht hinzuzufügen, daß keine von oben auferlegte abstrakte Norm oder irgendein anderer Anlaß sanitärer oder spekulativer Art weiterhin die mutwillige Zerstörung bestehender Gebäude oder Straßenzüge rechtfertigen kann . . . Schließlich kann die Welt sich heute keine Verschwendung mehr leisten, noch kann sie es sich leisten, das Recht der Menschen zu übersehen, sowohl die gebaute Form als auch das soziale Netz ihres Wohnortes zu erhalten, wenn das ihr Wunsch ist. Alles andere ist Gesellschaftsmord — örtlicher Volksmord, bei dem man nur die Menschen am Leben läßt[41]."

Ein anderes Ergebnis der städtebaulichen Aktivitäten der späten sechziger Jahre ist die Erneuerung des Quartiers Bickerseiland in Amsterdam, bei der die Architekten Van den Bout und De Ley auch mit der Gemeinde zusammenarbeiteten, um die Nutzung alter, ortstypischer Häuser zu ermöglichen. Auch diese waren hoch, schmal und tief, mit einem holländischen Kopf, der unmittelbar über den Augenbrauen abgeflacht war und die Frage stellte: Wenn ein Modernist so weit zurückgehen konnte, warum konnte er nicht auch den nächsten Schritt tun und das Bodenständige richtig machen?

Es ist in diesem Zusammenhang interessant, die neo-bodenständige Architektur verschiedener Länder zu vergleichen, zum Beispiel Joseph Eshericks Cannery in San Francisco und Santa Agueda in Benicassim in Spanien von Martorell, Bohigas und MacKay — beide aus der Mitte der sechziger Jahre. Das erste ist ein umgewandeltes Lagerhaus aus dem neunzehnten Jahrhundert mit modernen Grafiken und Rolltreppen, die durchgehen und beleben, ein aufgedonnerter Backsteinregionalismus. Kurven und Bogen sind akzentuiert, die alte Struktur ist betont durch Reduzierung der Fensterkreuze auf ein Minimum und Verwendung starker, kontrastierender Farben. Das Ergebnis kam beim Mittelklasse-Verbraucher sehr gut an, was der Grund dafür war, daß solche Modernisierungen schnellstens wiederholt wurden von Australien

Gegenüberliegende Seite, oben:
181 Charles Moore and Associates: Haus Burns, Santa Monica Canyon/
Los Angeles, 1974.
Außen in siebzehn Schattierungen von Erdfarben, die interessante Abstufungen in der Tiefe bewirken. Moore entwickelt die südkalifornische Tradition der verputzten Kiste, die auch Modernisten wie Schindler ausgewertet
hatten, wegen ihrer ökonomischen und gestalterischen Möglichkeiten.
Jede beliebige Form ist relativ billig zu erhalten (siehe Seite 126).

Gegenüberliegende Seite, unten links:
182 Haus Burns: Die Orgel oben auf der Treppe verleiht dem Blick religiöse Assoziationen. Im gesamten Raum tritt sie jedoch zurück gegen andere
starke Elemente wie den mexikanischen Balkon (der ein kleines Haus darstellt, in das man hineinkriecht). Licht ergießt sich aus zahlreichen Punkten, und rückwärtige Belichtung läßt eine größere Tiefe vermuten, als sie in
Wirklichkeit vorhanden ist. Der Gegensatz von asymmetrischem Raum
und monumentalem Objekt ist reizvoll. Moore gelingt es, die traditionellen
Elemente nicht nur als Kontraste, sondern auch auf leichte, gelassene
Weise anzuwenden.

Gegenüberliegende Seite, unten rechts:
183 Haus Burns: Blick nach oben in den privaten Bereich, links das
Dachatelier, rechts Schlafzimmer, Ankleidezimmer usw. Die Vielzahl der
formalen und funktionalen Elemente — hier Bücher, Treppen, ausgeschnittene Wände — machen den Raum geheimnisvoll und vertraut zugleich wie eine Bodentreppe.

184 Joseph Esherick: Cannery, San Francisco, 1970.
Fast jede historische Stadt hat heute einen zur Fußgängerzone umgewandelten Bereich zur Freude der Kauflustigen. Diese kleinbürgerliche Nutzung überwiegend viktorianischer Häuser beraubt sie ihrer eigentlichen
Funktion, aber garantiert den Bargeldzufluß — ein wahrhaft teuflischer
Handel. Verniedlicht, aber lebendig, sauber, aber in Fetzen, vorgetäuschte, aber authentische Historie sind die widersprüchlichen Zeichen.

bis Kanada. Was sie an Authentizität verlieren, gewinnen sie an
Fröhlichkeit, und es ist wahrscheinlich diese Eigenschaft, die sowohl ihre Wirtschaftlichkeit als auch ihre Ablehnung begründet.

Das gleiche gilt teilweise für Martorells, Bohigas und MacKays
pseudo-traditionellen Wohnungsbau mit seinen pittoresken Pfannenziegeln und dem unvermeidlichen Backstein. Wie bei den Fe-
rienorten, zum Beispiel Port Grimaud, ist das ästhetische Vorbild
in Wahrheit eine Klasse und daher ein ökonomisches Vorbild, weil
solch gemütliche und traute Bilder die Mittelklasse ansprechen.
Tatsächlich durchlaufen sie viele soziale Richtungen und sprechen die Reichen und die Armen in verschiedenen Ländern an. Es
wäre falsch, sie als Universalgeschmack zu bezeichnen oder als
besonders populär im Gegensatz zu neoklassizistischen Reihen-
häusern. Aber sie artikulieren tiefgehende Bedeutungskodes:
Freundlichkeit, vermittelt durch warme Verbindungen von Holz
und Backstein, Individualität und Vieldeutigkeit, vermittelt durch
aufgebrochene Massierung, Vertrautheit und Respekt, vermittelt
durch die Wahl bekannter Elemente. Wenn sie einen auch niemals
durch ihre Brillanz oder Originalität umwerfen, können sie doch
als ein Erfolg bezeichnet werden, weil sie im Ansatz bescheiden
sind und nicht kühn. In der Zusammenfassung dieses sich ab-
zeichnenden Aspekts der Postmoderne formulierte ich bei der
RIBA-Konferenz im Jahr 1976 diese Schlußfolgerung, in der ich
eine allgemeine Positionsbestimmung aller Teilnehmer zu definieren versuchte:

,,(Wohnungsbau) sollte kleinmaßstäblich sein, gemischte Nutzungen enthalten und verschiedene Entstehungszeiten der Gebäude aufweisen, modernisiert werden, wo es möglich ist, und
mehr auf einer handwerklichen als auf hoher künstlerischer Basis
stehen. Er kann von Architekten geplant werden oder auf Modell-
büchern basieren, die der besonderen Situation angepaßt werden. Wenn möglich, sollte er von den Bewohnern kontrolliert und
manchmal sogar von ihnen selbst aus Sperrmüll und in pseudo-
bodenständiger Architektur erbaut werden, entsprechend dem
Geschmack des Kulturkreises, für den er bestimmt ist. Wohnungsbau ist Ausdruck einer Lebensweise . . .[42]"

Kein Architekt ist diesem Ziel näher gekommen (ohne es zu erreichen) als Ralph Erskine.

185 Martorell, Bohigas und Mackay: Wohnbebauung Santa Agueda, Be-
nicassim/Spanien, 1966/67.
Eine ernst zu nehmende Version des populären regionalen Wohnungsbaus in pittoresker Ausführung mit Hohlziegeln und Markisen, die den
Wohnraum erweitern. Die Architekten, exemplarische Eklektiker, passen
ihren Stil der jeweiligen Bauaufgabe an. Dies hier ist eine der fünf gegenwärtigen Bauweisen, zu denen der Industriestil, der Stil der Schule von
Barcelona, die Pop-Manier und die eklektische gehören.

Adhocistisch + urbanistisch = kontextuell

Erskine hat in verschiedenen Stilen gebaut einschließlich des neo-bodenständigen, den er mit geistreicher Vollendung beim Clare College in Cambridge (1966) anwendete. Hier sind Kleinmaßstäblichkeit und Häuslichkeit am Rande zum Überladenen und Kleinbürgerlichen, aber das Ganze ist vor Rührseligkeit bewahrt durch typische Erskinismen wie die billigen, gewellten Details und freche
186 Scherze — vier Meter vorkragender Eingang aus Backstein, sieben Zentimeter von einer Stütze entfernt! Erskine hat das Nützliche und das Adhoc in eine Art Kunstform verwandelt, an der sein eigener unbekümmerter Stil klar ablesbar ist. In Byker bei Newcastle upon Tyne hat er ein Wohnquartier gebaut, das vermutlich an die Weißenhofsiedlung in Stuttgart von 1927 heranreicht und mit dem er ein Beispiel setzt, dem andere folgen werden.

Als erstes und wichtigstes Prinzip besitzt die Siedlung Byker eine Art Selbstverwaltung, sie besitzt lokale Rechte als Ausgleich zur Machtausübung der Gesamtstadt. Um jene zu unterstützen, setzte der Architekt sein Büro auf das Baugelände und gestattete der Bevölkerung, die dorthin ziehen sollte (9 500 Personen), die
187 Lage ihrer Wohnungen und die ihrer Freunde und den Wohnungsgrundriß selbst zu wählen (innerhalb eines beschränkten Budgets). Diese Partizipation beim Planungsprozeß half die Gemeinschaft ebenso bilden und erhalten, wie es die Bewahrung der bestehenden sozialen Bindungen tat. Da achtzig Prozent der Bewohner während der Bauzeit im Gebiet wohnen bleiben konnten, blieben auch die meisten der alten Bindungen bestehen.

Tatsächlich wurden zahlreiche wichtige Gebäude erhalten —
138 Kirchen, eine Sporthalle und andere Baulichkeiten —, so daß das zusammengesetzte Ergebnis eine Tiefe historischer Assoziationen hat, die größer ist als die einer typischen modernen neuen Stadt. Klassizistische Elemente, nicht verwendete Bauteile, Dekorationen früherer Bauten wurden entweder als Dekoration oder zu anderen Zwecken einbezogen — etwa Säulenkapitele, die ad hoc zu Tischen und Bänken umgewandelt wurden.

Bei der Erneuerung von Byker erlaubte Erskine die Mehrfachnutzung von Aktivitäten und entsprechenden Mehrfachausdruck von Funktionen, obgleich zugegeben werden muß, daß diese Artikulation mehr in seinem eigenen Adhoc-Stil gehalten ist als in den lokalen Kodes von Byker. Jedes Haus — siebzig Prozent sind eingeschossig — hat einen privaten Bereich und ist von halbprivaten Bereichen, wie Gärten und kleinen Fußwegen, umgeben. Selbst die außenliegenden Erschließungsgänge der Wohnungen in der
188 „Mauer" von Byker sind aufgebrochen und haben ortsübliche Bepflanzung, so daß dieser große Block die Identität und Sicherheit besitzt, die dem alten Paradigma Pruitt-Igoe und anderen bekannten Ungeheuern der Moderne fehlen.

Erskine zeigt, daß, mit den Worten von John Turner ausgedrückt, Architektur wirklich ein Verbum ist, eine *Aktion,* nicht nur ein Bündel korrekter Theorien oder Vorschriften. Sein Büro wurde in die Gemeinde Byker einbezogen, indem er einen Laden in einem ehemaligen Beerdigungsinstitut aufmachte, Pflanzen und Blumen verkaufte (eine bekanntlich in England sehr beliebte Tätigkeit) und als örtliches Fundbüro fungierte, das heißt, zahllose nicht-architektonische Dinge tat, bei denen er die Menschen kennenlernte und sie sein Team. Dann erfolgten der langwierige Prozeß der Planung und der Ausführung, endlose Diskussionen und verhältnismäßig kleine Entscheidungen, so daß Landschaft, „Eingang", Farbe, Historie, Eigenarten und andere nicht meßbare Dinge ihren Platz finden konnten. Der Erfolg des Ergebnisses, eine sowohl erfreuliche als auch humane Umwelt, machen Byker zu einem zentralen Beispiel für die Theorie der Postmoderne, wenn auch nicht für präzise Kodierung (es hätten mehr historische und modernisierte Häuser sein können). Aber der Erfolg ist zum großen Teil der Aufgeschlossenheit Erskines zu verdanken, der es gelang, das Vertrauen der Leute zu erreichen, ohne sie einzuschüchtern, und die den Prozeßablauf ermöglichte — das Verb

186 Ralph Erskine: Clare College, Cambridge/England, 1972.
Der Eingangsbereich aus Backstein ragt fast so weit vor wie eine tragende Verbindung, die aber unmittelbar vorher abgebrochen ist. Alle Türen haben etwas Merkwürdiges an sich.

187 Ralph Erskine: Büro des Architekten der Siedlung Byker, Newcastle/England, 1972—1974.
Ein Beerdigungsinstitut wurde dafür umgestaltet. Die rot-weiß-blauen Grafiken erheben sich ebenso optimistisch wie der Ballon an diesem Büro im Herzen des Sanierungsgebiets. Das Planerbüro war den Bewohnern zugänglich, die Mitspracherecht bei der Wahl ihrer zukünftigen Unterbringung, der Nachbarn und des Wohnungstyps hatten.

konjugierte. Wie man diese Kunst vermitteln oder lehren kann, außer durch das Beispiel, bleibt ein Geheimnis.

Es scheint jedoch, daß die pluralistische Sprache von Byker zum Teil aus dem Partizipationsprozeß resultiert. „Partizipation an der Planung" wurde in den siebziger Jahren in England zu einem respektablen, ja belasteten Ausdruck, der gewöhnlich eine einseitige Konsultation jener bedeutete, für die geplant wurde: Sie konnten die Pläne vorher einsehen, hatten aber nicht das Fachwissen oder die Kraft, brauchbare Alternativen vorzuschlagen[43]. An der Universität Löwen führten Lucien Kroll und sein Team den Prozeß

188 Ralph Erskine: Die „Mauer" von Byker, Newcastle/England, 1974.
Verschiedene Materialien, auf semantische Weise angewendet: Backstein
bei den beiden unteren Geschossen, Wellblech und Asbest bei den oberen, das halbprivate Deck ist aus grün gestrichenem Holz, die Verkehrsflä-
che blau. In den natürlichen Bewuchs wurde nicht eingegriffen. Die Gliederung bricht die ansonsten massive Mauer auf und gibt ihr einen
menschlichen Maßstab.

weiter, indem sie wirklich eine Gemeinde (oder einen Teil davon)
an den Planungsentscheidungen beteiligten.

Die Studenten, in flexiblen Gruppen zusammengefaßt, partizi-
pierten an der Planung der Bauten gemeinsam mit Kroll, der mehr
als ein Orchesterleiter fungierte. Sie schoben kleine Stücke
Schaumgummi zur Erarbeitung des Gesamtmodells hin und her.
Wenn Diskussionen entstanden oder eine Gruppe zu dogmatisch

und festgefahren wurde, organisierte Kroll die Teams um, so daß
jeder mit dem Problem des anderen vertraut wurde, bis sich eine
mögliche Lösung abzeichnete. Erst dann wurden die Grundrisse
und Schnitte ausgeführt, die sie realisierbar machten. Die entstandenen Gebäude zeigen eine Komplexität und einen Reichtum der
Bedeutung, einen herrlichen Pluralismus, den zu erreichen es
sonst gewöhnlich Jahre braucht und der das Ergebnis vieler Be-

189 Lucien Kroll: Bauten der medizinischen Fakultät, Universität Löwen, Woluwe St. Lambert bei Brüssel, 1969—1974.
Eine künstliche Hügelstadt mit verschiedenen Aktivitäten, gegliedert durch unterschiedliche Bauweisen. Der große, verglaste Bereich wird gemeinschaftlich genutzt, ebenso der Restaurationsraum. Die anderen Materialien — Holz, Fliesen, Backstein, Kunststoff, Aluminium und Beton — werden auch semantisch angewendet. Traditionelle Zeichen sind eingefügt: Wintergarten, geneigtes Dach und Schornsteine drücken den privaten Bereich aus. Vielfalt und Detaillierung simulieren schrittweise Entscheidungen, die sonst im Laufe der Zeit erfolgen und alten Städten ihre Identität verleihen.

190 Medizinische Fakultät Löwen: Blick über den zentralen Platz, der den gestalterischen Beitrag des Architekten zeigt. Die Felsen wachsen aus dem Erdboden, verwandeln sich in Backstein und dann in Fliesen. Partizipation und Individualismus haben eine geistvolle Umgebung geschaffen, der es lediglich an Normalität fehlt. Man sehnt sich hier nach ein wenig moderner Architektur oder sogar nach Aldo Rossis Bauten.

190 wohner ist, die kleine Änderungen über die Zeit hinweg vornehmen.

Die Vielzahl der Kodes und Nutzungen in den Gebäuden spiegelt deutlich die Tatsache wider, daß gegensätzliche Wertvorstellungen realisiert worden sind, aber selbst hier ist das Ergebnis nicht ohne Spannungen. Die Ästhetik ist überall pittoresk, als ob Normalität und die schweigende Mehrheit rigoros abgefertigt worden seien.

Indem er nur eine Art der Wechselwirkung in der Planung verfolgte, hat Kroll die alltägliche, unpersönliche Architektur ganz ausgeschlossen, und so sehnt man sich hier nach einem wohlüberlegten bißchen Internationalem Stil. Die Postmoderne akzeptiert die Moderne nicht nur für Fabriken und Krankenhäuser, sondern gewährt ihr auch zum semiotischen Gleichgewicht ihren Platz innerhalb eines Bedeutungssystems. Sobald das System zu
191 weit auf Eigenheiten und zum Adhoc ausschlägt, fordert sie zur Rückkehr zum Neoklassizismus, sogar zum „faschistischen" Baustil auf, nicht zur „rationalen" Rechtfertigung, sondern aus Gründen der Signifikanz und des Formenreichtums[44]. Bedeutung besteht aus den Gegensätzen innerhalb eines Systems, aus einer Dialektik im Raum oder über die Zeit hinweg.

Die politisch motivierte Gruppe ARAU (Atelier de Recherche et d'Action Urbaine) in Brüssel hat diese Gegensätze für ihre eigenen Zwecke genutzt: zum Stopp der großmaßstäblichen Bebauung in der Hauptstadt des Gemeinsamen Marktes. Im Grunde verwenden sie Imitationen, Port Grimaud und eine bodenständige Brüsseler Architektur im Gegensatz zur modernen Architektur des ITT und der anderen multinationalen Konzerne. Wenn ein Multinationaler seinen Entwurf für ein das Stadtbild sprengendes Hochhaus vorlegt, begegnet ARAU dem mit einem Gegenvorschlag. Diese Aktionsgruppe organisiert Nachbarschaftshilfe, beruft eine Pressekonferenz ein, agitiert in den Zeitungen und benutzt ihren Gegenentwurf, um den Originalvorschlag zu blockieren oder umzudirigieren. ARAU hat ein Dutzend oder mehr solcher Schlachten erfolgreich geschlagen, indem es attraktive Imitationen als städtebauliche Waffe benutzte. Es ist interessant zu beobachten, daß dieser Stil oder verschiedene Bauweisen durch partizipatorische Aktivität entstehen. Maurice Culot, einer der Mitglieder von ARAU, hat gesagt:

„Für ARAU-Mitglieder ist die Stadt ein Ort, wo Demokratie lebendig ist — sie lehnen jeden Vorschlag ab, der die Einwohner aus der Stadt vertreibt . . . Meine Aufgabe ist es nicht, neue Formen zu schaffen, sondern nur, die Entscheidungen und Programme, die von ARAU diskutiert werden, zu erklären. Wir zwingen den

191 Bruce Goff: Haus Bavinger, Norman/Oklahoma, 1957.
Goff ist der Meister des „Ad-hoc-Bauens" oder der „Armee-und-Marine-Abfall-Ästhetik", indem er alle nur vorstellbaren übriggebliebenen Materialien verwendet. Hier ist eine durchgehende Raumspirale von Sandstein und auf dem Grundstück aufgelesenen Bruchsteinen umgeben. Ein Mast und ein Stahlkabel, von der Bootstechnik übernommen, halten das Dach. Aber Goff verwendet auch natürliche, organische Baustoffe, wie die unbehandelten hölzernen Pfosten aus Bäumen der Umgebung. Darüber hinaus ist er der einzige bedeutendere Architekt, der Kitsch auf überzeugende Weise anwendet. Er zwingt uns zum Überdenken von Geschmackskulturen, die bisher unbeachtet blieben.

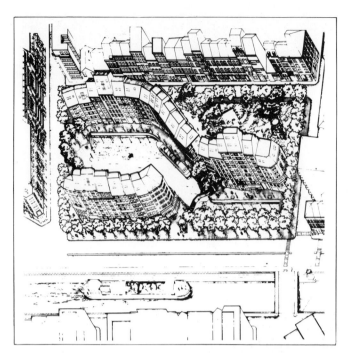

192 ARAU, Brüssel, 1975.
Diese Gruppe benutzt verschiedene Gegenentwürfe, um die massive Flächensanierung zu stoppen, und überläßt dann der Gemeinde die Wahl der gewünschten Alternative oder Kombination. Indem sie Imitation, Port Grimaud oder hier Honfleur und Van Eyck als Alternative zu moderner Sanierung benutzen, versuchen die Planer, die zugrundeliegende Stadtstruktur zu erhalten.

193 Nieumarket-Protest in Amsterdam, 1975, gegen die anhaltende Zerstörung der alten Quartiere für den Bau der neuen Untergrundbahn. Die andauernden Kämpfe haben dazu geführt, daß einige Bauten und Gebiete erhalten blieben, aber der Abriß kann als „Inschrift an der Wand" (in dem Geisterbild der zerstörten Bauten) gedeutet werden — Verlust von Wohnungen durch Kriegseinwirkung: 366, in zehn Jahren Sanierung:335, durch die Untergrundbahn: 115, durch Neubauten 1946—1974: 6. Die Bürger Amsterdams werden nicht müde, neue Wege zur Verkündung ihrer Misere zu finden.

Leuten unseren eigenen Architekturgeschmack nicht auf, sondern folgen dem Rat der betroffenen Menschen[45]."

Der nächste Schritt könnte eine Art des architektonischen Diebstahls sein: ARAU könnte sich den Auftrag von den ursprünglichen Planern aneignen und ihren Gegenentwurf tatsächlich bauen — dann würde Nachbarschaftspartizipation beginnen, etwas zu bedeuten.

Wenngleich es unwahrscheinlich ist, daß solche Illegalitäten von Shell, Ford und dem World Trade Center unterstützt würden, ist es doch auch falsch anzunehmen, dieser Aktivismus sei völlig wertlos. Abgesehen davon, daß er das Meinungsklima ändert (die Multinationalen übernehmen jetzt selbst eine Art lokaler Imitation), haben derartige Proteste der Zerstörung in vielen großen Städten Einhalt geboten — zum Beispiel in den Bereichen Covent Garden in London und Nieumarket in Amsterdam. Die advozierende Planung in Amerika war auch beteiligt am Stopp urbaner Abrisse, obgleich auch sie keine Entwicklung initiieren konnte. In Zwolle reagierte, wie wir gesehen haben, die Gemeinde schließlich positiv, nachdem sie von der Sanierung bedroht worden war, und das gleiche gilt für Byker in etwas anderem Zusammenhang. Maurice Culots relativer Erfolg ist, so meine ich, bezeichnend nicht nur wegen seiner Verwendung verschiedener Stile und Gegenentwürfe,

sondern auch, weil er von einer institutionellen Basis ausgeht. ARAU ist formiert, es hat Verbindung mit Rechtsanwälten und anderen Fachleuten und kann mit den etwa hundert bereits existierenden Aktionskomitees in Brüssel zusammenarbeiten. Wenn diese Nachbarschaftsgruppen stärker werden können, so stark wie ihre städtischen Gegenspieler, dann kann es geschehen, daß sich die lange Geschichte der kritiklosen Stadtzerstörungen ins Gegenteil umkehrt.

Die Moderne hat auch eine Rolle gespielt beim Verfall unserer Städte, indem sie die neuen Städte, die Abwanderung in die

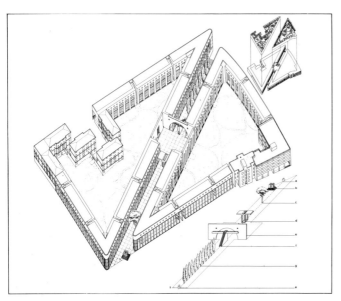

194 Leon Krier: Wohnbebauung Royal Mint Square, London (Entwurf), 1974.
Der traditionelle Straßenverlauf und die Bebauungsgrenzen bleiben erhalten, aber das Gelände ist durch einen „öffentlichen Raum" mit verschiedenen zeremoniellen und funktionellen Elementen (einschließlich Kiosks und Eingangsvorhalle) geteilt. Mehrere alte Häuser sind auch erhalten. Der Entwurf ist leider ein wenig pompös und monoton.

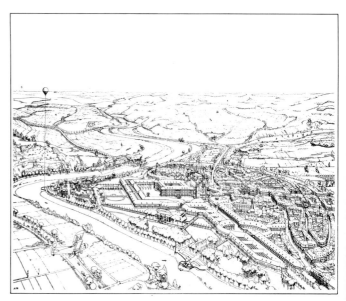

195 Leon Krier: Entwurf für Echternach/Luxemburg, 1970.
In der Vogelschau dieser luxemburgischen Stadt sind mittelalterliche, barocke und moderne Elemente zusammengefügt. Runde Plätze, große Avenuen und endlos wiederholte Fassaden erinnern an Bath oder Haussmann. Jede Stadt, scheint Krier zu sagen, sollte ihre städtebauliche Ansicht in Ordnung halten, so daß die öffentlichen Teile — Plätze, Straßen, Denkmäler — ihre Erinnerungswürdigkeit artikulieren.

Außenbezirke und die Flächensanierung gefördert hat — die alle Antistadt-Trends sind. Ihre Verteidiger würden aber in Anspruch nehmen, daß der eigentliche Schuldige die Konsumgesellschaft ist, das Auto und der Sog von Suburbia. Wer immer schließlich des Verbrechens überführt wird, es ist klar, daß die Moderne nichts getan hat, sm es zu verhindern. Sie hatte keine überzeugende politische und soziale Theorie, wie eine Stadt gedeihen und wie Bürgertugenden kultiviert und gehegt werden können.

Der Postmodernist, zum Beispiel Culot, die Brüder Krier, Conrad Jameson, hat eine andere Auffassung vom städtischen Leben und betont den aktiven, wertenden Aspekt. Der Planer, Architekt oder Marktforscher greift ein, um jene Wertvorstellungen hervorzurufen, die er unterstützt, aber er tut das innerhalb eines demokratischen, politischen Kontextes, wo seine Wertvorstellungen dargelegt und diskutiert werden können. Der richtige Ort für vieles von dem, was jetzt als Architektur oder Planung abläuft, so behauptet Jameson, ist das politische Forum — die Nachbarschaftsbegegnung mit den politischen Repräsentanten. Während kein adäquates Stadtforum existiert, um diesen Prozeß auszudrücken oder zu garantieren, beharrt die Postmoderne darauf, daß es wünschenswert sei.

Im Grunde ist dies eine Rückkehr zu einer alten und niemals perfekten Institution, dem öffentlichen Bereich — der Agora, dem Versammlungsplatz, der Moschee oder der Sporthalle, die den Raum für das Volk darstellen, wo es seine unterschiedlichen Ansichten über das Leben diskutieren und seine Gemeinschaft geltend machen konnte[46]. Während es verfrüht wäre, darin Übereinstimmung zu fordern, wird der öffentliche Bereich wieder zum Mittelpunkt der Planung in den Entwürfen der Rationalisten Charles Moore, Ricardo Bofill, Antoine Grumbach und der Brüder Krier. Nur Robert Venturi nimmt unter den Postmodernen eine Position gegen die Agora und den Palazzo pubblico ein, und er tut dies, wie wir gesehen haben, aus kommunikativen und nicht aus politischen Gründen.

Robert und Leon Krier im besonderen haben den öffentlichen Bereich in vielen ihrer Projekte und Wettbewerbsentwürfen hervorgehoben. Sie haben auch gezielte Angriffe auf die Zerstörung der Stadtstruktur gestartet. Sie kritisieren alle Kräfte, ökonomischer, ideologischer oder modernistischer Art, welche die Struktur der

194

Städte zerstört haben, und schlagen dann elegante Alternativen vor, um sie zusammenzuflicken oder ein neues Ganzes zu schaffen.

Im Grunde folgen die Brüder Krier Camillo Sittes Vorstellung von der Gliederung des geschlossenen städtischen Raumes als negatives Volumen, das fließt und pulsiert und ein Crescendo um die öffentlichen Bauten erreicht — eine Kathedrale oder eine Schule kann als Ersatz für die Agora dienen. Dieses Zusammenflicken von städtischem, öffentlichem Raum ist die Antithese zur Praxis der Moderne — des freistehenden, funktionalistischen Baudenkmals.

In seinem Entwurf für Echternach fügt Leon Krier eine traditionelle Arkade und einen zentralen Platz ein, wobei er die vorhandenen Formelemente aus dem achtzehnten Jahrhundert verwendet, um eine ablesbare Achse für die Stadt zu schaffen und einen Höhepunkt mit der hereinführenden Straße beim bestehenden Kloster zu erreichen. Höhe, Maßstab, Silhouette, Baustoffe sind vereinbar mit der bestehenden Struktur, wenngleich akzentuiert, um dem öffentlichen Bereich eine neue Betonung zu geben. Leon Krier benutzt die traditionelle Vogelschau der Touristenpläne, um diese Formen zusammenzufügen, und ein Gesamtplankonzept, dessen großer Schwung an Bath erinnert. Solche historisierenden Methoden sind kombiniert mit einer Formensprache Corbusiers, die in jener charakteristischen Schizophrenie des Ausdrucks resultiert, von der die Leser inzwischen genug gehört haben.

Bei seinem Entwurf für den Wettbewerb La Villette hat Krier eine Rückkehr zum intimen Maßstab historischer Städte vorgeschlagen, indem er ein urbanes Blockelement schuf, das auf einem Kollektiv von etwa zwölf Familien basiert. Diese engmaschigen Blocks werden dann als Hintergrundstruktur benutzt, aus der die öffentlichen Bauten entlang einer zentralen Achse hervorstehen. Die Idee ist eine Rückkehr zur historischen City von Paris und zu einer Architektursprache, die auf Bautypen mit ablesbarem sozialem Inhalt basiert.

„Diese großen Bauten konkretisieren Bautypen wie das Theater, die Bibliothek, das Hotel in spezifisch architektonische Modelle. Sie sind nicht zu verstehen als einmalige Zeichen — wie Worte in einer esoterischen Sprache —, sondern vielmehr als ein Versuch, ein System sozialer und formaler Bezüge zu schaffen, welche die Wahrzeichen der modernen Stadt von heute darstellen

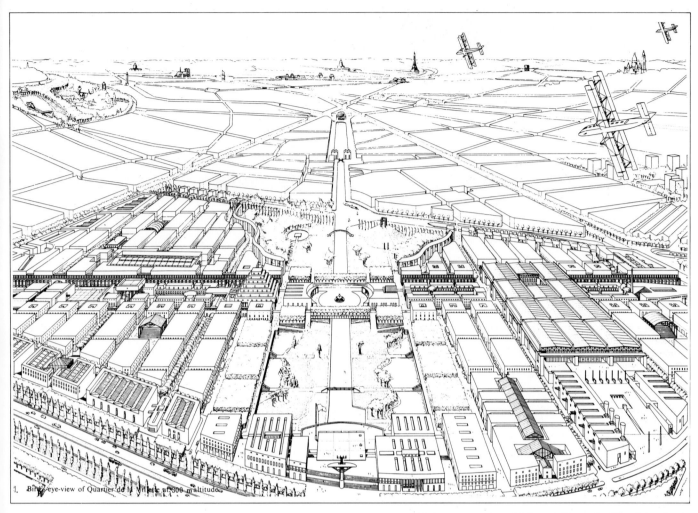

196 Leon Krier: Wettbewerbsentwurf La Villette, Paris, ausgezeichnet mit dem zweiten Preis, 1976.
Aus kleinen gemeinschaftlichen Einheiten für etwa zwölf Familien zusammengesetzt, die, wie Krier meint, örtlicher Kontrolle unterliegen würden, hat dieser Entwurf dennoch eine großartige, zentral ausgerichtete Bildhaftigkeit (alle Wohnbauten sehen gleich aus). Ein großer öffentlicher Boulevard läuft von Nord nach Süd (von rechts nach links) und enthält die Place centrale, Place de la Mairie und Square des Congrès. Fließende englische Parks bilden die andere Achse, die auf das historische Paris zuführt. Die Doppeldecker erinnern auch an Le Corbusier.

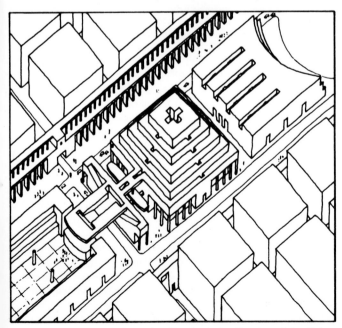

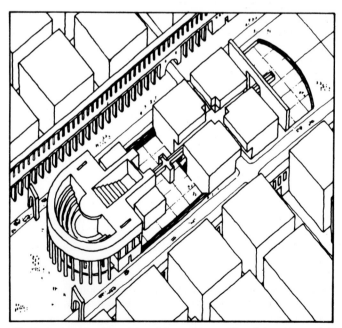

197, 198 Leon Krier: La Villette — Typologie des Hotels und des Kulturzentrums. Die Zikkurat ist aus ihrem historischen Kontext erhoben, und Ledoux' Entwurf für eine Scheune ist in ein Rathaus verwandelt, das in vier Teile zerschnitten ist. Kriers Hoffnung auf eine universale Sprache scheitert an den gleichen Mißverständnissen, denen Ledoux und Corbusier unterlagen.

Die Bedeutung der Form ist sozialer und temporärer Art und kann nicht durch auf Abstraktionen gegründeten Befehl etabliert werden. Es ist merkwürdig, daß Krier, der Corbusier wegen mangelnder urbaner Sensibilität angreift, ähnliche Vorstellungen haben sollte. Aber die Theorie, wie Architektur sich mitteilt, wird weithin nicht verstanden.

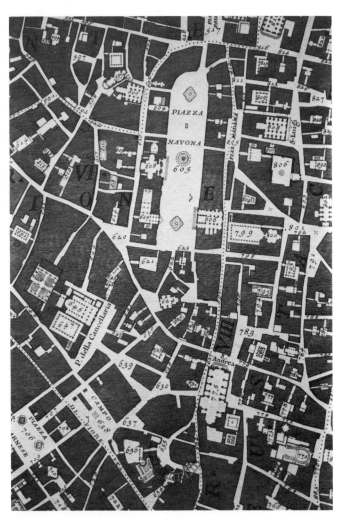

199 Giambattista Nolli: Plan der Stadt Rom, 1748.
Private Bauten, grau schraffiert, erheben sich aus dem weißen öffentlichen Bereich, der aus Straße, Piazza, Hof oder Kircheninnenraum bestehen kann. Der Plan vermittelt eine gute Vorstellung vom halbprivaten Bereich und der Art, wie er zwischen den Hauptgegensätzen, öffentlich und privat, vermittelt.

200 Hadriansvilla, Tivoli, 118—134 v. Chr.
Eine Reihe axial orientierter Architekturelemente, aus allen Teilen der römischen Welt in diesen frühen eklektischen Komplex zusammengetragen: Tempel und Umgänge waren von Ägypten kopiert, Karyatiden aus Griechenland, und es gab hier sogar einen Ort für den „Hades". Der exquisiteste Teil dieser Villenanlage (sie ist in Wirklichkeit eine kleine Stadt) ist das Teatro Marittime (Mitte links) mit kreisförmigen Umgängen und komplex ineinandergreifender, konvexer und konkaver Exedra. Hierher zog sich Hadrian in seine „Bibliothek" zurück, um zu lesen, zu essen und zu baden. Colin Rowe hat gesagt: „Die Hadriansvilla repräsentiert die Idealforderungen und anerkennt gleichzeitig die Bedürfnisse des Adhoc."

und die traditionellen religiösen und institutionellen Wahrzeichen durch Bautypen mit neuem sozialen Inhalt ersetzen würden[47]."

197
198 Der „neue soziale Inhalt", für Krier unweigerlich marxistisch, ist ebenso modernistisch wie seine rationalistische Sprache von Typen, und letztere muß nicht unbedingt, wie beabsichtigt, sozial vermitteln wegen ihres abstrakten, nicht-zeitgebundenen Charakters. Dennoch ist die Absicht, eine Sprache, einen öffentlichen Symbolismus zu etablieren und diesen innerhalb des Netzes von Paris zu knüpfen, vorbildlich. Außerdem meint Krier, daß dieser Städtebau seine Bedeutung aus verschiedenen Dialektiken gewinnt — denjenigen zwischen privatem und öffentlichem Bereich, Gegenwart und Vergangenheit, der Morphologie von Geschlossenheit und Leere. Diese semiotische Absicht und die Stadt der dialektischen Bedeutung führen uns zu den Schriften von Colin Rowe und der als Kontextualismus bekannten Richtung.

Als Theorie und Richtung begann der Kontextualismus in den frühen sechziger Jahren an der Cornell University in Ithaca, N. Y., mit Untersuchungen darüber, wie Städte verschiedene binäre Systeme bilden, die Ablesbarkeit ermöglichen. Alvin Boyarsky studierte Camillo Sittes Werk wegen seiner Auswirkungen, ebenso George Collins zur gleichen Zeit, und das wichtigste binäre Paar

stammte aus Sittes Zeichnungen: der Gegensatz zwischen Bebauung und leerem Raum oder Figur und Boden. Wie Graham Shane die Sprache des Kontextualismus mit ihren unvermeidlichen abstrakten Dualitäten (als ob die Theoretiker alle bei Heinrich Wölfflin mit zwei Diaprojektoren studiert hätten) beschreibt, gibt es regelmäßige gegen unregelmäßige urbane Systeme, formale gegen informale, Typen gegen Varianten, Figuren gegen Bereiche (wenn effektiv verbunden, bekannt als Elementsätze), Zentrum gegen Ausfüllung, Gewebe gegen Begrenzung und Hü gegen Hott.

„Solch ein Wörterbuch könnte mit dem Begriff ‚Kontext' beginnen. Nach der Definition muß der Entwurf in seine Umgebung passen, ihr entsprechen, sie vermitteln, vielleicht ein im Straßenlayout vorhandenes System komplettieren oder ein neues einführen. Entscheidend für diese Wahrnehmung der urbanen Systeme ist das doppelte Gestaltimage *Figur — Boden*. Dieses System, das von zwei Seiten abgelesen werden kann — solid oder leer, schwarz oder weiß — ist der Schlüssel zur kontextualistischen Betrachtung des urbanen Raumes[48]."

Nach dieser Argumentation bestand das Versagen der modernen Architektur und Planung kurz gesagt in ihrem Mangel an Ver-

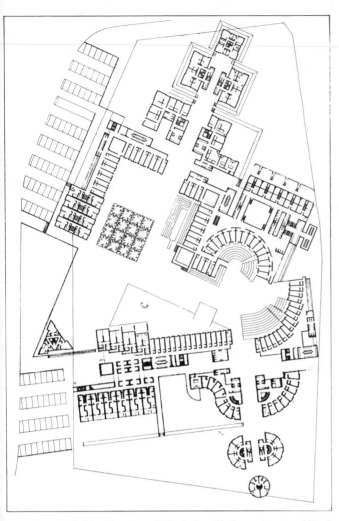

201 Oswald Mathias Ungers und Mitarbeiter: Wettbewerbsentwurf für ein Studentenwohnheim, 1963.
Wie bei der Hadriansvilla ist eine Reihe von Elementen wiederholt und an ihrer eigenen Achse angeordnet, so daß sie sich überschneiden und manchmal kollidieren. Vielfache geometrische Formen, nicht übereinstimmende Winkel und eine subtile öffentliche Ordnung.

ständnis für den urbanen Kontext, in der Überbetonung von Objekten anstelle des sie verbindenden Gewebes, der Planung von innen nach außen anstatt vom Außenraum nach innen. Durch langes Nachdenken über die großen, geschwärzten Bereiche in Sittes Plänen und über Nollis Plan von Rom aus dem siebzehnten Jahrhundert gewannen die Kontextualisten — ebenso wie Robert Venturi — neuen Respekt vor dem „Poché" oder übriggebliebenem Gewebebau — dem „Boden" für die attraktiven „Figuren" jeder Stadt.

Colin Rowe und seiner brillanten Feder fiel die Aufgabe zu, alle diese Dualitäten in eine fesselnde Dialektik binärer Paare zu weben, die sich vielleicht mehr als suggestive Analogie denn als präzise Vorschrift empfahl. Seine „Collage-Stadt" stellte Argumente auf zwischen dem Mechanismus der erleuchteten Denker und dem Organizismus der Hegelianer, den Phantasien aus der alten Welt der Amerikaner ohne Wurzeln in Disneyland und der „schönen neuen Welt" der Superstudios mit allzuviel Vergangenheit in Florenz. Er setzte die fixierten, platonischen Utopias der Renaissance in Kontrast zu dem „Utopia als Verdrängung" der Futuristen, die einsamen großen Gedanken der „Igel" zu den vielen kleinen Zielen der „Füchse".

„Palladio ist ein Igel, Giulio Romano ein Fuchs; Hawksmoor, Soane, Philip Webb sind vermutlich Igel, Wren, Nash, Norman Shaw sicherlich Füchse . . .[49]"

Solche Spiele und analoges Denken sind höchst effektiv, wenn Rowe eine Seite seiner Gleichung benutzt, um die andere zu kritisieren, und mit einer Mischung antritt, die beide Widersprüchlichkeiten einschließt. So hat diese „Collage-Stadt", die auf der Zusammensetzung von Elementen vieler verschiedener Utopias (oder der „Westentaschenutopias — Schweizer Kanton, Neu-England-Dorf, Felsendom, Place Vendôme" usw.) basiert, ihre zwei Seiten, und eine durchaus willkommene: „den Genuß utopischer Poesie, ohne die Verpflichtung, die Behinderung durch utopische Politik zu erleiden".

Die Bauten Hadrians, sein pluralistisches Pantheon, sein Rom, besonders seine Villa in Tivoli sind Adhoc-Sammlungen und dialektische Utopias. In der Tat wird in den sechziger Jahren die Hadriansvilla *das* Vorbild, ein Modell und Bezugspunkt für so verschiedene Architekten und Kritiker wie Louis Kahn und Sigfried Giedion, Oswald Mathias Ungers und Vincent Scully — kurz für Moderne und Postmoderne. Für einige stellt der Reichtum der ineinandergreifenden Raumkonzentrationen die Lektion der Villa dar, für die anderen der Eklektizismus der Quellen (Ägypten, Griechenland), das Palimpsest der Bedeutung oder der Manierismus der harten Gegenüberstellung. Für Rowe ist sie das beste Beispiel für die fuchsähnliche Dialektik:

„Während Versailles eine Studie für die totale Planung in einem Kontext totaler Politik sein mag, versucht die Hadriansvilla, alle Bezüge auf eine beherrschende Idee zu verwischen . . . Hadrian, der die Umkehr jeder ‚Totalität' vorschlägt, scheint nur einer Anhäufung sehr verschiedener Fragmente zu bedürfen . . . Die ‚Villa Adriana' ist ein Miniatur-Rom. Sie reproduziert gefällig alle Konflikte der traditionellen Architekturelemente und alle zufälligen empirischen Ereignisse, welche die Stadt so reichlich zur Schau stellt . . . Sehr wahrscheinlich ist die heutige ungeheure Vorliebe für die Hadriansvilla durch die konstruktiven Ungereimtheiten und ihre vielfältigen synkopierten Reize bedingt . . . die Einseitigkeit dieses (Anti-Igel-) Arguments sollte man klar sehen: Es ist besser, an eine Anhäufung kleiner und sogar sich widersprechender zusammengesetzter Elemente (fast wie Produkte verschiedener Regime) zu denken, als Phantasien zu unterhalten über totale und ‚fehlerlose' Lösungen, welche die Bedingungen der Politik nur vermasseln können[50]."

Dieses Argument für die „Collision City", die Stadt der Widersprüchlichkeiten, basiert, wie das für den Adhocismus auf der Methode des Zusammenflickens und dem Wert der Erinnerung bei der Bildung einer Grundlage für Voraussetzungen und Stadtplanung[51]. Darunter lassen sich die Beispiele mehrerer Semi-Historisten zusammenfassen, die zu Beginn bereits erwähnt wurden — Lubetkin, Luigi Moretti. Sie stellten die Vergangenheit neben die Gegenwart, um einen reicheren Bedeutungsinhalt zu erzielen. Ich erwähne diese gemeinsamen Interessenpunkte nicht, um irgendeine Priorität der Einflüsse zu beweisen, sondern um auf die Entstehung eines Konsensus in einigen Gegenden hinzuweisen, eines Konsensus, der vielleicht am besten durch den Entwurf für Düsseldorf von James Stirling repräsentiert wird. Hier hat im Juli 1975 ein führender moderner Architekt die Zusammensetzung als Technik benutzt, um Vergangenheit und Gegenwart miteinander zu verknüpfen und manchmal zusammenzuquetschen und zwischen grundlegenden Widersprüchen — dem soliden urbanen Gewebe und der Leere des öffentlichen Freiraums — zu vermitteln. Stirling benutzt als Umhüllung auf einer Seite eine Fassade im Stil des neunzehnten Jahrhunderts, damit sie in den Kontext paßt, und läßt sie auf der anderen Seite abbröckeln, so eine geschickte Imitation andeutend. Er zieht eine Fußgängerstraße aus dem dichten urbanen Gewebe in einen kreisförmigen Hof und verkehrt dann diesen dialektisch in ein quadratisches Objekt. (Der Boden ist zur Figur geworden, der Kreis rechteckig.) Dieses ausgeprägte Objekt wird dann auf seinem Podium gebogen, um eine großstäd-

201

202
203

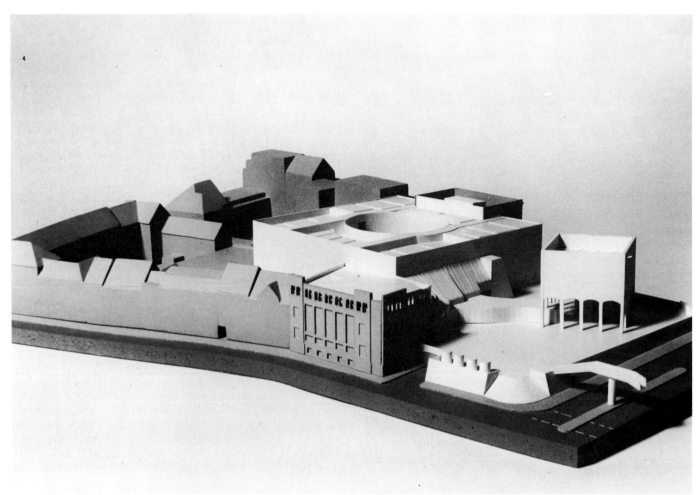

202, 203 James Stirling: Entwurf für das Museum in Düsseldorf, 1975.
Ein gutes Beispiel für kontextuelle Planung, bei der Höhe, Maßstab und
Baumaterialien des Gebietes berücksichtigt sind. Aber den symbolischen
Elementen ist Ausdruck gestattet. Der Eingangskubus ist vom Raster ab-
gewinkelt und stellt einen wichtigen Punkt für die Grundstücksbegrenzung
dar, welche die Beziehung zu anderen Baudenkmälern aufnimmt. Die Fas-
sade aus dem neunzehnten Jahrhundert, auf der linken Seite, ist um einen
Teil des neuen Museums gezogen. Die Glasverkleidung, das einzige
Überbleibsel der Moderne, ist auf semantische Weise als öffentliche Ver-
kehrsfläche und Versammlungsbereich genutzt.

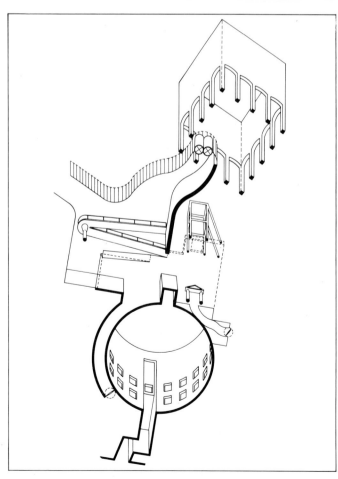

tische Achse zu bilden und als zentrales Monument zu agieren,
wodurch es zu einem weiteren in einer Gruppe benachbarter Monumente wird. Von seinen Bezügen zu Schinkel und Albert Speer
und von der Zurückhaltung im historischen Detail (blinder Giebel,
keine Pilaster) abgesehen, repräsentiert dieser Entwurf ein neues
Stadium im postmodernen Städtebau, weil hier ein moderner Architekt mit einem Einfühlungsvermögen für den historischen Kontext, das man von einem Traditionalisten erwarten würde, und mit
der Frische und Phantasie eines Renaissancearchitekten agiert.

Metapher und Metaphysik

Ein weiteres Motiv, das die Architekten veranlaßte, sich von der
Lehre der Moderne abzuwenden, war deren offensichtliche Unfä-
higkeit, sich mit übergeordneten Fragen der architektonischen
Bedeutung auseinanderzusetzen. Was hatte es mit der Architektur
„auf sich", besonders nun, da der moderne Glaube an die fort-
schrittliche Technologie und die Maschinenästhetik sich als so
naiv (oder langweilig) erwiesen hatte? Architektur muß einen Be-
deutungsbezug haben — die Renaissance hatte ihre platonische
Metaphysik, die Römer besaßen ihren Glauben an das Imperium
—, was können wir darstellen außer einem intellektuellen Agnostizismus?

Ein kennzeichnendes Charakteristikum der Postmoderne ist ihr Streben nach ungereimter Metaphysik, sozusagen nach „fremden Göttern" anstatt den vertrauten und verbrauchten Göttern des Fortschritts und des Pragmatismus. Aber obgleich die Maschinenmetapher tot ist, ist unsere Epoche glaubwürdigen Metaphern oder einer entwickelten Metaphysik nicht viel nähergekommen. Die Wissenschaft in ihrem Agnostizismus kann kaum die Antworten liefern — obgleich sie sie widerlegen kann. Außerdem wird jede Metaphysik aus zwei völlig unterschiedlichen Gründen heute in Frage gestellt: Sie ist häufig zu ausgefallen, um die Phantasie der Gesellschaft im großen zu fesseln, und sie kann keine Grundlage durch Gewohnheit und Ritus aufbauen, da die Industriegesellschaft dazu neigt, diese traditionelle Basis zu unterlaufen oder zu kommerzialisieren.

Dennoch bleibt die geistige Funktion der Architektur bestehen und wird auch weiterhin erhalten bleiben, selbst wenn es einer Religion und Metaphysik ermangelt. So konzentriert der postmoderne Architekt wie der surrealistische Maler seinen geistigen Bereich um die möglichen verfügbaren Metaphern. Die Metaphysik wird dann entweder als implizite oder als explizite Metapher ausgedrückt, die durch die Form bezeichnet ist. Vielleicht sollte die an früherer Stelle genannte Argumentation (siehe Seiten 40—52) zusammengefaßt werden. Die bekanntesten metaphorischen Bauten — die Kapelle in Ronchamp, das Opernhaus in Sydney, das Empfangsgebäude der TWA — wechseln in ihrer Kodierung von implizit zu explizit, von der gemischten Metapher zum übereinstimmenden „Gleichnis". Ein architektonisches Gleichnis ist, wie in Schrift oder Sprache, die formale und explizite Aussage einer Metapher — der Würstchenstand, der viele andere Hinweise enthält, wie Senf und Brötchen, so daß man sagen kann, es sei explizit beabsichtigt.

Andererseits sind die meisten architektonischen Metaphern implizit und gemischt. Die maßgebende Metapher, die Architekten neuerdings auszudrücken beginnen, erwächst aus der organischen Tradition der Moderne und bezieht sich auf körperliche Images und die Verbundenheit des Menschen mit der Natur und dem Tierreich. Wir können sehen, wie eine Metaphysik in ihrem primitiven Stadium jetzt von sehr direkten Gleichnissen Gebrauch macht. Der menschliche Körper, das Gesicht, die Symmetrie tierischer Formen werden zu Grundlagen einer Metaphysik, die der Mensch als unmittelbar und relevant empfindet. Darüber hinaus reagiert er gern und unbewußt auf körperliche Images, die haptischen Metaphern von Innen und Außen, Auf und Ab, Projektionen seiner eigenen innerlichen körperlichen Orientierung. Selbst seine Beschreibung der Architektur ist von dieser Vorstellung gefärbt. Bauten „liegen am Horizont" oder „erheben sich von ihm", haben eine „Vorderseite", die akzeptabler ist als die „Rückseite" (genau wie Lebewesen), und sind „aufgeputzt" oder „einfach".

Charles Moore und Kent Bloomer, die diese körperlichen Images in ihrer Beziehung zur Architektur analysiert haben, behaupten, sie bildeten ein Basismodell für das Erleben der Umwelt, und zwar eins, das nicht beschränkt ist auf die Priorität des Sehens.

„Durch Kombination dieser Wertvorstellungen und Empfindungen, die wir inneren Wahrzeichen mit den moralischen Qualitäten, die wir psycho-physischen Koordinaten mitteilen, zuschreiben (rechts, links usw.), können wir uns ein Modell außerordentlich reicher und empfindsamer körperlicher Bedeutungen vorstellen. Es ist ein erfaßbares Modell (weil wir es ‚besitzen'), obgleich es im menschlicheren Sinne komplex ist als eine mathematische Matrix[53]."

Aus solchen Gründen wird die Stadt, genau wie die Wohnung, als leer betrachtet ohne ihre anthropomorphen Dimensionen, ihr zentrales „Herz" oder ihr Äquivalent zu der zentralen Piazza, dem symbolischen Mittelpunkt.

Das Haus hat so viele solcher anthropomorphen Mittelpunkte, daß es als lebender Beweis für die Gültigkeit des „pathetischen Trugschlusses" betrachtet werden kann. Wir entwerfen nicht nur ein Herz (einen Herd), sondern, wie Carl Gustav Jung ausführt, die

204 Maison des Cariatides, 28 rue Chadronnerie, Dijon, um 1610. Etwa siebenunddreißig Köpfe schmücken dieses Haus, wahrscheinlich selbst für einen Manieristen zu viele. Die Mischung von architektonischen und menschlichen Elementen zeugt von ungewöhnlichem Einfallsreichtum. Man beachte zum Beispiel die sorgfältigen Asymmetrien als Gegensatz zur regelmäßigen Anordnung der Pfeilerfiguren. Fenster, Türen, Schornsteine und andere Durchgangs- oder Mittelpunkte wurden mit komplexen Metaphern gewürdigt, die sehr passend sind für die erogenen Zonen der Architektur.

gesamte Anatomie von Gesicht und Körper[54]. In seinem Beispiel, einem hebräischen Text aus dem achtzehnten Jahrhundert, sind die Türme des Hauses die Ohren, der Ofen ist der Magen, und die Fenster sind, wie üblich, die Augen. Das Haus wird, wie schon erwähnt (siehe Seiten 55/56) häufig als ein Gesicht betrachtet, und man hält es für enthauptet, wenn es ein flaches Dach erhält.

In der Renaissance wurden solche körperlichen Images konventionell dargestellt und in die architektonischen Dimensionen aufgenommen. Der menschliche Körper war sowohl in den Grundriß als auch in den Aufriß von Kirchen eingeschrieben. Diese Metaphern wurden sogar so ernst genommen, daß Bernini kritisiert wurde wegen seiner Piazza für St. Peter in Rom, die eine verdrehte Figur mit verstümmelten Armen ergab[55]. Jeglicher Zweifel, daß der Mensch erfüllt ist von einer Architektur nach seinem eigenen Bild oder zumindest seinem eigenen Bild in der Projektion auf architektonische Fassaden, läßt sich vertreiben, wenn man die Karyatiden, Zwitter und anderen Figuren zählt, die über jede große europäische Stadt verstreut sind, eine wahre Menagerie komischer Gesichter und seltsamer Rassen.

Neuerdings hat die Postmoderne die anthropomorphe Metapher und Metaphysik auf direkte und manchmal vulgäre Weise aufgenommen, indem sie das Image in ein explizites Lächeln verwandelt. So hat Minoru Takeyamas Beverly Tom Hotel von 1974 die Gestalt des Shinto-„Tenri"-Symbols, das heißt eines Phallus — eines Symbols, das im ganzen Hotel in den Details wiederholt

204

206

205 Stanley Tigerman: Würstchenhaus in Nordwest-Illinois, 1975/76.
Ein einfaches Ferienhaus auf einer Grundfläche von etwa 5 × 23 m, erbaut für 35 000 Dollar, eine nackte, öde Zedernholzwand auf der Eingangsseite und eine Mondrian-Glaswand auf der Aussichtsseite. Das private Wochenendhaus auf dem Lande hat stets Gelegenheit für visuelle Ef-
fekte geboten. Das Würstchen ist hier nur *eine* mögliche Metapher. Der
Torso und die Ampulle sind ebenfalls kodiert.

wird bis hinab zum Aschenbecher! Welche Metaphysik rechtfertigt
solche Metapher? Es ist klar, daß die vertikale Form zu dem Symbol geführt haben kann, und Hotels sind in einem banalen Sinne
Korridore der Macht. Aber keine Rationalisierung kann den Phallus hinreichend erklären, der die abstrakte Aussage der primitiven
Macht in der Industrielandschaft darzustellen scheint. Aber wiederum, warum *dieses* Hotel als Phallus? Es ist nicht das Äquivalent für ein Hünengrab, die Place Vendôme, den Obelisken oder
den christlichen Kirchturm — die Bauaufgabe kann hier nicht einen so starken Inhalt tragen.

Stanley Tigerman verwendet ebenfalls explizite Metaphern, um
205 Architektur zu erzeugen: das ,,Kekshaus", das Würstchenhaus,
Reißverschlußappartements und wiederum das phallusförmige
Haus, euphemistisch das ,,Gänseblümchenhaus" genannt. Hier
kam die Rechtfertigung vom Bauherrn, der das Würstchenhaus
gesehen hatte und ebenfalls etwas visuell Genießbares wünschte.
Verschiedene fragwürdige Gründe führten zu der endgültigen
207 Form, von denen vielleicht der am ehesten wiederzugeben ist, daß
208 Tigerman seinen Bauherrn zum Lachen bringen wollte. Auf jeden
Fall ist es für uns nicht so sehr von Bedeutung, ob Tigermans oder
Takeyamas Gleichnisse letztlich zu rechtfertigen und begründet
sind, sondern vielmehr, daß sie im Gegensatz zu dem modernen
Architekten ein Bedürfnis empfunden haben, die metaphorische
Ebene des Ausdrucks zu verwenden.

Die Ergebnisse mögen nicht durchgestanden und gelegentlich
lächerlich sein, aber der Architekt hat beabsichtigt, diese Art der
Sprache zu verwenden, die bislang auf den kommerziellen
Sektor mit seinen überdimensionalen Pfannkuchen und Würstchen beschränkt ist. Seine Bauten sind daher nicht die fehlgezün-
deten Metaphern der Moderne, sondern die überzündeten Metaphern der Postmoderne in ihrem ersten Stadium.

206 Minoru Takeyama: Hotel Beverly Tom, Hokkaido/Japan, 1973/74.
Achtzig Zimmer dieses Hotels sind in drei Vierteln des Zylinders angeordnet. Ein Restaurant und ein Dachgarten sind durch den anderen Wechsel
der Syntax angedeutet. Die phallische Gesamtform ist nicht absolut ablesbar — der Symbolismus ist mit anderen, funktionalen Bedeutungen kodiert.

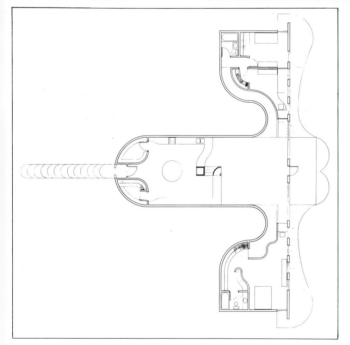

207, 208 Stanley Tigerman: Gänseblümchenhaus, Indiana, 1976/77. Der Grundriß und Teile der Ansicht sind mit unterschiedlicher Genauigkeit wohlbekannten Teilen der männlichen und weiblichen Anatomie nachgebildet. Diese Formen, teils auf ausdrücklichen Wunsch des Bauherrn zurückzuführen, sind wiederum abgerundet durch eine Reihe von Gegensätzen — die flache Putzmauer gegen strukturierte Holzkurven, das rechtwinklige Fensterraster gegen gekurvte Aussichtsscheiben. An einer leeren Seite liegen Eingang und Küche, die andere flache Seite eröffnet den Ausblick auf den See. Diese Ansicht ist eine Abwandlung des Grundrisses, die visuell andeutet, daß der Phallus sich bis auf das Deck fortsetzt und daß die Fenster bis zum Boden reichen. Dem symbolischen, mit einem Bogen versehenen Eingang fehlt schließlich nur die spanische Missionsglocke.

Weil die Metapher und der Symbolismus von der Moderne unterdrückt wurden, muß ihr Wiedererscheinen vermutlich jetzt, zu einer Zeit unsteter Metaphysik, überdeutlich sein. Dennoch sind die Postmodernen verpflichtet, diese Bedeutungsebene zu erforschen.

Eine der durchdringendsten Metaphern im Wohnungsbau ist das erwähnte Image des Gesichts. Kinder zeichnen häufig ihr Heim als ein Gesicht: Wir projizieren ausdrücklich unsere Gefühle und Dimensionen auf Gebäude. Andere anthropomorphe Teile sind in der traditionellen Architektur vertreten — ein Gleichgewicht der Stützen, das Beine andeutet, eine körperhafte Symmetrie, eine Proportion, die das menschliche Verhältnis vom Arm zum Torso andeutet —, die ihr Vertrautheit und Beliebtheit verliehen haben. Die Reihenhäuser von Amsterdam mit ihren hohen, steilen Giebeln, symmetrischen Visagen und gesichtsähnlichen Öffnungen starren einen an wie so viele wohlbestallte, individualistische Bürger in einem Gildenporträt von Rembrandt. Diese Metapher, eine über Jahrhunderte alltägliche, ist auf solch eine Weise kodiert, daß der Widerspruch zwischen Wettbewerb und Bürgerstolz unmittelbarer dargestellt ist: Jedem wird gleiches Gewicht gegeben in diesen „Wange an Wange" stehenden Fassaden. Außerdem ist die Kodierung gemischt und doppeldeutig, im Gegensatz etwa zu den Gesichtsbauten der italienischen Renaissance — dem Palazzo Zuccaro in Rom und den Gesichtern in Bomarzo. Bei diesen letzteren sind die Formen so überkodiert, daß das Gesicht nicht mehr grüßt, sondern entfremdet oder verwirrt.

209

210

209 In Amsterdam ist das Betrachten von Giebeln ein vergnüglicher Zeitvertreib, da die Gesichter dieser Bauten so unterschiedlich und anregend sind wie jene auf den typischen holländischen Bürgerporträts. Tiere sind wie Gesicht und Körper buchstäblich in der Dekoration anwesend.

210 Federico Zuccaro: Palastfassade in der Via Gregoriana in Rom, um 1592.
Die traditionelle Metapher für Fenster als Augen eines Gebäudes ist hier auf den Mund übertragen. Die Tür schneidet eine Grimasse, während die Fenster lächeln. Achten Sie auf die Art, wie Giebelfeld, Schlußstein und Füllhörner das Gesicht durchschneiden. Die sich blähenden Nüstern und die allgemeine Physiognomie sind ähnlich wie in Bomarzo. Ist dies der konventionelle Eingang zum Hades?

Der japanische Architekt Kazumasa Yamashita hat diese Tradition in Kyoto zu ihrer logisch absurden Vollendung geführt. Hier blickt das Gesichtshaus mit seinen runden Augen und seiner Gewehrlaufnase finster, schreit und verschlingt schließlich die Bewohner. Durch so unmittelbare Darstellung wirkt die Metapher vermindernd — „Das ist nicht als ein rätselhaftes Gesicht". Dieses Vermindernde, immer die Gefahr bei einem Gleichnis, sollte verglichen werden mit den Amsterdamer Beispielen oder den verbreiteten Bungalows in Amerika mit ihrer Vielzahl vorspringender Stirnen oder den anthropomorphen Schöpfungen von Bernard Maybeck.

Maybecks Häuser mischen häufig architektonische und nichtarchitektonische Metaphern, Kodes der Fachelite mit populären Kodes. Wegen diesem in seinem Werk enthaltenen Eklektizismus ist Maybeck neben Lutyens und Gaudi ein weiterer Prämodernist, den es zu studieren gilt. Sein Haus Ross (1909) deutet Metaphern des Tudorstils und der Gotik ebenso wie der tatsächlichen Situierung im Bereich der Bucht von San Francisco an. Aber sie sind kunstvoll vermischt mit einer breitgesichtigen Visage. Die Stirn ist vielleicht eher eine gebrochene Dachkante, die Augen erinnern erst an gotische Dreiblätter und an Rundfenster, ehe sie uns auffordern, nach Linse und Iris zu suchen. Der Balkon ist eine überladene Version des Flamboyant, bevor er zum Mund wird. So kann das Image des Gesichts, das erst dann deutlich wird, wenn wir genau hinsehen, sich immer noch zurückziehen in seinen früheren Kontext und im Hintergrund bleiben.

Ich habe eine ähnliche gemischte Kodierung bei einem Ateliergebäude versucht: Das Profil ist das normale Steildach von Cape

211 Kazumasa Yamashita: „Gesichts"-Haus, Kyoto/Japan, 1974.
Man wird verschlungen von einem bösen Blick, die Augen quellen hervor, die Nase bedarf einer kosmetischen Operation. Solch direkte Assoziationen fordern diese unfreundlichen Bemerkungen und die Frage heraus: „Und wo sind die Ohren?" Ein Mehr oder ein Weniger an expliziter Kodierung wäre angebracht gewesen.

212 Charles Jencks: Garagia Rotunda, Wellfleet/Massachusetts, 1977.
Symmetrische Seitenfronten von Häusern mit geneigtem Dach produzieren häufig ganz zufällig einen physiognomischen Ausdruck. Hier ist das Gesicht teilweise verhängt, das Fundament der Zähne in Buschwerk versteckt. Augen und Nase sind auf der Innenseite des Gesichts blau gestrichen, um das Licht widerzuspiegeln und einen Kontrast zum Himmel darzustellen. Die Metapher ist hinter dem geometrischen System von Bogen und Vertikalen etwas verborgen.

213 Michael Graves: Haus Claghorn, Princeton/New Jersey, 1974. Holzverkleidung, Friese, ein gebrochener Giebel und das Zeichen des geneigten Daches sind in diesem Anbau an ein Haus im Queen-Anne-Stil gerade noch erkennbar. Die architektonischen Elemente nehmen Metaphern aus der Natur auf: Braun für das Erdfundament, Grün für das Buschwerk, blaue Rahmen für den Himmel. Die Kreuzform aus Stütze und Balken faßt den Blick zum Himmel ein und fungiert als ein in menschlichen Dimensionen proportioniertes Tor.

214 Antonio Gaudi: Casa Batllo, Fassade, 1904—1906. Eine meisterhafte Anwendung der Metapher auf metaphysischer Grundlage. Knochen und Lava artikulieren die beiden unteren Geschosse, die einige Läden und die größte Wohnung enthalten. Metaphern von Totenmasken und wogender See artikulieren ähnliche Wohnungen in der Mitte, während ein schläfriger Drache vom Dach herunterblickt. Das Bauwerk repräsentiert Barcelonas separatistische Hoffnungen: Der Schutzheilige, St. Georg, tötet den Drachen Spanien, der das katalanische Volk verschlungen hat — Knochen und Skelette verbleiben als Denkmal für die Märtyrer.

Cod, der Mund, die Zähne und Augenbrauen sind eher rein architektonisch in ihrer Andeutung, und selbst die expliziten Augen und die Nase sind hier hinreichend architektonische Elemente, um nur als Bogen und Fläche zu erscheinen. Das Gesicht ist vielleicht nicht unmittelbar erkennbar. Zumindest war beabsichtigt, daß es nur unterschwellig vorhanden ist, eine Erweiterung der architektonischen Bedeutungen bewirkt und ihnen ein Halbdunkel vager Empfindungen verleiht.

Michael Graves hat seine Aufmerksamkeit auf anthropomorphe Metaphern konzentriert, ohne sie zu benennen. Seine Gestaltung der Fenster, Türen und Profile, der erogenen Zonen der Architektur, sollen nicht nur auf ihre syntaktische Aufgabe aufmerksam machen, sondern auch die alltägliche menschliche Erfahrung vertrauter Handlungen dramatisieren: an einer Fensterbrüstung zu stehen, sich an ihr festhalten zu können und zu schauen; die visuelle Verbindung von Dach und Himmel zu bemerken. Die körperlichen Metaphern sind hier allgemeinerer Art und stillschweigend inbegriffen. Tatsächlich mögen sie nicht einmal als solche erkannt werden. Aber die konstante Konzentration auf engen Raum, auf berührbare, feinkörnige Details verdichtet sich zu einem zusammenhängenden körperlichen Erlebnis und ist ein ausgedehntes Feld für metaphorisches Spiel. Wir vermenschlichen natürlich die Welt in der Sprache, und während dies wissenschaftlich nicht haltbar oder ein pathetischer Trugschluß sein mag, ist es doch geeignet, dieser überall vorhandenen Aktivität in der Architektur zu entsprechen. Natürlich konstituiert das noch nicht eine ganze Metaphysik, dieser Bereich bleibt ein primäres Fragezeichen für die Postmoderne. Worauf ist die Architektur, über die menschlichen und tierischen Bereiche hinaus, wirklich aus?

213

214

Der postmoderne Raum

Die moderne Architektur hat häufig die Artikulation des Raumes als ihre wichtigste Aufgabe betrachtet, das heißt den abstrakten Raum als *den* Inhalt der Form. Die Ursprünge dessen gehen auf das neunzehnte Jahrhundert und Deutschland zurück, als Raum, Leere usw. eine Art metaphysischer Priorität hatten: Raum war nicht nur das Wesen der Architektur, ihr elementarer Stoff, sondern jede Kultur drückte auch ihren Willen und ihre Existenz durch dieses Medium aus. Sigfried Giedions „Raumkonzepte" sind die Kulmination dieser Tradition, ebenso das Bauhaus, der Barcelona-Pavillon und die Villa Savoie — die Giedions Vorstellungen von Transparenz und „Raum-Zeit"-Wahrnehmung veranschaulichte. Eine andere, vielleicht stärkere Tradition des modernen Raumes führt vom „rationalen" Skelett der Schule von Chicago über dessen Weiterentwicklung durch Le Corbusier zum Dominohaus. Hier wird der Raum als isotrop aufgefaßt, als gleichartig in jeder Richtung, obgleich in Rastern rechtwinklig zur Außenfassade und zur Deckenlinie geschichtet. Die letzte Entwicklung dieses „Lagerhaus"-Raumes sind die weiten, umschlossenen Hallen von Mies und seinen Nachfolgern. Außer als isotrop kann er auch als abstrakt charakterisiert werden, begrenzt durch Einfassungen oder Ränder und rational oder logisch ableitbar vom Teil zum Ganzen oder vom Ganzen zum Teil.

Im Gegensatz dazu ist der postmoderne Raum historisch bestimmt, verwurzelt in Konventionen, unbegrenzt oder doppeldeutig in der Flächenaufteilung und „irrational" oder veränderlich in seiner Beziehung vom Teil zum Ganzen. Die Begrenzungen sind häufig unklar belassen, der Raum ist unendlich ausgedehnt ohne erkennbaren Abschluß. Wie die anderen Elemente der Postmoderne ist er jedoch evolutionär, nicht revolutionär, und so enthält er moderne Eigenschaften — besonders die „Schichtung" und die „Verdichtung" nach Le Corbusier[56]. Sein Haus La Roche (1923) entwickelt mehrere der postmodernen Schlüsselthemen: Belichtung von hinten, Wandausschnitte, durchbrochener Raum und als 147 Folge unendliche Ausdehnung durch sich überschneidende Ebenen. Zu diesen formalen Motiven fügte Venturi den schrägen oder verdrehten Raum, erzeugt durch spitze Winkel, welche die Perspektive überhöhen. Sowohl er als auch Eisenman erweiterten die Komplexität von Corbusiers gedrängter Komposition. Wo bei ihm einige wenige, kühne Elemente nebeneinandergestellt waren, 215 wurde hier eine große Kollision, wo dort einige Kartonausschnitte 216 existierten, wurden hier die Mauern ausgeschnitten wie Papierpuppen und übereinandergeschichtet wie bei einer Patchworkdecke. Wenn Le Corbusiers Raum das Äquivalent zur kubistischen Collage ist, dann ist der postmoderne Raum so dicht und reichhaltig wie Schwitters' „Merz". Man könnte tatsächlich sagen, daß er sich teils — wenn nicht sogar indirekt — aus Kurt Schwitters' Merzbau entwickelte, der Säule der Erinnerungen, die er in seinem Haus errichtete und der buchstäblich jeder Aspekt seines Lebens aufgesetzt war. (Leider wurde diese Ansammlung von den Nazis vernichtet.)

Im Gegensatz zu diesem Vorgänger in freier Form und den expressionistischen Räumen Hans Scharouns ist der postmoderne Raum eher eine Vervollkommnung des kartesianischen Rasters als eine organische Anordnung. So halten Eisenmans oder Graves' Häuser immer ein geistiges Koordinatensystem ein, gleichgültig, wie frei in der Form und barock sie werden. Ihre Bezugsebene ist immer eine inbegriffene Frontalität, und der Weg durch das Gebäude oder die gekurvten Elemente beziehen sich auf dieses konzeptionelle Gerüst.

215, 216 Peter Eisenman: Haus III für Robert Miller, Lakeville, 1971. Eine vorsichtige Kollision in 45 Grad aus Konstruktion, Baumasse, Funktion, Raum, Garderoben und was sonst noch. Dieser Verwirrung zu folgen, läßt einen unweigerlich die Gegenwart oder Abwesenheit einer Diagonale suchen oder erwarten. Dieses ist die Architektur der Andeutungen, bei der man, wenn man einmal weiß, was gemeint ist, dem Spiel folgen kann.

Gegenüberliegende Seite:
217, 218 Robert Stern und John Hagmann: Haus Westchester, Armonk/ New York, 1974—1976.
Ansicht mit fragmentarischen Zeichen der klassizistischen Architektur. Frank Lloyd Wright und die Toscana (der helle Ockeranstrich ist unterbrochen von einem dünnen Gesims aus zwei roten Streifen). Ein seltsamer Maßstab und Spannung stehen hier gegen Holz und Rustikabasis. Die verputzte Wand erscheint zu klein und zu dünn für das Fundament, als könnte sie fortgeblasen werden in die Wälder. Diese Zerbrechlichkeit und Feinheit sind gegen so starken Kontrast gesetzt, daß sie als manieristisch und frustrierend bezeichnet werden können (siehe Seite 123).

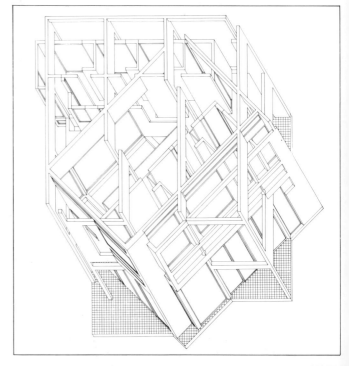

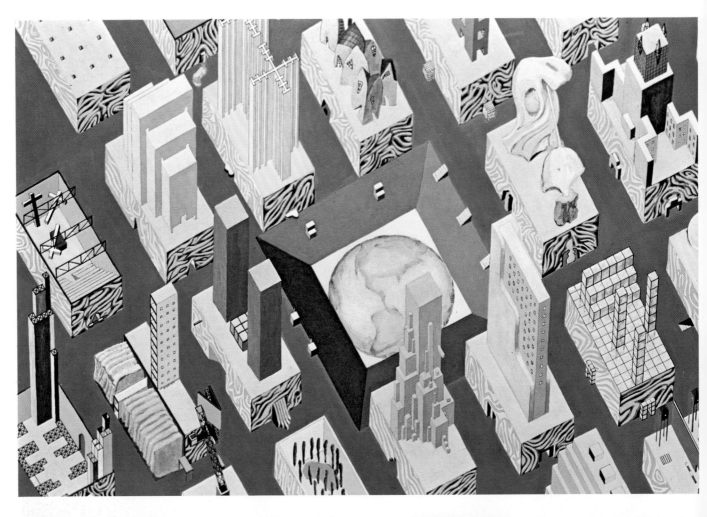

Gegenüberliegende Seite, oben:
219 Rem Koolhaas und Zoe Zenghelis: Die Stadt des gefangenen Erdballs, 1972.
Diese Version dessen, was New York City zu erreichen versucht — die Ideologien und Stile der Welt einzufangen —, ist eine Art Eklektizismus und Pluralismus durch Gegenüberstellung. Diese vielfache Kodierung ist reizvoll, aber die Schmucklosigkeit des einzelnen Blocks weniger (obgleich natürlich von den Architekten so beabsichtigt). Der Expressionismus fordert Le Corbusier heraus, Malewitsch ist im Streit mit Mies, und kein Dialog ergibt sich, da die Superblocks in ihrer gegenseitigen Isolation schweben. Dennoch ist die Anerkennung zahlreicher Ideologien eine Vorbedingung für einen radikalen Eklektizismus und den öffentlichen Bereich — selbst wenn er hier nicht realisiert ist. Das neu erwachte Interesse an architektonischen Zeichnungen und Gemälden kulminierte 1977 in vielen Ausstellungen und Büchern: Die Postmodernen übernahmen die grafischen Techniken von Archigram zu antifuturistischen Zwecken (siehe Seite 78).

Gegenüberliegende Seite, unten links:
220 Charles Jencks: Garagia Rotunda, Wellfleet/Massachusetts, 1977.
Vorgefertigte Architektur plus Kosmetik. Die vorgefertigte Garage, Türen, Ornament, Giebel usw. wurden alle aus dem gleichen Cape-Cod-Katalog ausgewählt, und das erste Atelier wurde ohne Überwachung gebaut. Da alle Techniken und Materialien traditioneller Art waren, kostete die Hülle ein Minimum von 5 500 Dollar. So konnte der Rest des verfügbaren Geldes für kosmetische Maßnahmen, Korrektur von Fehlern, zur Aufgliederung der Grundgarage ausgegeben werden. Niveauveränderungen, Erkerfenster, der Austritt auf dem Dach, Vorhalle, Eingangstor und innere Ausstattung wurden der Grundhülle hinzugefügt. Die Ansicht zeigt den Eingangsbereich mit sieben Türen und zweifach gebrochenem, gespaltenem Giebel, der die eigentliche Eingangstür betont (siehe Seite 129).

Gegenüberliegende Seite, unten rechts:
221 Garagia Rotunda: Eingangstor, das mehrfach auf den Weg von innen nach außen vermittelt. Der Ozean und der See können vom traditionellen Austritt auf dem Dach für die Seemannsfrauen überblickt werden. Entsprechend dem unterschiedlichen Blau des Himmels wurden verschiedene Schattierungen dieser Farbe für das Äußere des Hauses verwendet, dazu ein kräftiges Rot, um den technischen Aufsatz (oben links) zu kennzeichnen. Das Tor reicht visuell in das grüne Buschwerk hinaus und schneidet es in rechteckige Abschnitte, die dick blau eingerahmt sind.

Eisenmans Haus VI ist natürlich im höchsten Grade modernistisch in seinem strengen Ausschluß aller kontextuellen Gegebenheiten. Es zeigt keine Hinweise auf den regionalen Stil, auf die starke koloniale Schindeltradition, die Lage in der Waldlandschaft, die Familie Frank, die es bewohnt, oder auf ihre Bücher, Gemälde und Andenken (schlimm für einen Fotografen und dessen Frau, eine Kunsthistorikerin). Das Gebäude könnte umgekehrt oder auf die Seite gekippt werden, es würde nicht viel ausmachen (besonders, da die Säulen fünfzehn Zentimeter vom Boden entfernt unter Zug hängen und eine Treppe im Spiegelbild von oben nach unten läuft. Aber der Raum und gewisse humorvolle Anklänge sind mit Sicherheit postmodern: nicht nur die erwähnten Tricks ähnlich den Grafiken des Künstlers Maurits Cornelis Escher (1898—1973), sondern auch das Spiel mit der Verwandlung syntaktischer Elemente, vor allem der Säule.

Die Säulen sind bemalt mit Schattierungen von Grau und verwaschenem Weiß — alles andere als einer Farbe —, um einmal ihre lasttragende Rolle anzudeuten, ein andermal ihre mechanische Funktion, ihre dekorative Anwendung oder aus überhaupt keinem Grunde. Wenn man durch das Haus geht, wird man für diese Variationen sensibilisiert, und das architektonische Schachspiel beginnt. Die Säule kann eine der vier obengenannten Aufgaben haben; sie kann, da ihr Weg im gesamten geistigen Gerüst enthalten ist, präsent oder abwesend sein oder, und das ist höchst außergewöhnlich, als rechteckiger Ausschnitt in der Fläche fortgesetzt werden. Diese *nicht vorhandene* Säule schneidet durch Dach, Wand und sogar Boden, rächt sich für ihre Vernich-

222 Peter Eisenman: Zwei Stufen Entwicklungszeichnungen für Haus VI — man kann die Gegenwirkung von wirklicher und gedachter Treppe sehen, der beiden Bezugsebenen, der wirklichen und der gedachten, und das vorhandene oder abwesende Stützenraster. Das allgemeine Rastersystem ist durchgehalten, und so sind die Vorwärtsbewegung und die 90-Grad-Wendungen eingehalten. Aber in der Diagonalen ist eine leichte Verschiebung der Bezugsebenen um 45 Grad vorhanden.

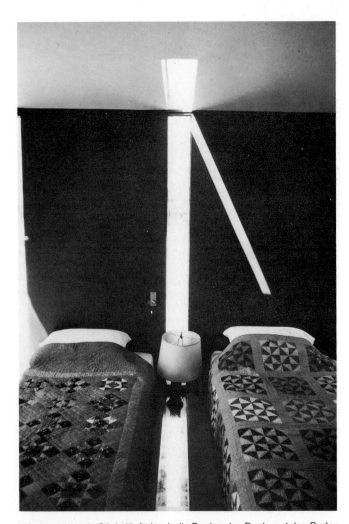

223 Die fehlende Säule läuft durch die Decke, das Dach und den Boden und teilt das eheliche Bett. Ursprünglich öffnete sich die Lücke direkt in den darunterliegenden Wohnraum.

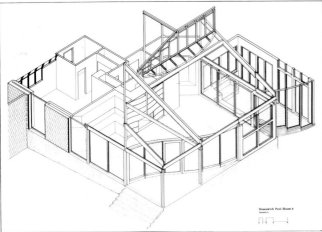

224, 225 Robert Stern und John Hagmann: Badehaus, Greenwich/Connecticut, 1973/74.
Indem es in einigen Details die Beziehung zum Haupthaus aufnimmt, in anderen zum Schindelstil, preist diese kleine Torheit die Sonne und das Wasser durch Orientierung und Staffelung. Eine Eingangshalle in doppelter Höhe dreht sich nach der Aussicht. Der Eingang unten links wendet sich hinein unter eine Kolonnade (bestehend aus drei Säulen mit seltsamen Kapitellen). Das System aus Stützen, Balken und Dach hat, wie bei Eisenman, komplizierte Transformationen erfahren, die gedanklich zu entwirren Vergnügen bereitet.

226 Das Badehaus ist innen wegen der Vielfalt der Oberlichter sehr hell und voller Einfälle — eine Metapher, die buchstäblich der Bewegung der Sonne folgt. Der Raum dreht und wendet sich um den Kamin auf der rechten Seite und wird gebrochen durch die Reihe der Säulen und die Treppe auf der linken Seite. Ein feine Spannung entsteht zwischen der entsprechenden Wand, dem Raster und diesen Verdrehungen.

tung am häuslichen Leben (dieserart ist Eisenmans sardonischer Haß der Funktion). Sie teilt das eheliche Bett in zwei Teile. Ein falscher Schritt oder Sprung, und man würde im Wohnzimmer landen und dort bleiben müssen, bis die Franks durch das Loch blickten, das die fehlende Säule bildet. Wegen ihres uneingeplanten Babys (das heißt, uneingeplant vom Architekten), das den Wohnraum belegt, sind jetzt verschiedene offene Bereiche akustisch mit Plexiglas abgeschirmt worden; andere Tricks des Raumflusses blieben jedoch erhalten.

Wiederum rächt sich die Säule, und wieder im elterlichen Schlafzimmer, indem sie sich in eine Tür verwandelt. Haben Sie jemals eine Tür als Säule gesehen, die sich dreht? In drei Schattierungen von Grau und Weiß? Die Schwierigkeiten sind leicht abzuschätzen. Wenn die Säule „geschlossen" ist, sind immer noch etwa sechzig Zentimeter Freiraum übrig, der allen Küchendunst, Gästeunterhaltung und Babygeschrei hereinläßt. Aber wenn dies so klingt, als sei das völlig unerwünscht, war es von mir nicht beabsichtigt. Diese drehbare Säule — keine Tür und doch eine — ist überraschend und schön als ein raumbildendes Objekt und erheiternd in ihrem Kontext. Als einzelner Einfall mag sie fragwürdig sein, aber als im voraus wohlvorbereitete Verwandlung eines Themas ist sie köstlich und sogar die Sinne ansprechend. Das Erstaunliche an diesem Haus ist — zumindest überraschte es mich —, daß die Kodierung im Inneren, die Übereinstimmung aufeinander bezogener Bedeutungen, aus dem Nichts entstanden, den Mangel jeglicher historischer Kodierung im Äußeren wettmacht, das Fehlen der konventionellen Zeichen, von denen die Bedeutung der Architektur meist abhängt. Während die puristische Ausdrucksform Eisenmans modernistisch sein mag, seine geistreiche semantische Anwendung dieser Sprache ist postmodern. Während seine ausschließlichen Bemühungen um die Syntax und seine Verachtung der Funktion modern sind, sind die Doppeldeutigkeit und Sinnlichkeit seiner räumlichen Vorstellungskraft postmodern.

Robert Stern, ein sogenannter Postmoderner, ist im Vergleich dazu tatsächlich modern oder zumindest modisch. Sein gesamtes Werk zeigt die linearen Kartoneigenschaften des Internationalen Stils; überall die großen, reinen, weißen Wandflächen, abgesetzt durch Primärfarben und geschmackvolle grafische Abstraktionen. Manchmal verschieben sie sich zum Vulgären und Art déco, weil Stern an die Bedeutung des „Strip" glaubt und an den „Inclusivism", das „Einschließen" (er studierte bei Venturi in Yale), aber er kann die ihm angeborene Genauigkeit nicht überwinden. Im Grunde besitzt Stern die Sensibilität eines New Yorker Kosmopoliten, gekreuzt mit einem aufgeklärten Dilettanten aus dem Kreis Lord Burlingtons, und seine natürlichen Neigungen würden zum Landhaus, nicht zur Main Street gehen. Aber seine Theorie steuert ihn abseits in pluralistischere Richtungen. (Es erscheint zunächst erstaunlich, daß Eisenman, ein „Weißer", und Stern, ein „Grauer", sich über ihrer Farblos-Ideologie einigten, um gemeinsam die Schriften von Philip Johnson herauszugeben, bis man begreift, daß sie beide in erster Linie New Yorker sind und zweitens verwandt in ihrer Sensibilität.)

Das Badehaus, das Stern neben dessen leicht im Kolonialstil gehaltenem Haupthaus errichtet hat, zeigt ein Verständnis für den lokalen Kontext und hat historische Anklänge, zwei Aspekte, die er auswählt, um die Postmoderne zu definieren. Sie leistet sich nur wenig angewandte Ornamente, ist seine dritte Definition. Er konzentriert sich auf die räumliche und syntaktische Transformation à la Eisenman und schafft tatsächlich ein ganz modernistisches Gebäude. Und doch sind der Schindelstil, die Komplexität des Dachbereiches und der Oberlichter, die meisterhafte Anwendung der indirekt von hinten belichteten Bogenform nicht in der rationalen Architektur zu finden. Die freistehende Säule läßt sich nicht vom gleichmäßigen Raster der Säulen ableiten, auch nicht die Windungen im Eingangsbereich und im Treppenhaus — dies sind zufällige Artikulationen, die durch Abweichung von der Norm die Aufmerksamkeit auf sich ziehen. Mit anderen Worten, es ist ein hete-

227 Robert Stern: Haus Westchester. Angewandte, gemalte Dekoration. Das Gesims ist abgesetzt gegen das tragende dekorative Gitter. Das ist Tradition kontra modernes Ornament. Die leichte, schwingende Kurve ist ebenfalls in Kontrast gesetzt zu dem dichten, geraden Rahmen.

228 Haus Westchester: Blick auf den Kamin mit indirekter Belichtung von hinten und ausgestanztem, doppeldeutigem Raum, der an Lutyens erinnert.

rogener, einmaliger Raum, modifiziert, um eine Botschaft von Eingang oder Durchgang, von Rinnstein oder von kalkuliertem Unsinn zu vermitteln.

Sterns Wohnhaus in Westchester County setzt ebenfalls den Witz und die Absurdität der Postmoderne fort, verbindet diese aber mit einer Sammlung moderner Motive: Vorsichtige Asymmetrien gleiten über eine fast weiße (hellbeige) Fläche; Brüstungen und dekorative Gliederung fehlen mit Ausnahme von zwei roten Streifen oben (ein verkleinertes Gesims oder ein an falscher Stelle angeordneter Fries?). Es hat ein Wrightsches Podest aus flachbrüstigen Feldsteinabsätzen, wiederum keinen Giebel und keine horizontalen Ornamente, die man bei einem traditionellen Bau erwarten würde. Das Innere mit seinen mutigen Farbspritzern, die zur Akzentuierung des Volumens benutzt werden, könnte eine Art-déco-Version von einem Innenraum Le Corbusiers sein, so rein, hell und undekoriert ist es. So ist der dem Namen nach postmoderne Architekt, wie immer wieder behauptet wird, unausweichlich schizophren, belastet mit einem Gefühl für die Moderne, das er nicht ablegen will, jedoch eklektische Fragmente aufnehmend, wo es ihm gefällt.

Die Vorstellung von „Fragmenten" ist für Stern ebenso wichtig wie für Graves, sie wird in beider Händen zu einer Art Kompositionsmethode. Die Südfassade des Hauses ist teils einheitlich in gebrochenen S-Kurven und mit gebrochenen Friesen und diagonalen Ebenen. Es sind bruchstückhafte Motive, übernommen vom Barock und von Edwin Lutyens. Der Grundriß enthält Halbkreise, Halbovale, Halbrechtecke und eine halbe Verkehrsachse, das heißt „Halbformen" anstatt kompletter Formen, die wie bei der Zen-Ästhetik eine Komplettierung in der Phantasie erfordern.

229 Haus Westchester: Der Innenraum erstreckt sich entlang einer Hauptachse, die das Elternschlafzimmer (7) mit der Veranda (9) verbindet. Parallell zu dieser Achse verlaufen fünf kleinere Raumebenen, auch frontal zum Eingang geschichtet (1). Die Art und Weise, wie der Raum über diese Achsen hinein- und herausgeführt wird, ist begeisternd, wenn auch schwer zu erfassen: Die gekrümmte Wand verschwindet in einer Säulenreihe und einer Trennwand und erscheint als gekurvte Wand wieder.

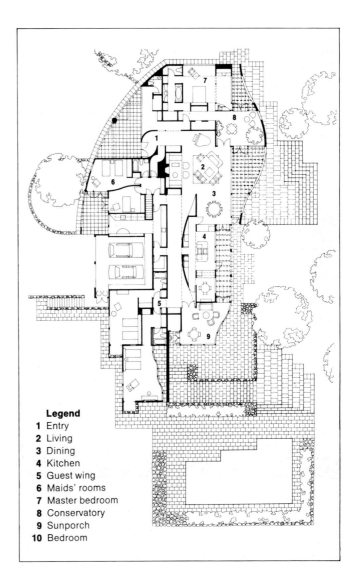

Legend
1 Entry
2 Living
3 Dining
4 Kitchen
5 Guest wing
6 Maids' rooms
7 Master bedroom
8 Conservatory
9 Sunporch
10 Bedroom

230 Der chinesische Garten ist, wie der postmoderne Raum, doppeldeutig, bruchstückhaft und ewig wechselnd, aber zugleich präziser abgegrenzt
durch Konventionen. Hier ist eine der vielen Mauern unterbrochen durch
ein „Tor des Mondes", dessen Zeichen, der Kreis, auch Geld und Perfektion symbolisiert. Diese Bedeutungen werden zusätzlich verstärkt durch
das Grau der Mauer, so daß in der Dämmerung das Ganze hell erstrahlt
wie „der Mond, der seine Seele wäscht" im dahinterliegenden Teich. Andere repräsentative Elemente bilden die Felsen und Büsche (Landschafts-
malerei) und die Inschrift über dem Tor („Nachtzeit"). Genaugenommen
haben diese Zeichen, weil sie traditioneller Art sind, eine breitere Basis als
die esoterischen und schnell veränderlichen Zeichen der Postmoderne.

231 Charles Moore und William Turnbull: Fakultätsklub, Santa Barbara/
Kalifornien, 1968.
Ausgestanzte, von hinten belichtete Wände lassen ein reiches Raumerleb-
nis vermuten und ihre Ausdehnung im unklaren. Die Doppeldeutigkeit der
räumlichen Einfälle, die traditionellen Zeichen gegenübergestellt sind —
Wandteppichen, Neontransparenten —, ist typisch postmodern.

Die Raumbehandlung ist gleichermaßen angedeutet und diffus
— nicht die bekannten Übereinstimmungen der modernen Architektur, sondern überall komplexe Verflechtungen, die immer weiter zu einem vermeintlichen Höhepunkt führen, der nirgendwo
vorhanden ist. Damit ist eine unleugbare Frustration verbunden,
sowohl geistiger als auch psychologischer Art, da wir an ein starkes „Gefühl für das Ende" und ein faßbares Ganzes gewöhnt sind.
Gewissermaßen ist dies die Parallele zu dem dezentralisierten
Raum des Manierismus mit seiner bewußten Doppelsinnigkeit
und widersprüchlichen räumlichen Einfällen. Tatsächlich hat
C. Ray Smith die neuere amerikanische Architektur als „super-
manieristisch" bezeichnet wegen der Überfülle räumlicher Tricks
— der überall vorhandenen Diagonalen, des gewaltsamen Wech-
sels vom Maßstab, der gewaltigen Supergrafiken und seltsamen
Betonungen[58]. Der Vergleich des postmodernen mit dem manieristischen Raum ist in vieler Hinsicht nützlich, aber ich meine, es gibt
noch ein anderes analoges Modell gleichsam religiöser Natur.

Die Postmoderne gibt, wie der chinesische Garten, die klare,
unmstößliche Ordnung der Ereignisse zugunsten eines labyrin-
thischen, weitschweifigen „Weges" auf, der niemals ein absolutes
Ziel erreicht. Der chinesische Garten enthält einen „Schwellen-"
oder Zwischenbereich, der zwischen Gegensätzen vermittelt, von
denen das Land der Unsterblichen und die Welt der irdischen Gesellschaft die einleuchtendste Meditation darstellen[59]. Er hebt die
normalen Kategorien von Zeit und Raum auf, soziale und rationale
Kategorien, die in der Alltagsarchitektur und dem Alltagsverhalten
aufgebaut sind und „irrational" werden oder im buchstäblichen
Sinne unmöglich zu erfassen sind. In der gleichen Weise kompli-

ziert die Postmoderne die Flächen und bricht sie auf mittels Trennwänden, nicht-wiederkehrenden Motiven, Doppeldeutigkeiten
und Scherzen, um unser normales Empfinden für Dauer und Ausdehnung aufzuheben. Der — große — Unterschied ist, daß der
chinesische Garten eine wirkliche Religion und philosophische
Metaphysik hinter sich und ein konventionelles System von Metaphern aufgebaut hat, während unsere komplizierte Architektur keine solche anerkannte Signifikationsbasis besitzt. Unsere Metaphysik bleibt häufig privater Natur, wie in den irrationalen Schöpfungen von John Hejduk. Daher kann der postmoderne Raum,
obgleich er in jeder Hinsicht ebenso reich und doppeldeutig sein
kann wie der chinesische Garten, die tiefere Bedeutung nicht mit
der gleichen Präzision artikulieren. Seine metaphorischen und
metaphysischen Grundlagen sind gerade erst gelegt, und es
ist fraglich, ob sie in einer Industriegesellschaft wachsen können.

Charles Moore versucht auf seine Weise, eine Architektur der
allgemeinverständlichen Metapher zu entwickeln. Sein Werk, das
praktisch alle Themen der Postmoderne umfaßt, zeigt die Möglichkeiten und gegenwärtigen Begrenzungen dieser Bemühungen. Moore hat über die Hadriansvilla und die Bedeutung von
Images und historischen Bezügen für die Entstehung eines Ge-
fühls für den Ort geschrieben. So ist er qualifiziert, für den öffentlichen Bereich zu planen[60]. Sein Wohnheim für das Kresge College
vereinigt zahlreiche historische Anspielungen, die nur vage dargestellt werden — er deutet mehr an, als daß er präzise zitiert. Der
Gesamtgrundriß ist stark gewunden und verschoben, eine Mischung aus dem Serpentinenweg durch einen chinesischen Garten und einer geschlossenen italienischen Hügelstadt.

232 Charles Moore und William Turnbull: Kresge College, University of California, Santa Cruz, 1972—1974, Grundriß.
Auf einem gewundenen Weg durch einen Rotholzwald ist jede Plaza mit einem besonderen Monument versehen, um den „Ort" zu bestimmen. Viele Bauten haben ihr eigenes axiales und rhythmisches System, ähnlich der Hadriansvilla (Abb. 200), aber hier an einer linearen, L-förmigen Straße gelegen. Das Gefühl für den Ort wurde weiterhin betont durch Anordnung entgegengesetzter Aktivitäten an den beiden Enden der Bebauung — Postamt und Eingangsbereich unten, Versammlungs- und Eßbereich oben. Daher wird die Straße viel benutzt, und die Studenten gehen ständig von einem Ende zum anderen. Komplexes Wasserspiel und Orangenbäume verstärken das spanische Image. „Ein Waschautomat ersetzt den Dorfbrunnen", leider hat er nicht ganz die gleiche Bedeutung wie dieser. Die Telefonzellen sind in großen Bogengängen untergebracht.

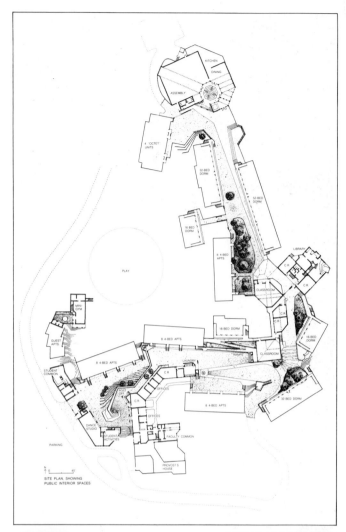

Das Image des mediterranen Dorfes ist unübersehbar und wird durch zahlreiche Elemente verstärkt: große, weiße Flächen, eine öffentliche, zweigeschossige Arkade, eckige Verbindungen der Baumassen. Aber während das südeuropäische Dorf Stabilität ausdrückt und ein Gefühl für Beständigkeit vermittelt, weil es von Stein umschlossen ist, wurde Kresge aus papierdünnem Holz erbaut, diesem „billigen" Baustoff, der die Moderne immer geärgert hat. So wird ein Gefühl von Instabilität an genau der Stelle erzeugt, wo die Metapher der Umschließung vollzogen wird, und das Image der italienischen Hügelstadt stellt die vorgesehenen Bedeutungen in Frage, verstärkt sie aber nicht.

In ähnlicher Weise stellen die Bezüge zu der Spanischen Treppe, dem Arc de Triomphe, den Wasserspielen der Alhambra — Eindrücke, die Moore auf seinen zahlreichen Reisen gesammelt hat — die gegenwärtige Nutzung des Gebäudes in Frage. Ist dies eine Art von „haute vulgarisation" oder die vorher erwähnte Imitation und Verkleidung? Vielleicht ersteres. Moore hat sich — durchaus nicht abwertend — über Launen und Nostalgie in der Architektur geäußert. Sein Werk weist einige der Vorzüge und Fehler von beidem auf. Negativ sehen wir, wie das unwirkliche Gefühl für den Ort sich verbindet mit seinen strahlenden Supergrafiken und seiner oberflächlichen Bauart, die zu dem von Studenten geprägten Attribut „Clowntown" geführt haben. Bei Moores Werk besteht immer die Gefahr, daß seine relative Billigkeit sich mit Launigem verbindet und eine Art Pseudo-Pathos erzeugt. Aber im großen und ganzen sind diese Bedeutungen übertroffen durch die kraftvolleren Metaphern des Ortes, wie er es beabsichtigt hatte.

So verbindet Kresge den sehr persönlichen Maßstab eines Dorfes mit der einkalkulierten Überraschung eines Spaziergangs durch einen Garten — ob nun englisch oder chinesisch. Die zweigeschossigen Arkaden haben einen variierenden synkopierten Rhythmus mit synkopierten Farben dahinter, um das Gefühl von Ungewißheit und Abenteuer zu verstärken. Weil die Bauten im Grundriß eingeklemmt sind, können sie in der Perspektive den Eindruck von Bewegung und Tiefe verstärken. Weil verschiedene „Anti-Monumente" den Weg säumen — Postamt, Automatenwäscherei, Telefonzellen usw. —, ist ein, wenn auch banaler, Inhalt zu erwarten. Moore hat diese zurückhaltende Lösung als passend für die gleichmachende Rolle eines Studentenwohnheims gerechtfertigt.

„Alle Bewohner sind Studenten und dort für vier oder fünf Jahre beisammen. So schien es uns wichtig, nicht eine Gruppe institutionaler Monumente entlang der Straße zu errichten, um ein Gefühl für den Ort als Ganzes zu vermitteln und ein Gefühl dafür, wo man sich auf seinem Gang durch die Straße befindet, sondern vielmehr, aus den vorhandenen Dingen triviale Monumente zu machen: So sind die Entwässerungsgräben in Springbrunnen verwandelt, aus der Wäschereifassade wurde eine Rednertribüme mit einem Abfallbehälter darunter . . .[61]."

Dieses Flickwerk, eine ironische Entlarvung des öffentlichen Bereichs, hat die gewollte doppelte Bedeutung — das Erlebnis zu unterbrechen und zu begrenzen und das Pathos zu mindern —, aber man sehnt sich zum Vergleich nach einem bißchen öffentlicher Ordnung, dem unmittelbaren Ausdruck des kommunalen

233 Kresge College: Zweigeschossige Arkaden und Eingangstreppen, traditionelle Elemente, die hier im Maßstab leicht überzogen sind, ebenso wie die konventionellen Nummernschilder. Komplizierte Rhythmen sind aufgestellt, die sich durch den ganzen Entwurf ziehen wie bei einem manieristischen Palazzo, hier ABCBCDBAC. Die Veranden, die zum Sonnen und Beobachten der Straße dienen, sind von unten in starken Primärfarben rot und gelb gestrichen.

Wohlergehens. Moore hat die Szenerie von Disneyland studiert und ihre bühnenbildnerischen Eigenschaften hier erfolgreich integriert, aber um den Preis überwältigender Normalität.

Doch wenn wir dieses Studentendorf mit anderen in den letzten vierzig Jahren entstandenen vergleichen, werden seine Vorzüge deutlich, ja unübersehbar. Im Gegensatz zur modernen Universität — zum Beispiel dem Illinois Institute of Technology von Mies — ist es sorgfältig in seinen Kontext gesetzt und nicht unzeremoniell fallen gelassen wie eine Bombe auf eine Stadt. So sind die Rückseiten der Bauten aus ockergestrichenem Holz dem Wald angepaßt, und der Grundriß fließt von einer Seite zur anderen, um die vorhandenen Rotholzbäume zu erhalten. Im Gegensatz zu den übersehbaren Räumen der rationalen Architektur gibt es hier immer eine Windung und eine Überraschung hinter jeder Ecke und Nische.

Die Tiefgründigkeit der enthaltenen Metapher wird bei näherer Betrachtung stärker: Der „Ort" ist hier nicht nur das Resultat starker Images, sondern der eindrucksvollen Images historischer Verweise, aber auch der sorgfältigen Verteilung der Aktivitäten. Da das Postamt und die Versammlungsbereiche an den gegenüberliegenden Enden der L-Form angeordnet sind, gibt es ein natürliches Hin und Her des Verkehrs, das die Straßen belebt. Da die Funktionen aufgeteilt und verstreut sind, gibt es die Chance der Begegnung und den Reichtum des historischen Dorfes. So werden die Metaphern des Ortes und der Gemeinschaft durch Nutzung ebenso wie durch Image erzeugt.

Moore hat diesen Typ der allgemein bekannten (zuweilen willkürlichen) bildlichen Vorstellungen in noch konkreterer Richtung entwickelt. In einem Entwurf für New Orleans hat er präzise Bilder integriert, wie den Stiefel von Italien, und ein Spiel mit den historischen Ordnungen (indem er einige Metopen in Springbrunnen verwandelt, die er „Wetopen" nennt). Aber sein überzeugendster postmoderner Bau ist meiner Meinung nach das Haus Burns für einen Professor der University of California in Los Angeles. Hier sind die ausgeschnittenen Bühnenbilder, eine Art Firmenzeichen von Moore, von einer bestürzenden Rätselhaftigkeit, die wunderbar verwirrend, aber nicht frustrierend ist. Der Gang durch das Haus ist mit Überraschungen und anderen Formen architektonischer Würze gepfeffert.

Jedes Image, das auf dem Weg erscheint — ein mexikanischer Balkon, eine altarähnliche Orgel, die Kaminecke usw. —, ist zuerst der Anziehungspunkt der visuellen Aufmerksamkeit und dann, wegen der indirekten Belichtung, nur die Vorstufe für weitere Entdeckungen. Die Überlagerung der ausgeschnittenen Wände hat den gleichen Effekt wie bei Eisenman, daß sie die Vorstellung von Unendlichkeit erzeugt, außer daß hier viele in schiefem Winkel zueinander gesetzt sind, so daß Maßstab und Orientierung verlorengehen. Geht man die Treppe zum Dachatelier hinauf, so zeigen sich zwei außergewöhnliche Rätselhaftigkeiten: Der Blick zurück enthüllt eine Verschiebung in der Perspektive von solchem Ausmaß, daß der relative Maßstab und die Position des Objekts unmöglich zu bestimmen sind, während der Weg vorwärts sich teilt und dann in umgekehrter Perspektive erweitert (um 1971 ein konventionelles Motiv).

Dies ist die übriggebliebene, ausgefallene Treppe, die uns beim Sanctum, der Lagerstätte des Professors, erwartet. Aber dann wendet sich der untere Weg plötzlich in ein Art-déco-Ankleidezimmer. Aus Mexiko durch eine Kirche mit einer Orgel hindurch zu einer Dachgeschoßtreppe, die einen Hinterbühnen-Toilettentisch à la Hollywood enthüllt — die Bilder und Stimmungen sind völlig unerwartet, aber nicht unpassend. Man schaut in den ersten Spiegel, ein natürlicher Halt auf dem Weg, um seine eigene Schönheit zu bewundern, dann in den nächsten, der sich gar nicht als Spiegel, sondern als Loch erweist, eingeschnitten und plaziert wie der vorige Spiegel. Er öffnet sich über einer Tiefe von fünf Metern. Dieser Scherz mit seiner Ausnutzung der menschlichen Eitelkeit ist nur eine weitere charakteristische Überraschung in diesem postmodernen Raum. Überall sind Farben- und Formdetails, die es zu

234 Kresge College: Der Raum fließt von der Bibliothek in einer Kaskade von Treppen, die sich auf die Ecke und das Rotholz dahinter konzentrieren — ein typischer „schräger" Raum der Postmoderne.

235 Charles Moore und William Hersey: Piazza d'Italia, New Orleans, 1976.
Eine Exedra, bestehend aus verschiedenen Ordnungen, wird zu einem Brunnen in italienischer Form (unten). Dieser Entwurf für die italienische Gemeinde vermischt grafische Elemente mit Klassizismus, sprudelndes Wasser mit Architektur.

entdecken gilt — optische Falltüren, die sich plötzlich schließen können.

Das Äußere des Hauses in siebzehn Schattierungen von Rot, Orange und Erdfarben ist ebenso amüsant und tiefgründig. Verschiedene Schattierungen kontrastieren, um einen Schatteneffekt herbeizuführen, wo keiner existiert, ein Volumen scheinbar um die Ecke zu führen, wo es nicht der Fall ist. Andere Schattierungen bezeichnen ein Fortschreiten von Dunkel zu Hell, vom trüben, verhaltenen Turm zu bedeutenderen, leuchtenderen Funktionen. Aber all diese Farbabstimmungen sind so subtil angewandt, daß sie sich wirklich integrieren und ein Gefühl der angenehmen Häuslichkeit erzeugen, das zu Südkalifornien paßt. Ohne besondere Anrufung des spanischen Missionsstils und anderer örtlicher Assoziationen ist Moore hier etwas Gleichwertiges in der Empfindung, aber im Witz Überlegenes gelungen.

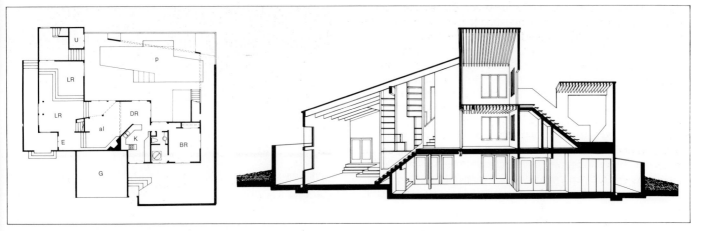

236 Haus Burns: Grundriß und Schnitt. Der Raum fließt und führt im Zick-zack zum Arbeitszimmer im Dach. Mehrere Wände sind ausgestanzt und vom rechten Winkel abgedreht.

Schlußfolgerung — radikaler Eklektizismus?

Wenn der postmoderne Raum sich weiterhin in dieser Richtung zum Mysteriösen, Zweideutigen und Sinnenfreudigen entwickelt, wird er beginnen, bestimmte Metaphern pseudo-religiöser Natur zu konventionalisieren. Es besteht kaum die Chance, daß dies jemals durch eine von der Gesellschaft übernommene Metaphysik unterstützt wird. So werden sie lediglich eine allgemeine Geistigkeit, wenn nicht sogar eine offenkundige Ausgefallenheit ausdrükken. Ich vermute, aber das ist nicht besser als andere Prognosen, daß die gegenwärtige Entwicklung in Richtung auf Verwirrung und Eklektizismus andauern wird und daß wir vielleicht eine Architektur entstehen sehen, die den Stilerscheinungen Neo-Queen-Anne und Neo-Edwardian in England vor achtzig Jahren ähneln wird. Alle Anzeichen deuten auf zunehmende Verwirrung im formalen und theoretischen Bereich: Das Werk von Graves, Eisenman, Moore und anderen ist eine Verfeinerung der Syntax der zwanziger Jahre bis zum Punkt des Manierismus. Auf einer völlig anderen Ebene deuten die Theorien von Jane Jacobs und Herbert Gans auf eine entsprechende Heterogenität des Stadtbewohners und der Geschmackskulturen. Zweifellos kann man sich für Vereinfachung und großmaßstäbliche Entscheidungen stark machen, für utilitaristische Maßnahmen wie den Straßenbau, aber im großen und ganzen ist die natürliche Entwicklung einer Stadt auf zunehmende Komplexität — eine bunte Sammlung von Widersprüchlichkeiten und unterschiedlichen Absichten — positiv, weil sie die verschiedenen Wünsche und Ziele der Bewohner widerspiegelt, die jede Großstadt erfüllen muß.

Wenn man nach einer historischen Parallele sucht, in der zahlreiche Stile und Ideologien miteinander wetteiferten, wird die Periode von 1870 bis 1910 sogar noch einleuchtender, weil damals mindestens fünfzehn Stile im Gegensatz zueinander standen (zweifellos zu viele) und Komplikation und Eklektizismus vorherrschten. Der allgemeine Trend aller Stile zur Heterogenität erreichte einen Höhepunkt — die Neugotik konnte nicht noch gegliederter werden, der Second-Empire-Stil nicht noch bombastischer. Wenn Komplexität eine natürlich Metapher für Macht ist, dann gibt es kein besseres Beispiel dafür als die Pariser Oper — außer einem durchgreifenden Eklektizismus wie dem „Queen-Anne-Stil", wie er in Texas, Los Angeles und San Francisco zu sehen ist. Tatsächlich waren alle Stile Kreuzungen und wurden synkretisch oder sogar eklektisch. Man denke nur an die Anleihen zwischen Art Nouveau und Second Empire. Heute erfolgen genau solche Anleihen, vielleicht deshalb, weil alle Architekten jetzt zur Kleinstadtwelt der Architekturzeitschriften gehören und eine Idee, in irgendeinem Hinterhof noch vorhanden, sich schnell überallhin verbreitet — dank den billigen, zeitsparenden Reproduktionsme-

thoden. Daher das fragmentarische Entwerfen, nicht nur die bewußten „Fragmente" eines Graves, Stern oder Kroll, sondern auch die natürlichen, die aus der Zusammensetzung von Bezügen entstehen. Außerdem ist die Rückkehr zur Vergangenheit zu einem Rückwärtsrennen geworden, das Renaissanceausmaße erreichen kann: Wir brauchen nur den Historizismus von Venturi zu rekapitulieren, die direkten Reproduktionen von Disneyland, die neo-bodenständige Architektur, Neo-Ornament und Kontextualismus. Alle weisen sie in die gleiche Richtung: über die Schulter.

Und schließlich: Wenn unsere Vorlagenbücher heute vierhundert Bausysteme enthalten, wenn „lokale" Materialien unten im Heimwerkerladen alles bedeuten, dann ist unsere natürliche bodenständige Architektur eklektisch, sogar polyglott, und selbst der gegenwärtige Versuch einer simplen neo-bodenständigen Architektur muß von diesen vielfältigen Ursprüngen infiziert sein. In semiotischen Begriffen ausgedrückt, ist die Sprache (die Gesamtheit der kommunikativen Quellen) so heterogen und so unterschiedlich, daß jedes einzelne Wort (die individuelle Auswahl) dies reflektiert, selbst wenn nur durch Ausschluß der Vielfalt. Solcherart sind die Fakten der architektonischen Produktion.

Eine entsprechende Äußerung kann über den Konsum gemacht werden. Jeder Mittelklasse-Stadtbewohner in jeder beliebigen Großstadt von Teheran bis Tokio muß einen gut sortierten, ja übersortierten „Image-Bestand" haben, der durch Reisen und Lektüre ständig wieder aufgefüllt wird. Sein *Musée imaginaire* mag das Potpourri der Produzenten spiegeln, aber es entspricht dennoch seinem eigenen Lebensstil. Wenn man eine totalitäre Reduktion der Heterogenität in der Produktion und des Konsums ausschließt, erscheint es mir wünschenswert, daß die Architekten lernen, diese unvermeidliche Heterogenität der Sprachen anzuwenden. Außerdem ist sie recht vergnüglich. Warum soll man sich auf die Gegenwart, auf das Lokale beschränken, wenn man es sich leisten kann, in verschiedenen Zeitaltern und Kulturen zu leben? Eklektizismus ist das natürlich entwickelte Ergebnis einer Kultur der Wahlmöglichkeiten.

Es gibt jedoch Einwände dagegen. Ständig wird darauf hingewiesen, daß die eklektizistischen Systeme sowohl in der Philosophie als auch in der Architektur weder viel Originales hervorgebracht noch ihre Argumente erfolgreich verteidigt haben. Der Eklektizismus, so lautet der Vorwurf, stellt einen schwachen Kompromiß dar, einen Mischmasch, in den sich zweitrangige Denker in einem Durcheinander verwirrender Widersprüche flüchten können. Sie kombinieren widersprüchliche Materialien in der Hoffnung, eine schwierige Auswahl zu vermeiden oder ein Problem nicht bis zu einer kreativen Lösung durchstehen zu müssen.

So sind Eklektiker Mitläufer oder Dilettanten gewesen, und die Architektur war häufig zusammengestoppelt. Außerdem war der

237 J. Cather Newsom: Haus Carroll Street 1330, Los Angeles, um 1888.
Ein Haus mit zwölf Zimmern mit „kalifornischem" Ornament, spitzenartiger Spindel und Gitterwerk in „maurischer Art". Die kunstvollen Schindelmuster, Glasmalerei, runde Kontraste und Dachrücksprünge geben dem Eingangsbereich Tiefe und Großzügigkeit. Diese Kunstfertigkeit mit Holz wurde unterstützt durch die große vorhandene Schreinertradition. Die Ergebnisse waren, ebenso wie die Bauten von Charles Moore, nicht so teuer, wie sie aussehen, und ebenso weit in ihren Bezügen.

238 Haus in der Steiner Street 309, San Francisco, um 1890.
Der „Queen-Anne-Stil" war der letzte große Versuch, verschiedene Stile zu verschmelzen und ungleiche Materialien zu verbinden. Verschiedene Elemente sind mit großem Geschick zusammengefügt: Ein Erkerfenster ist in einen Turm und zwei Giebel verwandelt, große Kurven sind gegen Spindeln und gerade Linien gesetzt, dekorativer Verputz gegen Holz. Tausende dieser von Zimmerern erbauten Häuser sind in San Francisco noch erhalten, ein Beweis dafür, daß preiswerte Bauten nicht langweilig oder schmucklos sein müssen.

Eklektizismus im neunzehnten Jahrhundert oft mehr durch Opportunismus als durch Überzeugung motiviert. Architekten vermischten ihre Methoden ebenso oft aus Trägheit wie aus Absicht. Wir sind alle mit der unklaren Imitation vertraut: „in der Art von etwas", ohne viel von etwas zu sein. Die Motivation war im wesentlichen Stimmung und Bequemlichkeit, und während das durchaus ehrenwerte Ziele sind, reichen sie mit Sicherheit nicht aus für die Architektur als Ganzes. Es waren wenig semantische und soziale Beweggründe enthalten, daher war der Eklektizismus des neunzehnten Jahrhunderts schwach. Tatsächlich gab es kaum eine Theorie des Eklektizismus, die über die Wahl des richtigen Stils für die Bauaufgabe hinausging.

Im Gegensatz zu diesem schwachen Eklektizismus scheint mir, daß die Postmoderne zumindest das Potential hat, eine stärkere, radikalere Vielfalt zu entwickeln. Die verschiedenen formalen, theoretischen und sozialen Bezüge sind vorhanden, sie warten darauf, zusammengetragen und vereint zu werden. In der Tat konstituieren die sieben Aspekte der Postmoderne, die ich umrissen habe, solch ein Amalgam, selbst wenn es noch kein zusammenhängendes Ganzes ist. Wie ich wiederholt ausgedrückt habe, ist in diesem Amalgam Platz für die Moderne, denn die Theorie der Semiotik postuliert Bedeutung durch Gegensatz und die Möglichkeit

239
119

einer reichen Bedeutung, die eine beschränkte Sprache anwendet[62].

Durch Zusammenfassung kann die gemeinsame Grundlage der sieben Aspekte betont und ein daraus entstehender radikaler Eklektizismus projiziert werden als eine Möglichkeit, eine Alternative zum schwachen Eklektizismus der Vergangenheit.

Ein radikaler Eklektizismus würde Bereiche der extremen Einfachheit und Reduzierung einschließen, nicht nur als räumliche Kontraste, sondern auch wegen der Dialektik in der Bedeutung über ihre Zeit hinaus. Als Gegensatz zur Theorie der Moderne jedoch würde diese Reduzierung niemals mehr als momentaner Art oder der Situation entsprechend sein, abhängig von ihrem besonderen Kontext. Sie würde, der originalen griechischen Bedeutung des Wortes eklektisch — „Ich wähle aus" — entsprechend, den im Grunde vernünftigen Weg gehen, aus allen möglichen Quellen diejenigen Elemente auszuwählen, die am nützlichsten oder ad hoc am treffendsten wären.

Bei dem an früherer Stelle genannten Ateliergebäude in Cape Cod wählte ich zum Beispiel Elemente aus der vorhandenen regionalen Architektur, dem traditionellen Schindelbau und einem Grundkatalog vorfabrizierter Bauteile. Diese Auswahl war eine Mischung aus Neu und Alt, traditionellen Balustraden und modernen

239 Campbell, Zogolovitch, Wilkinson und Gough: Wohnungen und Büros Phillips West II, London, 1976.
Art déco, vermengt mit Londoner regionaler Architektur und Pfannenziegeln, schafft eine Kombination, die für diese Mischung der Funktionen geeignet ist.

240 Charles Jencks: Garagia Rotunda: Innenansicht mit einem Teil der sichtbaren Harmonien. Die etwa 10 × 10 cm starken Pfosten sind an den Seiten in verschiedenen Schattierungen von Blau gestrichen, um den Rhythmus 3 : 9 : 5 deutlich zu machen. Die zugrundeliegende Symmetrie und die Achsen sind durch Reihen blauer Fliesen betont, während die Ecken ein Spiegelbild vortäuschen.

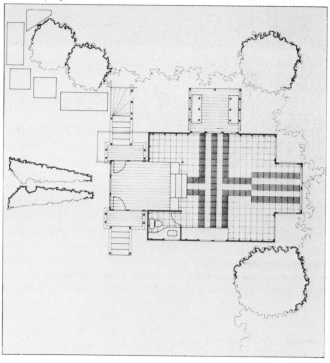

241 Garagia Rotunda: Grundriß mit übergreifenden Raummodulen, angeordnet innerhalb einer S-Linien-Lösung. Diese endet in zwei Querachsen, die auf dem Fußboden in blauen Fliesen markiert sind. Die Raumzellen sind mehr oder weniger auf einem 1,20-m-Modul und in Achsen geschichtet, die sich in rechten Winkeln schneiden.

Schwenkfenstern — die alle in dem Gebiet vorhanden und leicht zu bauen waren. Die Hülle war eine vorgefertigte Garage (wenn auch schließlich konventionell erstellt), und das Garagentor war die billigste Art, eine große eingefaßte Öffnung zu erhalten (und den Effekt eines Baldachins). Da all die grundlegenden Entscheidungen absolut minimal und preiswert waren und auf einheimische Firmen zurückgegriffen wurde, konnte das meiste Geld für die Gliederung, den Wechsel der Ebenen und Anstriche in harmonischen Farbkombinationen verwendet werden. Ich würde für dieses Studio nicht den Anspruch als Modell für den radikalen Eklektizismus erheben — das Programm war zu beschränkt —, aber es zeigt die Mischung der Ausdrucksweisen und kann von den örtlichen Bewohnern verstanden werden (zum Beispiel von jenen, die es erbauten, während ich abwesend war).

Es existieren, meine ich, keine völlig überzeugenden Beispiele für radikalen Eklektizismus außer den ehrwürdigen Bauten von Antonio Gaudi, höchstens Andeutungen von Architekten wie Bruno Reichlin in der Schweiz oder Thomas Gordon Smith in Kalifornien. Im allgemeinen jedoch zeichnen sich jetzt einige seiner Aspekte ab.

Im Unterschied zur modernen Architektur benutzt er das volle Spektrum kommunikativer Mittel — metaphorische und symbolische ebenso wie räumliche und formale. Wie der traditionelle Eklektizismus wählt er den richtigen Stil oder das Subsystem, wo er geeignet ist — aber radikaler Eklektizismus mischt diese Elemente in einem Bauwerk. So sind die semantischen Hintergründe jeden Stils in ihrer engsten funktionalen Bedeutung dargestellt. Bei Thomas Gordon Smiths Bau zum Beispiel haben Eingang und Eingangsbereich klassizistische Formensprache, während die Seiten in der regionalen Architektur gestaltet sind.

Die zitierten Beispiele sind Einfamilienhäuser und daher zu beschränkt in ihrer Kodierung und Ausdrucksstärke. Gegenwärtig fehlt ein größeres Modell, städtisch und weiter im Anwendungsbereich — zum Beispiel ein Appartementhaus in der Innenstadt, das die existierenden lokalen Kodes berücksichtigen könnte.

Theoretisch sind zumindest mehrere Sachverhalte klar. Man muß mit der Definition eines grundlegenden Gegensatzes in der Kodierung zwischen dem Bewohner und dem Architekten beginnen, vielleicht als Ausgangspunkt Basil Bernsteins grundsätzliche

247

242 Bruno Reichlin und Fabio Reinhardt: Maison Tonini, Torricella/ Schweiz, 1972—1974.
Eine wohlproportionierte Villa der Alberti-Palladio-Tradition mit großen, bogenförmig eingerahmten Ausblicken, symmetrischen Achsen und sehr einfachen mathematischen Harmonien (hier sichtbar ABA'CA'BA = A + B). Ausstattung und Möblierung ähneln unnötigerweise einem Gefängnis, aber es ist anzunehmen, daß dies ein vorübergehender Calvinismus ist und bei diesen jungen Architekten nicht von Dauer sein wird.

243 Maison Tonini: Geteilte Axonometrie. Die Architekten zitieren Alberti: ,,. . . Das Herz des Hauses" ist der grundlegende Teil, um den die untergeordneten Teile gruppiert sind, als ob er ein öffentlicher Platz innerhalb des Gebäudes wäre. So müssen die wiederholten quadratischen Zimmer als kleine Häuser gesehen werden, gedrängt um den zentralen Kern, die Piazza, wo die Familie an einem runden Tisch ißt.

Unterscheidung zwischen ,,reduzierten" und ,,ausgearbeiteten" Kodes nehmen[63]. Wie bereits erwähnt (Seiten 55—62), dürfen die unterschiedlichen Kodes, die auf semiotischen Gruppen basieren, nicht nur nach sozialen Klassen bestimmt werden, sie sind vielmehr gewöhnlich eine komplexe Mischung aus ethnischer Herkunft, Alter, Historie und Lokalem. Der Architekt sollte logischerweise mit einer Untersuchung der semiotischen Gruppen beginnen und immer den Wandel der Wunschvorstellungen der Betroffenen im Gedächtnis behalten. Architektur ist schließlich Ausdruck einer Lebensweise — etwas, das die Moderne nie ganz begriffen hat. Die dafür notwendige Ausbildung erfordert nicht unbedingt einen akademischen Grad in Anthropologie. Gesunder Menschenverstand, die Bereitschaft, des Bauherrn Herkunft zu verstehen, sowie eine gewisse Anerkennung der Umgangsformen könnten ausreichen. Die Sozialforschung kann helfen. Sympathie und beständige Konsultation sind die Mindesterfordernisse. Die Schwierigkeit ist, daß kontinuierliche Traditionen abgebrochen sind und die Architekten ihre eigene Sprache und Ideologie besitzen. So besteht keine Gemeinsamkeit der Wertvorstellungen mehr, und es läßt sich keine Architektursprache voraussetzen. Daher muß eine unvermeidlich befangene Theorie ausreichen, um diese Dualität zu vereinigen.

Auf jeden Fall sollte der Planer zuerst das Gebiet erforschen, die Sprache des Volksstamms verstehen lernen, ehe er entwirft. Die Sprache kann ethnische oder kulturelle Dimension haben, die auf der Herkunft der Bewohner basiert, aber auch eine rein architektonische Dimension — das Bodenständige (das im allgemeinen auseinandergebrochen ist, aber von dem Elemente fast überall noch existieren). Was in dieser traditionellen Sprache ausgedrückt werden kann, bewahren die Wertvorstellungen der lokalen Gruppe. In der Tat ist solch ein konservatives Vorgehen das Sine qua non für jede städtebauliche Maßnahme und die Form, in

der die Denkmalpfleger, die ,,Kontextualisten" und Conrad Jameson (siehe S. 108) arbeiten. Aber diese traditionelle Basis erschöpft nicht die Fragen, wie sie manchmal argumentieren. Bei verschiedenen Untersuchungen über die Art, wie Architektur wahrgenommen wird, habe ich eine der Interpretation zugrunde liegende Schizophrenie festgestellt, die, wie ich glaube, der im wesentlichen dualistischen Natur der Architektursprache entspricht[64]. Allgemein gesprochen, gibt es zwei Kodes, einen populären, traditionellen, der sich wie eine lebendige Sprache langsam wandelt, voller Klischees ist und im Familienleben wurzelt, und einen modernen, voll von Neubildungen und auf schnelle Veränderungen in Technologie, Kunst und Mode ebenso reagierend wie die Avantgarde der Architektur. Einer dieser Kodes wird vermutlich von jedem bevorzugt, aber wahrscheinlich existieren beide widersprüchlichen Kodes in der gleichen Person. Ein Architekt muß von Berufs wegen und in der täglichen Arbeit notwendigerweise auf den schnellen Wandel der Kodes — und diese umfassen natürlich auch wirkliche bauliche Kodes — reagieren; dies macht seine Entfremdung von den sich langsam wandelnden Sprachen verständlich und erklärt den so starken ideologischen Einfluß, den die Moderne auf seinen Geist ausübte. Sie vereinfachte sein Problem beträchtlich auf ein professionelles der Kommunikation zwischen Fachleuten. Architekturkongresse und -zeitschriften würdigen notwendigerweise fachliche Wertvorstellungen, und Architektur als eine Kunst richtet sich an eine noch kleinere Elite, die ,,happy few", die damit befaßt sind, subtile Unterscheidungen zu machen und den Fortbestand der Kunst zu garantieren — keine geringe Leistung! Da eine unüberbrückbare Kluft zwischen der Elite und den populären Kodes besteht, zwischen den professionellen und den traditionellen Wertvorstellungen, der modernen und der bodenständigen Sprache, und es keinen Weg gibt, diese Kluft zu schließen ohne ein drastisches Be-

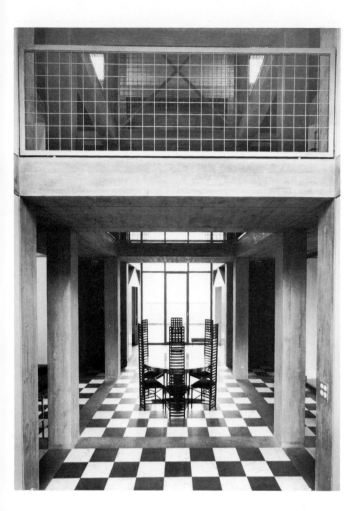

244, 245 Maison Tonini: Halle im ersten Obergeschoß mit Ausblick in die Ferne, eingerahmt in einen Bogen, und „kleinen Häusern" (Giebeln) auf beiden Seiten. Das linke ist eine Art Kaminecke zum Lesen am Feuer. Die Mackintosh-Stühle und ihr Platz in der Mitte um den runden Eßtisch stellen das größere, öffentliche Haus innerhalb des Hauses dar, es führt durch drei Stockwerke hinauf und ist von oben belichtet.

schneiden der Wahlmöglichkeiten — eine totalitäre Maßnahme —, erscheint es für Architekten wünschenswert, die Schizophrenie zu erkennen und ihre Bauten auf zwei Ebenen zu kodieren. Sie werden dann teils den „hohen" und teils den „niedrigen" Versionen der klassischen Architektur entsprechen; aber sie werden nicht wie diese eine homogene Sprache darstellen. Vielmehr wird die doppelte Kodierung eklektisch sein und der Heterogenität entsprechen, der jede Großstadt unterliegt. Zu einem Teil ist das der „Inclusivism", den Venturi, Stern und Moore fordern, aber . zusätzlich verlangt er nach präziserer lokaler oder traditioneller Kodierung, als sie bis jetzt unternommen wurde. Ihr Werk räumt noch den elitären, schnell wechselnden Kodes Priorität ein und behandelt traditionelle Bezüge häufig als Gelegenheit für historische.

Der radikale Eklektizismus beginnt im Gegensatz dazu bei den Geschmacksvorstellungen und Sprachen, die an jedem Ort vorherrschen, und überkodiert die Architektur (mit vielen überlade-

246 Philip C. Johnson: AT & T Building, New York City, 1978—1982. Dieser Bau, von Paul Goldberger als das „erste große Monument der Postmoderne" bezeichnet, kann für ihre Verleumder durchaus auch das Grabmal der Bewegung darstellen. Im Grunde ein Hochhaus aus Glas und Stahl, ist es geschrumpft auf das Format einer Großvateruhr und eingesperrt in einen Granitkäfig — Serlio unten, Chippendale-Verfeinerung oben. Solche doppelte Kodierung — halb modern, halb traditionell — kann ärgerlich für beide Geschmackskulturen sein, obgleich die Kodes am Rande erweitert sind (zum Beispiel dient der Granitüberzug als Schutz und das Ledoux-Loch oben als Abluftaustritt). Man erinnere sich an Johnsons Gartenpavillon, der von den Briten „das bestgehaßte Bauwerk" genannt wurde, weil es eine zwitterhafte Glätte hat. Über die Kontroverse hinaus ist es jedoch eine interessante Möglichkeit: das Hochhaus kann seine glatte, ökonomische Kodierung verlieren und zu seiner früheren Stellung als große Phantasieform des Kapitals (ob kapitalistischer oder sozialistischer Art) zurückkehren.

247 Thomas Gordon Smith: Entwurf für ein Haus in der Jefferson Street, Berkeley/Kalifornien, 1976.
Wie der Queen-Anne-Stil und Maybecks Werke eine lässige Mischung gewichtiger traditioneller Elemente mit der regionalen Architektur. Der palladianische Portikus ist als symmetrische, formale Front behandelt, welche die informellen, ausufernden Seiten ordnet: Bedeutung durch Gegensatz.

248 Thomas Gordon Smith: Haus Paulownia, Oakland/Kalifornien, 1977. Eine vorgefertigte Nissenhütte, Holzskelettkonstruktion und ein Rustikabogen à la Serlio, der spiegelbildlich wiederholt ist, um ein Ganzes zu bilden. Die Ecksteine, Gewölbesteine und anderen traditionellen Elemente sind aus Baumstümpfen, um eine solidere Konstruktion anzudeuten, als sie tatsächlich ist.

nen Einfällen), so daß sie von verschiedenen Geschmackskulturen verstanden und genossen werden kann, sowohl von den Bewohnern als auch von der Elite. Obgleich er mit diesen Kodes beginnt, wendet er sie nicht unbedingt an, um die erwarteten Botschaften auszustrahlen oder solche, die lediglich die existierenden Wertvorstellungen bestätigen. In diesem Sinne ist der radikale Eklektizismus sowohl kontextuell als auch dialektisch, indem er versucht, eine Diskussion zwischen unterschiedlichen und häufig gegensätzlichen Geschmackskulturen anzuregen.

Obgleich er in Partizipation mit jenen entsteht, die das Gebäude nutzen werden, geht er über ihre Ziele hinaus und kann sie sogar kritisieren. Aus diesen widersprüchlichen Gründen läßt er sich auf mindestens zwei völlig verschiedenen Ebenen erfassen, die paralele Aussagen machen, welche übereinstimmen können oder auch nicht, je nach Kontext und betreffendem Gebäude.

Schließlich ist der radikale Eklektizismus multivalent, im Gegensatz zur meisten modernen Architektur: Er faßt verschiedene Arten von Bedeutungen zusammen, die gegensätzlichen Kräfte des Geistes und des Körpers, so daß sie in Beziehung zueinander stehen und einander beeinflussen. Der Geschmack eines Bauwerks, sein Geruch, seine Berührung regen die Empfindung gleichermaßen an wie das Sehen und das Nachdenken. In einer vollkommen gelungenen Architektur — wie der von Gaudi — summieren sich die Bedeutungen und wirken in enger Kombination zusammen. Noch sind wir nicht so weit. Aber es wächst eine Tradition heran, die uns diesen Anspruch an die Zukunft wagen läßt.

Postskriptum für einen radikalen Eklektizismus

Nach Erscheinen der deutschen Ausgabe dieses Buches im Jahre 1978 haben einige wichtige Veränderungen in der Architektur stattgefunden, die zu diesem Postskriptum geführt haben. Bedeutende moderne Architekten wie Hans Hollein und James Stirling sind inzwischen eindeutig — wenn auch nicht erklärtermaßen — zur Postmoderne übergegangen. Bekannte amerikanische Kollegen in New York und Chicago haben in dramatischer Kehrtwendung ihre Richtung gewechselt und ihre frühere Überzeugung zugunsten neuer Auffassungen aufgegeben. Schließlich sind wichtige Entwürfe in der Zwischenzeit ausgeführt worden, und im Falle der Piazza d'Italia ist das wirklich „große Denkmal" der Postmoderne der Vollendung nahe. Dieses Buch hatte das (verlegerische) Mißgeschick, genau in dem Augenblick zu erscheinen, als die Postmoderne zu einer weltweiten Bewegung wurde und Entwicklungen unterlag, die schneller erfolgten als neue Auflagen.

Die Situation ist dynamisch und zeigt plötzliches Auftreten der neuen postmodernen Architektur an so unerwarteten Orten wie in Japan und Chicago, wo die Moderne und die Spätmoderne stets eine starke Gefolgschaft hatten. Tatsächlich wechseln Architekten wie Helmut Jahn und Philip Johnson von einem Gebäude zum anderen von der Spätmoderne zur Postmoderne und zurück zur Moderne — ein verwirrender Verlauf, dem zumindest die Öffentlichkeit schwer folgen kann und der mich dazu geführt hat, an anderer Stelle diese drei Richtungen nach dreißig Variablen zu klassifizieren [65]. Es besteht kein Grund dafür, hier solch eine komplexe Systematik auszubreiten. Nur die grundlegende Unterscheidung sollte im Gedächtnis behalten werden: Spätmoderne Architektur ist eine Überbetonung von verschiedenen Merkmalen wie dem technologischen Erscheinungsbild eines Gebäudes, seinem funktionellen Ablauf, seiner Konsequenz und seiner Konstruktion, während postmoderne Architektur im Versuch, sich mitzuteilen, doppelt kodiert ist in einer eklektischen Mischung traditioneller oder lokaler Kodes mit solchen der Moderne.

Der Übergang zur Postmoderne erfolgte am deutlichsten in den Vereinigten Staaten, die eine günstige Situation dafür boten durch die Präsenz der bedeutenden Protagonisten ebenso wie durch ein relativ geeignetes Bauklima, in dem Experimente willkommen sind. Zur Zeit sind mindestens drei Multimillionendollar-Aufträge im Bau, jene Leviathane, die der Moderne einen so schlechten Ruf eingetragen haben: Philip Johnsons an früherer Stelle erwähntes AT & T-Gebäude, Hardy, Holzman und Pfeiffers Erweiterungsbau der Hotels Willard in Washington/DC und Ulrich Franzens Hauptverwaltung der Firma Philip Morris Co. in New York. In allen Fällen haben die Größe und Undefiniertheit der Bauaufgabe zu wenig beredten Ergebnissen geführt, die nur unwesentlich stärker gegliedert sind als ihre Vorgänger. Die Mischung aus Moderne und Stilreproduktionen wird verwischt; scharfe Kontraste werden vermieden, Bildhaftigkeit, Ornament und historische Anspielungen sind vorhanden, aber zurückgedrängt. Das gleiche läßt sich von den postmodernen Bauten der großen Architekturbüros in Chicago aus der letzten Zeit sagen: Peter Prans Hochhaus, entworfen im Büro Schmidt, Garden und Erickson, und Helmut Jahns Entwurf aus dem Büro C. F. Murphy Associates. Die Vermischung der Kodes ist subtil und zurückhaltend, eine Fusion, die bei großen Büros und konservativen Bauherren vorauszusehen war. Erstaunlicher ist, daß diese Mischung einen erfrischend naiven Aspekt aufweist. Lebendig im Detail und besonders originell in seiner Anwendung von historischen Formen (dem Halbkreis, dem Gesims usw.), scheint letzterer Bau für den Beginn einer neuen Tradition zu stehen in ähnlicher Weise wie Brunelleschis erste Anwendung klassischer Details. Die Formen werden nicht expressiv verwendet (über ihre darstellende Rolle hinaus), sie sind nicht gegliedert oder mit bildhauerischem Gewicht geformt. Statt dessen werden sie als flache Applikation behandelt oder in Verbindung mit der ebenen Fläche eines Gebäudes und werden dadurch mit konstruktiven Erfordernissen gleichgesetzt.

249 Ulrich Franzen: Hauptverwaltung der Philip Morris Co., New York City, im Bau ab 1979.
Ein klassischer Wolkenkratzer neben der Grand Central Station, mit Basis (welche die Form des Bahnhofs aufnimmt), vertikalem Schaft und Kapitell. Simse, Staffelung und ausgeschnittene Loggia wiederholen die axiale Symmetrie der Basis. Zur Seitenstraße hin präsentiert das Gebäude eine moderne, horizontal gegliederte Fassade. Die Begegnung dieser buchstäblich doppelten Kodierung hätte eine ironischere Eckverbindung erzeugen können.

250 Helmut Jahn mit C. F. Murphy Associates: Gebäude der Abteilung für landwirtschaftlichen Maschinenbau, Urbana, im Bau ab 1979.
Backstein und Dekorationen im Stil der alten Campusbauten sind als symbolische Fläche behandelt, die vor einen Glasbau gelegt ist. Die flache, intellektuelle und nüchterne Ausbildung der Details, die sich über ein modulares Raster erstrecken, erinnert an Brunelleschi.

Im Werk der Gruppe „Chicago Seven" [66], im besonderen von Thomas Beeby, begegnen wir einer fast zwangsläufigen Verbindung von Neo-Palladianismus und Neo-Mies-Elementen. Es wirkt anmutig in seiner lebendigen Detaillierung und verfeinerten Raumstrukturierung. Beebys Stadthaus, geplant als ein Element in einer Reihe von unterschiedlichen, aber zusammenhängenden Bauten, verbindet das moderne konstruktive Raster mit traditionellen Ädikulas und Tonnengewölben. Der in Mies' Bauten enthaltene Klassizismus ist so nahe beim Neo-Palladianismus, daß die Verbindung im Falle der erzwungenen Begegnung in Beebys Bau natürlich erscheint, eine unvermeidliche Konsequenz der palladianischen Regeln, die hier in Stahlbeton und Stahl verfolgt werden. Beeby vermischt auch die Ikonographie auf kompromißlose Weise, so daß das groteske Antlitz des Hades in der Souterraingrotte sich mit dem polierten Chrom im Erdgeschoß zu vertragen scheint. Die Stärke dieses Bauwerks sind die sichere Handhabung der Konstruktion und die komplexen Raumfolgen, die in horinzontalen und vertikalen Rhythmen verlaufen. Jede „innenliegende Fassade" wird zu einer Variation der vorhergehenden und der Serliana an der Außenfront. Das Ornament resultiert unmittelbar aus konstruktiven Elementen, im besonderen den Fenstersprossen, und stellt auf diese Weise eine weitere Brücke zwischen Moderne und traditioneller Bauweise dar. Es ist, als wäre Mies zur Postmoderne übergegangen oder zumindest zurück zu seiner Schinkel-Periode.

Der vielleicht bedeutendste Aspekt dieser Stadthäuser ist, daß sie die Tradition der amerikanischen Straße wiederaufnehmen durch Kombination individueller Varianten innerhalb eines übergeordneten Straßensystems. Diese Tradition (die vor allem in San Francisco, Chicago und New York lebendig ist), war eine von denen, mit der die Moderne gebrochen hat. Die Stadthäuser in Chicago, von denen jetzt Varianten gebaut werden, zeigen eine gelungene Handhabung der strengen klassischen Details und Ornamente, die das urbane Gewebe und die Lebendigkeit wiederherstellen. In Europa sind ähnliche Entwürfe entwickelt worden, allerdings mit weniger individueller Ausdruckskraft der Einzelhäuser, und in London ist eine Version solcher Lückenarchitektur ausgeführt worden: Jeremy Dixon hat eine Hausgruppe geplant, die sowohl im Grundriß als auch im Detail in das urbane System des neunzehnten Jahrhunderts paßt. Indem er die Straßenbegrenzung und das traditionelle Layout, die Erkerfenster der angrenzenden Häuser und ihre Eingangssituation aufnimmt, gelingt es ihm, in seinem Entwurf sowohl vertraute als auch originelle Elemente zu vereinigen. Die Bewohner können ihre traditionelle Sprache erkennen; die Stereotypen werden in relativ unmittelbarer Weise angewendet, die ebenso verbreitet ist wie der Londoner Backstein, aus dem die Häuser erbaut wurden.

Aber bei näherer Betrachtung entdeckt man esoterische Bedeutungen, die sich nur dem Architekten erschließen oder dem Bewohner, der sich die Mühe nimmt, danach zu forschen: die Physiognomie, die Andeutung eines Gesichts, das üblicherweise aus der Eingangstür gebildet wird (oder vielmehr aus zwei Eingangstüren, verbunden über die traditionelle Freitreppe). Dieses „Gesicht" ist auch ein beliebtes Image der postmodernen Architektur, die Ädikula — ein „kleines Haus", der Vorbote von Häuslichkeit —, die im Abendland auf eine lange Historie zurückblickt, seit sie zuerst in die Kunst des antiken Griechenland übernommen wurde. Die Ädikula als Formelement wird auf meisterhafte Weise in verschiedenen Maßstäben wiederholt — in den Fenstern, den Dachprofilen und den „Eingangstoren" —, um das komplexe Aufgebot von Stilzitaten zu vereinen. Diese reichen vom regionalistischen Backstein bis zum holländischen gestaffelten Giebel, von Art-déco-Ziggurats bis zu den Rastern der Rationalisten. Besonders einfallsreich ist die Lösung, wie der Torpfosten der Ädikula zur Überdachung der Mülltonnen an der Schmalseite des Hauses wird.

In gewisser Beziehung bietet der Entwurf eine gedrängte Darstellung der Suche der postmodernen Architekten nach einer rei-

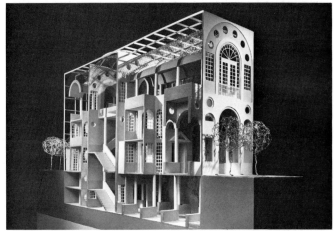

251 Thomas Beeby: Entwurf für ein Stadthaus, Chicago, 1978.
Wie Isozakis postmoderner Bau auf dem Prinzip der Villa Poiana basierend, mit archetypischen Elementen wie Kreis und Rechteck und flacher dekorativer Detaillierung, zeigt dieses Stadthaus auch die konstruktive Logik Mies van der Rohes auf einem Modul von 1,52 m. Die Folge von Räumen unterschiedlichen Charakters ist begrenzt durch ein Tonnengewölbe, eine Kuppel über dem Treppenhaus und eine unterirdische Grotte.

252 Architektengruppe „Chicago Seven": Stadthausentwürfe, Chicago, 1978.
Wie eine traditionelle amerikanische Straßenbebauung aus dem 19. Jahrhundert erhält diese Häuserreihe das urbane System, aber variiert in Detail, Ornament und Farbe. Beachten Sie auch hier die archetypische Anwendung von Kreis, Giebel, Rechteck und konstruktivem Modul.

253 Jeremy Dixon: Wohnbebauung St. Marks Road, London, 1976—1979.
Vierundzwanzig Häuser und zwanzig Wohnungen auf einem kleinen Grundstück nehmen das bestehende mittelalterliche Straßensystem und seinen Maßstab auf. Indem die Häuser zu einer visuellen Einheit addiert werden, wird das Erscheinungsbild eines großen Hauses erreicht. Der verwinkelte Grundriß, der das Grundstück optimal ausnutzt, erzeugt seltsame Raumwirkungen im Inneren.

chen, flexiblen Sprache, die vom Regionalismus abgeleitet wird. Es ist eine eklektische Sprache, ebenso gemischt wie der Queen-Anne-Stil vor hundert Jahren und ebenso empfänglich für bestimmte kulturelle Bedingungen. Der Versuch, eine solche Sprache abzuleiten, ist auch vom Architekten in Amsterdam und Wien gemacht worden, besonders von einer Gruppe, die sich „Missing Link" nennt. Diese jungen Architekten haben empirische Untersuchungen historischer Wahrzeichen in Wien — Türme, Tore, Türen, Straßenecken und Innenhöfe — durchgeführt. Sie haben schöne Strichzeichnungen von diesen sich wiederholenden Motiven angefertigt — den „Wörtern" der Wiener Architektursprache — und eine neue Typologie durch den Prozeß der Abstraktion davon abgeleitet. Vielleicht bieten ihre Entwurfsergebnisse noch nicht ganz das erhoffte „missing link", das fehlende Glied, zur Vergangenheit, aber ihre Analyse zeigt einen Weg, wie man vorgehen kann, um zu diesem Ziel zu gelangen.

Die Kontextualisten (siehe Seite 110) sind ebenfalls auf einen regionalen Historizismus ausgerichtet, ohne sich jedoch der traditionellen Syntax allzusehr zu nähern. Leon Kriers Planungen für Rom und die anderen Entwürfe für die Ausstellung „Roma Interrotta" im Sommer 1978 nehmen sowohl auf den Kontext Rücksicht, als daß sie ihn auch zerschlagen; sie basieren auf Nollis Plan

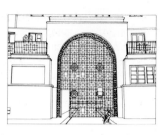
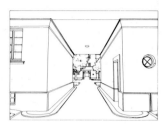

255 Architektengruppe „Missing Link" (Otto Kapfinger und Adolf Krischanitz): Wiener Studien, 1977.
Eine Reihe schöner Strichzeichnungen von typischen Wiener Bauten, hier die Wohnhöfe (der öffentliche Wohnungsbau der zwanziger Jahre), abstrahiert immer wiederkehrende Aspekte der lokalen Sprache — Türme, Tore, Ecken, Innenhöfe usw. Aus diesen Studien entsteht ein neues eklektisches Ganzes, das den Bezug zur Vergangenheit herstellt.

254 Jeremy Dixon: Wohnbebauung St. Marks Road.
Geringe Variationen in der farbigen Verglasung und der Farbgestaltung der Eingänge geben jedem Haus ablesbare Individualität. Das durch Ädikulas gebildete „Gesicht" wird in verschiedenen Maßstäben in Fenstern, Eingang und Dachneigung wiederholt und erzeugt Varianten dieses häuslichen Bildes. Die Vielfalt von Textur und der kleinmaßstäblichen Elemente betont ebenfalls dieses Erscheinungsbild.

256 Leon Krier: Entwurf „Rione" für die Via Condotti und Via Corso, Rom, 1978.
Ein internationales Zentrum und ein Flughafen-Abfertigungsgebäude gehören zu den vorgesehenen Funktionen für dieses Monument in einem neugeplanten öffentlichen Bereich. Wie die anderen Rationalisten benutzt und verändert Krier zugleich die bestehende Sprache und Morphologie der Stadt, indem er kühne Bilder einer noch ungeborenen Gesellschaft entwirft. Die Verbindung von primitiver Konstruktion und verfeinerter, hochspezialisierter Technologie ist ebenso verblüffend wie die Gegenüberstellung mit Piranesi.

257 Georgia Benamo und Christian de Portzamparc: Wohnbebauung Rue des Hautes Formes, Paris, 1975–1979.
Hängende Bogen, eine „dicke Mauer" mit verschiedenen Fensterformen und ein Grundriß, der dem Verlauf der Straße und der Form des zentralen öffentlichen Bereiches folgt, kennzeichnen diese Wohnanlage. Ansonsten hat diese Bebauung vieles mit den modernen Scheibenhochhäusern gemeinsam.

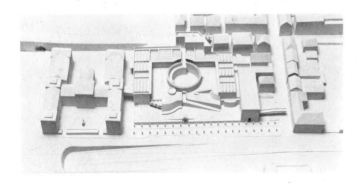

258, 259 James Stirling und Michael Wilford: Neue Staatsgalerie und Kammertheater, Stuttgart, 1977–1984.
Der U-förmige, symmetrische Museumsbau liegt vorn, ist aber diagonal über eine Rampe erschlossen. Der kreisförmige, offene Skulpturenhof kann über diese Achse erreicht werden, aber man durchquert ihn auf einer umlaufenden, halbkreisförmigen Rampe. Diese läuft in einen Fußweg aus, der in das urbane Gewebe der umgebenden Wohnbebauung führt. Auf diesem umständlichen Weg gelangt das Publikum informell in das Museum.
Der Eingang zum Kammertheater ist durch einen klassischen, in leuchtenden Farben gehaltenen Bogen betont. Das rustizierte Mauerwerk kontrastiert mit der verputzten Wand und den kleinen Fenstern unter dem Dach.

Gegenüberliegende Seite:
260 Michael Graves: Ausstellungsraum der Firma Sunar, Merchandise Mart, Chicago, 1979.
Eine Möbelausstellung in einem fensterlosen Raum ohne natürliche Belichtung und vertraute Ausblicke. Um diesem abstrakten Raum etwas Lokalkolorit zu verleihen, hat Graves ihn mit einer Reihe von Zwischenwänden aufgeteilt und dadurch gewisse Überraschungseffekte erzeugt. Das Bild vom Terminus als Flachrelief bildet den Abschluß einer Achse, während übertrieben große, „umgekehrte" Säulen und Lichteinfälle weitere Identität verleihen.

261 Elia Zenghelis und OMA: Hotel Sphinx, New York City, 1975.
Animalorphe Bildhaftigkeit belebt einen anderenfalls überwältigenden Maßstab. Gleich den Hyatt Hotels, die überall in Amerika entstehen, aber mit erheblich mehr Witz und Farbigkeit werden bei diesem Entwurf verschiedene urbane Funktionen miteinander verquickt. Die Rolltreppen sind die Beine, das Hinterteil bilden die Zwillingstürme, der Kopf, der sich wendet und nach wichtigen städtischen Ereignissen Ausschau hält, ist ein Gesundheitsklub – das ganze Tier ist „ein Luxushotel, geplant als Modell für Massenwohnungsbau". Eine sehr rationale Lösung für die herrschenden städtebaulichen Phantasievorstellungen, Surrationalismus in der Tat!

von Rom und stehen im Widerspruch zur Struktur der Stadt. Krier hat auf typisch rationalistische Weise die „primitive Hütte" mit Stützen und dreieckigen Dachbindern wiederentdeckt, aber hier ist jede Stütze ein achtgeschossiges Hochhaus, und das pyramidenförmige Dach umschließt einen furchterregenden öffentlichen Bereich — eine Kreuzung aus einem Eisenbahnschuppen und einem Marktplatz. Die Zeichnungen, als Collage in die Römischen Perspektiven von Piranesi eingefügt, sind tatsächlich diesen grandiosen und verwirrenden Bildern ebenbürtig. Die öffentlichen Bauten haben den für die römische Tradition typischen gewaltigen Maßstab. Sie sind dazu bestimmt, eine lokale Form der Bürgerorganisation zu unterstützen, den „Rione", eine Alternative zur zentralisierten Bürokratie und der staatlichen Verwaltung. Für jedes einzelne Bauwerk sind Restaurants, Klubräume, Spielsäle und im obersten Geschoß große Ateliers für Künstler, welche die syndikalistische Vorstellungswelt erzeugen sollen [67], vorgesehen. Die Idee ist, nach Kriers Beschreibung, die Wiedererweckung der „res publica" und die Schaffung neuer städtischer Bürgerinstitutionen, die sie tragen können, ebenbürtig den römischen Kirchen des siebzehnten Jahrhunderts. Diese Collage aus Neu und Alt, utopischem Syndikalismus und traditioneller Stadt ist charakteristisch für die Gesamtheit der europäischen Rationalisten in Brüssel, Barcelona, Paris und Italien.

Bisher sind nur unvollständige Fragmente von Stil und Idee der Postmoderne realisiert worden, eins davon am Stadtrand von Paris. Georgia Benamo und Christian de Portzamparc haben einen kleinen städtebaulichen Entwurf ausgeführt, die Wohnungen in der Rue des Hautes Formes. Hier wird eindeutig versucht, wieder die Straße, den Platz, den städtischen Raum zu erschaffen, aber mit größerer Dichte als in einer traditionellen Stadt. Das Hochhaus und die Scheibenhäuser mit Formelementen der Moderne haben eine postmoderne formale Behandlung erfahren durch ausgeschnittene Zwischenwände à la Charles Moore, falsche hängende Bogen à la Venturi und eine Vielzahl von Fensterausbildungen à la mode. Letzteres wird außerdem gerechtfertigt als Methode, den Maßstab zu verändern und das Gefühl zu reduzieren, von Tausenden von Augen beobachtet zu werden — das man bei einer Version mit einheitlichen Fenstern gehabt hätte. Wenn es Zweifel über diesen Entwurf im Hinblick auf den Kontext gibt, so betreffen sie den durchlässigen Raum, die geringe Größe der Piazza und der „res publica" und die neutralisierte Beziehung von Baumasse zum unbebauten Bereich, vom innerstädtischen Freiraum zum Monument. Übrigens fehlen der Bebauung die Monumente!

Ein überzeugenderes Beispiel für städtischen Kontextualismus, das sich jetzt im Bau befindet, ist das Museum in Stuttgart von James Stirling. Dieser Entwurf nimmt formale Elemente des Kontex-

260

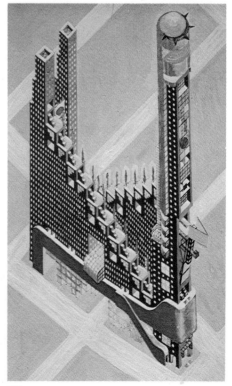

261

262 James Stirling: Staatsgalerie Stuttgart, Ansicht.
Die Dualität von Grundriß und Funktion wird in den Details und im Orna-
ment aufgenommen. Die Eingangsüberdachungen, farbige Glas- und
Stahlkonstruktionen, die an Entwürfe des Stijl erinnern, stehen vor dem
Hintergrund aus Naturstein-Mauerwerk, das Elemente der umgebenden
Bebauung sowie von Bauten Schinkels beinhaltet. Dieser scharfe Gegen-
satz — letztlich zwischen Technologie und Kultur — wird gemildert, wenn
man wahrnimmt, daß die Überdachung eine Variante des traditionellen
Eingangs darstellt, der primitiven Hütte.

263 Arata Isozaki: Fujima Country Club, Japan, 1975.
In der Primärform eines schwarzen, ruhigen Tonnengewölbes gehalten,
das sich in die Form eines Fragezeichens windet und in einer Version von
Palladios Villa Poiana endet. Warum Palladio in einem japanischen Country Club? fragt man sich. Die Primärform steht im Kontrast zur Umgebung,
und die Elemente aus der Villa Poiana (runde Säulen, dicker Bogen, hal-
bierte Eingangspfeiler) haben eine statische Berechtigung. Aber das über
allem stehende Fragezeichen und die „grüne Periode" zeigen die von der
metaphysischen Architekturrichtung postulierte Willkür der Formen.

264 Hiroshi Hara: Haus Awaze, Japan, 1972.
Strenge Symmetrie und ein Tonnengewölbe, von dem das Licht zum Mittelpunkt herabgeführt wird, sowie schwere, abweisende Formen auf beiden Seiten vermitteln ein starkes Gefühl der Abgeschlossenheit. Fenster,
Oberlichter und Möblierung haben eine feierliche Behandlung erfahren,
die das Gefühl für den Ort und den Schutzcharakter des Hauses verstärkt.

tes auf, in diesem Fall die Höhe und Struktur der benachbarten
Gebäude und den axialen Bezug zur Hauptverkehrsstraße. Von
dieser Eingangsachse aus gruppiert Stirling eine Raumfolge sowohl in der Richtung der Hauptfassade als auch im rechten Winkel
dazu. Wie in einem rationalistischen Gebäude ist das konzeptionelle Raster überall gegenwärtig, obgleich man gezwungen wird,
sich in Kreisen und Diagonalen darum herum zu bewegen. So entsteht eine Spannung zwischen rechtwinkligen und rotierenden
Elementen, ein binärer Gegensatz, der die Wirkung anderer Kontraste verstärkt: besonders der De-Stijl-Wörter, die als Collage auf
die Schinkelsche Grammatik gesetzt sind.

Die eklektischen Sprachelemente beinhalten romanische Bogen für den Skulpturenhof und ägyptische Mauervorsprünge für
die Gemäldesammlung, und diese Bezüge drücken „Museum
und Kunst" auf stereotype und zugleich zurückhaltende Weise
aus. In der Tat bildet die Schinkelsche Grammatik das vorherrschende Grundprinzip in diesem deutschen Kontext, da sie „Kultur" auf populärer Ebene bezeichnet. Der Vorzug dieses Entwurfs

ist, daß er solche eindeutigen Klischeevorstellungen mit der leb-
haften Phantasie des Architekten anwendet, indem Gegensätze
zwischen Vergangenheit und Gegenwart, Kreis und Quadrat
hochgespielt werden. Der Mittelpunkt des Museums für sich vertritt diesen Kontrast: Der kreisförmige Innenhof ist ein „Kuppelsaal
ohne Kuppel", ein Innen- und Außenraum gleichermaßen, der
Raum, zu dem hin man sich bewegt, aber in dem man sich dann
außerhalb befindet, abgeschnitten vom städtischen Lärm in freier
Luft und in enger Berührung mit den Skulpturen. Die dahinterste-
hende Idee, das Mandala, das Himmelsgewölbe als „himmlische
Kuppel", das „Herz der Stadt" und die kreisförmige Res publica
sind, wie wir wissen, Schlüsselvorstellungen vieler postmoderner
Architekten. Sie sind ebenso Vorstellungen über den Inhalt wie
auch reine Architekturvorstellungen und suchen metaphysische
Fragen zu erheben — wenn nicht gar zu beantworten —, Fragen,
welche die Architekten der Moderne in ihrer pragmatischen Phase
ignoriert hatten.

Man könnte fast von einer metaphysischen Richtung der Postmoderne sprechen, die Architekten aus verschiedenen Ländern,
vor allem aus Nordamerika und Japan, lose vereint. Monta Mozuna und Hiroshi Hara verwenden die Idee des Mandala und des

262

265 Kazuhiro Ishii: Schule in Naoshima, 1977.
Eine Säulenreihe und andere traditionelle Formen wie das geneigte Dach über dem Eingang vermitteln zwischen dem dahinterliegenden modernen Schuppen. Der komplizierte Rhythmus der Säulenreihe (A, B, A, C, A, B, 2A, C, A, C, A, B, 2A, C, A, B, A, C, 2A, C) spielt auf Renaissancebeispiele an, während andere historizistische Stilzitate sogar „fehlende Säulen" (angedeutet durch hängende Kapitelle) einschließen.

„zentrierten Raumes", die den Vorstellungen von Charles Moore und James Stirling ähnlich ist. Hara schreibt: „Der homogene Raum neigt dazu, menschliche Beziehungen zu zerstören . . . Wenn wir der Überzeugung sind, daß homogener Raum negativ und unerwünscht ist, dann müssen wir auf irgendeine Weise die räumliche Ordnung der Postmoderne in den Griff bekommen . . Ein Haus . . . muß einen starken, unabhängigen Mittelpunkt besitzen. Das schafft eine gleichmäßige Ordnung, die im Gegensatz zu dem es außen umgebenden homogenen Raum steht[68]." Hara bildet, wie die anderen Architekten dieser Richtung, in seinen Bauten strenge, abgeschlossene Bereiche, er wiederholt Raster, erzeugt axiale Symmetrien, Spiegelbilder, palladianische Motive und gibt den Objekten eine fast religiöse Bedeutung. Die Volumen im Inneren sind wie Altäre angeordnet, feierlich fixiert auf eine Lichtachse, die an dem Gebäude entlangläuft. Sie bilden das Körperbild und das „Herz", das unter anderen Charles Moore in die Architektur eingebracht hat (siehe Seite 125 f.)

Stärker historizistisch orientiert in seinen metaphysischen Vorstellungen ist Kazuhiro Ishii, ein Architekt, der bei Moore in Yale studierte. Bei seinem „54-Fenster-Bau", einem Haus für einen Arzt, verwendet er populäre Zeichen und Farbkodes, von denen er behauptet, daß sie in der regionalen natürlichen Umwelt vorhanden seien. Bei seiner Schule in Naoshima transformiert er die Säulenreihe der Renaissance in ein postmodernes rhythmisiertes Paradoxon. In diesem Gebäude läßt er gelegentlich Säulen aus und behandelt so das für die Renaissance bezeichnende Problem der Ecke auf ironische Weise. Aber er spielt auf dem Instrument dieser manieristischen Scherze (hängende Kapitelle aus Stahlstäben) mit einer Offenkundigkeit, die sie auch Nichtarchitekten erschließen.

Michael Graves ist im Gegensatz dazu weniger explizit in seinem Humor und desgleichen in seiner Metaphysik. Das Werk von Graves ist in einer Tiefe und Komplexität kodiert, die sich leichtem Verständnis entzieht. Bei seinem Haus Schulman verwendet er historische Elemente — die Ziggurat, den versetzten Grundriß des Barock, die Säule, den Giebel über dem Eingang und andere —, aber er wechselt den Maßstab und die Farbe, um die Wahrnehmung dieser Elemente manchmal bis über die Möglichkeit des Erkennens hinaus zu verändern. Zum Beispiel ist das dekorative Gesims über der Eingangstür kaum ein Giebel und ein Schlußstein. Graves würde vermutlich argumentieren (siehe S. 117), daß nur die Veränderung der traditionellen Syntax diese Elemente in den Vordergrund rücke und sie von ihrem potentiell kitschigen Beigeschmack befreie. Dies ist ein Argument, das einige Überzeu-

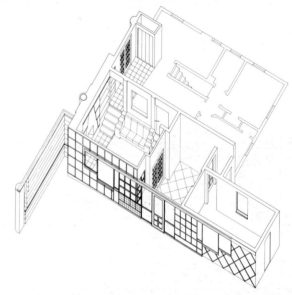

266 Michael Graves: Haus Schulman, Princeton/New Jersey, 1976–1978.
Die Axonometrie der Gartenseite zeigt die ornamentale Anwendung des Gitters in verschiedenen Maßstäben, um Tiefe zu akzentuieren, sowie die beiden zentralen Elemente Tür und Feuerstelle.

Seite 140
267 James Wines und S.I.T.E.: Kaufhaus in Sacramento/Kalif., 1977.
Die Abstraktheit der „Anti-Architektur" führt zu Bauten, die sich schälen, abbröckeln oder – wie hier – aufbrechen und auseinandergleiten. Jeden Morgen um neun Uhr bewegt sich dieser 45-Tonnen-Keil um 15 Meter, um die Kunden des Kaufhauses zu schlucken. Wines hat viele ironische Bilder einer Architektur entwickelt, die den Menschen zeigen sollen, daß sie in einem ungeordneten, fragmentarischen, abbröckelnden, unvollkommenen, aber zugleich komischen Universum leben.

268 Kazuhiro Ishii: „54 Fenster", Japan, 1976.
Dieses Wohn- und Bürohaus für einen Arzt enthält diese Zahl unterschiedlicher Fenster, um den japanischen Regionalismus zu symbolisieren. Ishii argumentiert, daß eine regionale Eigenschaft des „Exzesses und der Zurschaustellung" von den grünen und orangefarbenen Kästen und anderen populären Zeichen einschließlich der Würfel aufgenommen wird. Die Pluralität der Zeichen in einem Raster soll auch den städtischen Pluralismus wiedergeben.

Seite 141
269 Michael Graves: Haus Schulman, Princeton, 1976–1987.
„Asymmetrische Symmetrie" kennzeichnet den Eingang und die Gartenansicht, indem die Betonung sowohl auf dem Mittelpunkt als auch auf einer Seite liegt.

270 Michael Graves: Haus Plocek, Warren/New Jersey, 1977–1982.
Die Säule ist stilisiert und als Pfeiler plaziert, um die zwei entscheidenden Teile des Hauses zu markieren – den Eingang am Hang und den Herd. Im Innern wird sie zu einer Treppensäule. Auch die Farbgebung ist eine Abstraktion von Erde und Himmel.

267

268

269

270

gungskraft besitzt und doch gleichzeitig Probleme aufwirft: Das Haus zeigt eine gewisse Zufälligkeit der Bezüge, einen Mangel an Einheitlichkeit, und ihm fehlt ein Mittelpunkt (was beabsichtigt sein mag). In letzter Zeit hat Graves sich zu einer stärker postmodernen Explizitheit hin entwickelt, und es lassen sich sogar gewisse traditionelle Zeichen identifizieren, nicht nur die bereits erwähnten Elemente, sondern auch das Grün der Erde, das Blau des Himmels

271 Yasufumi Kajima: Matsuo-Schrein, Japan, 1975/76.
Ein Tempel mit Tonnengewölbe, angefügt an einen traditionellen japanischen Schrein, der dekorative Kassetten und Kapitele der westlichen Tradition als Kontrast zum östlichen Ornament benutzt. Der kleine Maßstab und die fein ausgearbeiteten Simse verstärken die halluzinatorische Wirkung. Das Ornament dient hier zur Erzeugung einer Stimmung, um die meditative Atmosphäre zu betonen.

272 Thomas Gordon Smith: Entwurf für ein Haus in der Matthews Street, San Francisco, 1978.
Indem Elemente aus dem städtischen Kontext aufgenommen werden, „die geschminkten Damen von San Francisco" und polychromatische Experimente aus dem 19. Jahrhundert, wendet der Architekt bei diesem Haus das dekorative Detail sowohl ironisch (an der Vorderseite fehlt eine Säule) als auch semantisch an (die formale Vorderseite wird von der informellen Rückseite unterschieden). Die Behandlung des Eingangs als Ädikula ist bei kalifornischen Bungalows üblich.

und die konventionellen Mittelpunkte des Hauses, der Feuerplatz und der Eingang. Wenn man die Architektur genauer betrachtet, werden weitere wohldurchdachte Andeutungen erkennbar: eine „asymmetrische Symmetrie" auf der Garten- und auf der Eingangsseite sowie die Präsenz und zugleich Abwesenheit von Säulen. Dieses letztere ist ein weiteres manieristisches Paradoxon. Die Säule ist aus dem Mittelpunkt der Fassade herausgesprungen und auf einer Seite gelandet, oder, umgekehrt, das Kapitell ist vom Säulenschaft heruntergesprungen und im Mittelpunkt gelandet. In beiden Fällen ist es ein amüsanter, wenn auch nicht besonders origineller Einfall.

Die Frage des traditionellen angewandten Ornaments beschäftigt die postmodernen Architekten in zunehmendem Maße. Es hat Ausstellungen, Tagungen und Veröffentlichungen über dieses Thema gegeben, ganz abgesehen von zahllosen Entwürfen und ausgeführten Bauwerken [69]. Mit einiger Sicherheit ist anzunehmen, daß das Ornament bald wieder gedeihen und von seiner Verbindung mit dem „Verbrechen" und anderen schuldbeladenen Assoziationen befreit werden wird, um wieder seine traditionellen Rollen erfüllen zu können. Diese schließen nicht nur die symbolischen Funktionen ein, die Venturi und Rauch betont haben, sondern noch eindeutiger solche ästhetischer Art: großen bürokratischen Monolithen Maßstab, Tiefe und Proportion zu verleihen; Variationen zu Themen zu liefern, die an anderer Stelle in dem Gebäude anklingen, und diese hervorzuheben; „Fehler" in der Konstruktion zu verbergen — welche die Moderne in ihrer calvinistischen Phase zu zeigen wünschte —; einer langweiligen Fläche Heiterkeit, Vielfalt und Verspieltheit zu vermitteln und schließlich die Stimmung eines Raumes zu betonen, etwa in dem Sinne, wie Gewürze und Knoblauch den Geschmack einer Speise hervorheben. Als die Moderne das Ornament aus der Diät der Architektur entfernte, ging erheblich mehr als der schlechte Geschmack verloren, und es ist eine der Annehmlichkeiten der Postmoderne, daß sie uns diese Delikatesse Stück für Stück wieder zurückgibt.

Der Wiener Architekt Hans Hollein, bereits ein Erfahrener im Umgang mit dem Hochglanzlook der Spätmoderne, hat seine Aufmerksamkeit der Anwendung des Ornaments in diesem Sinne zugewandt. Bei der Renovierung des Rathauses Perchtoldsdorf hat er auf großartige Weise Chrom und Möblierungselemente ornamental verwendet, um das vorhandene Ornament zu intensivieren. Hier teilt ein gewellter, blauer, mit Chrom eingefaßter Streifen die Wand über der traditionellen Kehlleiste, um die Porträts der früheren Bürgermeister hervorzuheben. Die Wellen variieren in der Breite, ebenso die bogenförmigen Platten darunter, um mit den unterschiedlichen Ovals der darüberliegenden Gemälde übereinzustimmen. Über den seitlichen Eingangstüren, die nur durch Türgriffe gegliedert sind, verlaufen die Wellen in umgekehrter Richtung, um die Höhe freizugeben und den Wechsel der Funktion zu signalisieren. Diese sich aus dem Zusammenhang ergebende kontextuelle Anwendung des Ornaments (die an das Wiener Rokoko erinnert) kennzeichnet eine positive funktionelle Entscheidung, die Hollein traf, als er mit der schwierigen Aufgabe konfrontiert wurde, den Ratssaal zu vergrößern. Anstatt einen neuen Ratssaal zu bauen, beschloß er, alle Stadträte in den alten zu zwängen und die Verbindung zur Vergangenheit durch einen Raum herzustellen, der starke emotionale Bezüge hat. (Die Gedächtnisporträts der Bürgermeister wurden gemalt nach einem türkischen Täuschungsmanöver, das in einem Massaker der Stadtbevölkerung resultierte.) Das reiche Ornament rahmt also nicht nur die Altvorderen ein, sondern auch die gedrängt darunter sitzenden Ratsherren und wirkt als symbolisches Bindeglied zwischen beiden. Die letzteren sind eng beieinander in schmale Art-déco-Stühle gezwängt, die genau in ihren Platz am Tisch passen. Auf dem Boden im Mittelpunkt des Ovals ist ein stilisierter Weinstock mit Reben eingelassen, ein Symbol sowohl für die Haupteinnahmequelle dieser Stadt als auch — wegen der goldenen Marmorkugeln — für das Geld überhaupt.

In Maßstab und Idee liegen Holleins Entwürfe zwischen Architektur und Möblierung und bieten sich daher zu ornamentaler Behandlung an. Sein Österreichisches Reisebüro in Wien setzt sich 273 aus einer ornamentalen Folge riesiger Einrichtungsgegenstände zusammen, die in Form einer symbolischen Collage angeordnet sind. Außen ist die neutrale, graue städtische Textur erhalten geblieben und dennoch die neue Funktion subtil angedeutet durch die Einfügung von polierter Bronze, die aus der Fassade herausleuchtet. Im Inneren dienen die verschiedenen Phantasievorstellungen und Stereotypen des Tourismus zu einer Rechtfertigung für einen Eklektizismus, den ich wegen seiner semantischen Angemessenheit wieder einmal als radikal bezeichnen möchte: Antike Säulen, von Chromstäben durchbohrt, bezeichnen das Reisen in Griechenland und Italien; Reisen in der Wüste werden ausge- 278 drückt durch Bronzeversionen der palmenförmigen Säulen des Pavillons in Brighton von John Nash; Indien ist mit einem bronzefarbenen Tropenhelm vertreten; Theaterkarten sind durch einen Bühnenvorhang angedeutet, Flugreisen durch Vögel, und ironischerweise ist der Ort, wo man für alles zahlt, das Pult des Kassierers, durch Umrisse eines Kühlergrills von einem Rolls Royce be- 274 zeichnet. All das ist überdeckt von einem lichterfüllten, kassettierten Gewölbe, das an die Wiener Postsparkasse erinnert, jenen großartigen „modernen" Raum, den Otto Wagner 1906 erbaute. So ist der örtliche Bezug in Gegensatz zum Stereotyp gesetzt, das bestehende urbane Gewebe gegen die Ausfüllung. Durch die handwerkliche Präzision wird — wie bei den vorher erwähnten Bauten von Dixon und Stirling — vermieden, daß die Stereotypen zum Kitsch werden. Hollein spricht direkt eine Massenkultur an und verwendet ihre Klischees (eine fast zwingende Forderung bei einem Reisebüro) — aber mit Humor und Bedacht, die bei Produkten der Massenkultur nicht notwendigerweise üblich sind.

Die Art und Weise, wie die Architektur sich unserer Industriegesellschaft mitteilt, muß als wichtigster Impuls der Postmoderne betrachtet werden. Es ist offenkundig, daß die Moderne versagt hat, diese Gesellschaft anzusprechen, wie zu Beginn dieses Buches ausgeführt wurde. Ebenso offenkundig haben postmoderne Architekten, zum Beispiel Robert Venturi, in dieser Frage nicht eindeutig Stellung bezogen. Mit diesem Problem hängen verschiedene Fragen zusammen, die ein simples Vorgehen unmöglich machen — etwa die des Gleichgewichts zwischen populären und eli-

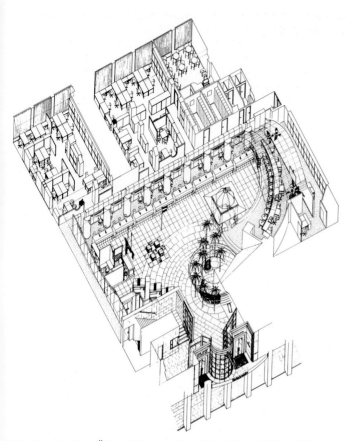

273 Hans Hollein: Österreichisches Reisebüro, Wien, 1976—1978.
Die Axonometrie zeigt die symbolischen Mittelpunkte, die als Kreise, Abstufungen und unterschiedliche Ebenen in ein abstraktes Raumsystem eingefügt sind, um die Zonen zwischen Verkauf und individuellen Arbeitsbereichen (ganz oben) zu gliedern. Der durchgehende freie Raum wird so charakterisiert und dramatisiert im Gegensatz zum isotropen Raum der Spätmoderne.

274 Hans Hollein: Österreichisches Reisebüro.
Die Kassenschalter sind echte Rolls-Royce-Kühlergrille. Stereotype Elemente werden sowohl explizit gemacht als auch verändert durch das luxuriöse Material und die wertvolle handwerkliche Arbeit.

Seite 144
275 Hans Hollein: Rathaus Perchtoldsdorf/Österreich, Renovierung, 1975/76.
Die in Blau und Silber gehaltenen dekorativen Wellenlinien vermitteln zwischen Decke, Tisch und Bodenornament, während der stilisierte Weinstock mit Rebe visuelle Ablenkung während endloser kommunalpolitischer Debatten bewirken soll. Eine alte Tür ist erhalten geblieben, während die beiden seitlichen Eingänge subtil die Wellenlinien aufnehmen, aber sie umkehren. Eine sympathische Collage aus Alt und Neu, die semantisch gerechtfertigt ist.

276, 277 Hans Hollein: Städtisches Museum Abteiberg, Mönchengladbach, 1976–1982.
Blick auf die „Propyläen" über dem „Weinberg". Das Restaurant rechts in der Abbildung ist zur Kirche orientiert, die es wie ein Dia im Spiegelglas reflektiert. Starke Kontraste werden durch die Wahl glänzender Materialien gegen dunklen Backstein und Bepflanzung erzielt.

Seite 145
278 Hans Hollein: Österreichisches Reisebüro.
Unter dem kühlen, weißen Licht eines secessionistischen Tonnengewölbes, das zwischen den unterschiedlichen Deckenhöhen vermittelt, sind die verschiedenen Zeichen für Auslandsreisen angeordnet.

279 Hans Hollein: Nachtansicht des Museums Abteiberg.
Der gebrochene Turm wirkt wie eine Druse in einer rauhen Sandsteinhülle. Links befindet sich ein Vortragssaal hinter einer Sandsteinmauer, während die Ausstellungsbereiche zur Rechten ausfächern, verkleidet mit glänzendem Aluminium und reflektierendem Glas.

275

276

277

278

279

tären Kodes, deren sich die Architekten gleichermaßen bedienen müssen, und der sie begleitenden Gefahr der Verkitschung und der Mystifizierung. Darüber hinaus bestehen die Probleme einer Konsumgesellschaft, die das private Bauen hoch bewertet und nicht das der öffentlichen Hand. Der Architekt, der mit dieser Gesellschaft durch sein Gebäude kommunizieren will, muß einen umständlichen Kurs zwischen allen diesen Hindernissen steuern. Um es zu wiederholen: Er muß verschiedene Geschmackskulturen ansprechen, indem er verschiedene Kodes anwendet, und das macht ihn zum Eklektiker. Ob er schwachen oder radikalen Eklektizismus produziert, hängt davon ab, ob er zwingende Gründe für die Verwendung eines Stils findet. Etwas vereinfacht, lassen sich je nach den Umständen drei prinzipielle Begründungen für die Wahl eines Stils oder die Mischung von Stilen geben: der Kontext, in den das Gebäude passen soll, der Charakter der spezifischen Funktionen, der durch die Stilwahl betont werden muß, und die Geschmackskultur der Bewohner. Diese drei Aspekte sind in Charles Moores im Bau befindlicher Piazza d'Italia in New Orleans ablesbar.

Wie eine Luftaufnahme des urbanen Kontextes beweist, liegt die Piazza in einem Bereich von New Orleans mit gemischter Nutzung. Auf einer Seite steht ein modernes Hochhaus, dessen schwarzweiße Fassadenzeichnung übernommen wurde als Motiv für eine abgestufte Folge von Ringen. Diese Kreisform, modernes „Bullauge" und barocke Stadtform zugleich (Place des Victoires in Paris), führt hinaus in drei Straßen und gibt dem Vorübergehenden einen Hinweis darauf, daß hinter den bestehenden Bauten etwas Ungewöhnliches passiert. Dieser Aufbau einer Erwartung und die Anwendung abschirmender Elemente, die zugleich aussagen und verbergen — der Bogengang, die Pergola —, dramatisieren den Zugang. Wir werden zum Zentrum des Bullauges gezogen und erwarten, dort einen symmetrischen, kreisförmigen Kulminationspunkt zu finden. Was tatsächlich geschieht, entspricht und widerspricht dieser Annahme gleichermaßen. Es gibt in der Tat ein Zentrum und Kreisformen, aber anstatt barocke Zentralität zu betonen, lassen sie neue Erwartungen aufkommen. Die Kreise sind teils Scheiben, teils Säulenreihen, die sich asymmetrisch auf der Diagonale der Bewegung drehen in Richtung auf einen neuen Kulminationspunkt, den höchsten Punkt, einen Bogengang, in der Tat eine moderne Serliana. Diese Diagonale wird verstärkt durch die Vielzahl gebrochener Formen — den Stiefel Italien —, die sich auf der höchsten Ebene, den „Italienischen Alpen", konzentrieren. Wir haben eine klare Organisation von Form und Inhalt. Da Italien sich zu den nördlichen Alpen erhebt, so tun es auch die fünf Ordnungen italienischer Säulen, und sie kulminieren in einer neuen, sechsten Ordnung, die das zukünftige Restaurant einfaßt. Diese Erfindung für ein deutsches Restaurant (Man wird Würste in die Fenster hängen!) nennt Moore die „Deli-Ordnung". Neonketten um den Hals dieser Säulen deuten außerdem an, daß wir uns hier im zwanzigsten Jahrhundert befinden und der kommerzielle schlechte Geschmack ein Teil dessen ist. Moore hat eine Vorliebe für architektonische Einfälle und Scherze. (Er nennt seine wasserspeienden Metopen „Wetopen"!) Es ist das Verdienst seiner Teamarbeit, daß diese einkalkulierten Geschmacksverirrungen nicht die Oberhand gewinnen. Sie sind Teil einer reichen Mischung von Bedeutungen etwa in der Art, wie ähnliche Elemente in Shakespeares Dramen absorbiert werden.

Für Historiker sind es die Bezüge auf das Theater Hadrians und die Triumphbögen von Schinkel, für die Sizilianer die archetypischen Piazzas und Brunnen; für den modernen Architekten ist es die Anerkennung des Hochhauses und die Anwendung moderner Technologien (Neon und Beton); für den Liebhaber reiner architektonischer Formen sind es die behauenen Kämpfer aus gesprenkeltem Marmor und eine sehr sensible Anwendung von poliertem Chromstahl. Die Kapitelle der Säulen aus diesem Material glänzen, wenn das Wasser aus den Akanthusblättern hervorschießt. Die strengen, gedrungenen toskanischen Säulen sind ebenfalls aus diesem Material geschnitten und vermitteln rasier-

messerscharfe, paramilitärische Bilder, die Silhouetten griechischer Helme[70]. Der Gesamteindruck schließlich ist sowohl ein sinnlicher als auch ein rhetorischer; er erscheint vielleicht gegenwärtig ein wenig übertrieben, weil seine Ausfüllung im Hintergrund noch nicht fertig ist. Aber in der Konzeption ist die Piazza ein überzeugendes Beispiel für radikalen Eklektizismus: Sie paßt in den urbanen Kontext und erweitert ihn. Die verschiedenen Funktionen werden symbolisch und praktisch durch verschiedene Stile charakterisiert, und die Bezüge für Inhalt und Form stammen aus der lokalen Geschmackskultur, von der italienischen Gemeinde. Darüber hinaus liefert der Entwurf dieser Gemeinde ein Zentrum, ein „Herz", um das postmoderne Schlagwort zu wiederholen. Während er eine Massenkultur mit anerkannten Stereotypen anspricht, werden diese sowohl direkt als auch in auf phantasievolle Weise veränderter Form erfolgreich angewendet.

Schließlich — man gestatte mir diese in die Zukunft weisende Anmerkung — deutet er auf eine Architektur wie die des Barock hin, als verschiedene Künste sich verbanden, um ein rhetorisches Ganzes zu erzeugen. Mit Sicherheit wird der Erfolg dieser Rhetorik von außerhalb der Architektur liegenden Faktoren abhängen: von einem überzeugenden sozialen oder metaphysischen Inhalt. Die Suche nach einem solchen Inhalt ist die Herausforderung an die postmodernen Architekten.

280 Charles Moore (mit Allen Eskew und Malcolm Heard Jr. von Perez Associates und Ron Filson): Piazza d'Italia, New Orleans/Louisiana 1976–1979.
Säulenreihen und Strebebogen führen zum Mittelpunkt, dem zukünftigen deutschen Restaurant, mit einer modernen Serliana. Der dunkle flache Kämpfer sieht aus wie die Architektenzeichnung eines Querschnitts.

DIE SYNTHESE: POSTMODERNER KLASSIZISMUS

Das letzte Postskriptum zu diesem Buch entstand im Jahre 1979, als mehrere der im Text genannten Bauten, zum Beispiel Stirlings Stuttgarter Staatsgalerie, sich noch im Bau befanden. Die Fertigstellung dieser Gebäude sowie Arbeiten in einem neuen Stil haben zwangsläufig zu diesen neuen Schlußfolgerungen geführt. Sie vervollständigen die zu Beginn dieses Buches erzählte Geschichte, die 1976 geschrieben wurde. Denn was sich inzwischen ereignet hat, ist die Entwicklung einer neuen populären Formensprache der Architektur, ein postmoderner Klassizismus, der, wenn er auch keinen eleganten und perfekten, voll ausgebildeten Diskussionsbeitrag darstellt, doch zumindest in groben Umrissen deutlich erkennbar ist. Gegenwärtig beginnen die Architekten wieder, das ganze Repertoire anzuwenden – Metapher, Ornament, Polychromie, Überlieferung –, um mit der Öffentlichkeit zu kommunizieren. Dieser Versuch mag nicht immer erfolgreich sein, und die Ergebnisse leiden an der Schnelligkeit der gegenwärtigen Baupraxis, aber die allgemeine Richtung hat sich etabliert. Sie läuft auf einen Konsensus hinaus wie der Internationale Stil der zwanziger Jahre, aber mit einem entscheidenden Unterschied: Der postmoderne Klassizismus ist eine freie eklektische Manier, die beliebig bei öffentlichen Bauten angewendet werden kann. Es ist kein allumfassender Stil, wie ihn Nikolaus Pevsner für den Internationalen in Anspruch nahm, und er existiert nur als ein Genre neben anderen Stilformen. Kurz gesagt, es ist der gewichtigere Teil des Pluralismus, den er als notwendiges Mittel der Kommunikation vertritt.[71]

Um eine architektonische Bedeutung zu etablieren, muß ein Gegensatz verwendet werden. Der Freistil-Klassizismus der Gegenwart gewinnt seine Bedeutung als öffentliches Genre durch den Kontrast zu romantischen und zu pragmatischen Methoden.[72] Er kann feierlich und würdevoll wirken wie das Werk Aldo Rossis. Er kann als der kommerzielle Jazz von Charles Moore auftreten, als die monumentale Fanfare Ricardo Bofills oder die lieblich Polyphonie von Hans Hollein. Die Formen sind vielfältig, aber dennoch identifizierbar. Von der Klassik übernahm er die universale Grammatik und Syntax – Säulen, Bogen, Kuppeln, Verbindungen und Dekorationen – und aus den gegenwärtigen sozialen Aufgabenstellungen und der Technologie bezieht er den kreativen Impetus.

Der neutoskanische Stil – die funktionale Form

Die Synthese der gegenwärtigen Strömungen trat erstmals offenkundig auf der Biennale von Venedig im Jahre 1980 zutage. Das eigentliche Thema der von Paolo Portoghesi und einem Komitee – zu dem Robert Stern, Christian Norberg-Schulz, Vincent Scully und ich gehörten – organisierten Ausstellung war die postmoderne Architektur, obgleich der offizielle Titel „Die Gegenwart der Vergangenheit" lautete.[73] Dieser verkehrte leider die Bedeutung der Postmoderne und wendete sie scheinbar zum historischen Bezug. Aber der große Vorzug der Ausstellung war es, daß sie die Architektur und den neuen Konsensus hervorhob. Die Öffentlichkeit reagierte positiv auf diese Zurschaustellung mit täglich über 2000 Besuchern – einer großen Anzahl für eine Architekturausstellung. Nach dem Abbau wurde die Schau in Paris und in San Francisco gezeigt. Während gewisse Kritiker, zum Beispiel Bruno Zevi, sie angriffen, unterstützte die Mehrheit der nicht aus dem Architekturbereich stammenden Rezensenten die neue Richtung.

Wenn Architektur sich als eine öffentliche Kunst definieren läßt, dann rechtfertigte diese Ausstellung den öffentlichen Aspekt der Definition. Sie erfuhr eine erstaunlich große Publizität in Italien durch das Fernsehen und die Presse. In den Augen derer, die der Schau ablehnend gegenüberstanden, war sie reine Show: ein Potemkinsches Dorf aus Pappwänden, das mit der nächsten Modeströmung weggefegt würde. Aber daß sie mehr als das war, läßt sich von der Vielzahl der in dieser Formensprache ausgeführten Bauten ablesen.

Einer der Teilnehmer an der Biennale, Aldo Rossi, ist ein per-

281 Strada Novissima auf der Biennale von Venedig, 1980.
Die alten Vorstellungen von der Fassade und der Straße sind wieder aktuell – die meisten Fassaden im Freistil-Klassizismus gestaltet. Rechts die Fassaden von Stern, Purini, Tigerman, GRAU und Isozaki.

Seite 148
282 Charles Moore (mit Allen Eskew und Malcolm Heard jr. von Perez & Associates und Ron Filson): Piazza d'Italia, New Orleans, 1976–1979.
Die Luftaufnahme zeigt die Piazza (Kreis) im urbanen Gewebe (Rechteck) ähnlich einem Mandala, dem mystischen Diagramm der Buddhisten, das seine Anwesenheit durch verschiedene Elemente ankündigt: eine Pergola, einen Kampanile und einen Triumphbogen oder die Zeichnung der Pflasterung. Diese Bebauung sucht, wie viele andere Entwürfe der Rationalisten, das historische urbane Gewebe zu betonen, während sie gleichzeitig seine Bedeutung wandelt.

283 Charles Moore: Piazza d'Italia.
Die toskanische Säulenordnung rechter Hand ist „kanneliert" durch Wasserdüsen; die dorische Reihe zur Linken zeigt „Wetopen" und das Gesicht des Architekten Moore, das Wasser ausspeit. Im Hintergrund stehen Komposit- (links) und korinthische Säulen (rechts), während der Stiefel Italien, aus schwarzem und weißem Gestein gebildet, erkennbar ist.

Seite 149
284 Ricardo Bofill/Taller: „Bogen", „Palast" und „Theater" für sozialen Wohnungsbau: Der Klassizismus ist nicht nur im Maßstab vergrößert, sondern auch alte Organisationsformen werden verwendet, um dem Wohnungsbau Identität zu verleihen und positiven urbanen Raum zu bilden. Die Dimensionen und die hohe Dichte sind, wie Rem Kohlhaas' „Culture of Congestion", für die Außenbezirke von Paris ungewöhnlich. In ihrem Kontext gesehen, inmitten der gigantischen Scheußlichkeiten, die in den letzten zehn Jahren an den Paris umgebenden Autobahnen entstanden sind, ist dieses Bauwerk Teil des dortigen Genres, wenngleich erheblich gelungener.

285 Ricardo Bofill/Taller: Der „Bogen" und das „Theater".
Glänzende Säulen – Wohnräume – schießen hinauf zu drei Geschossen von abstrahiertem Pflanzenwerk und kulminieren in echten Zypressen. Bofill ist der letzte Romantiker, und seine Dachlandschaften ähneln den schwindelnden Höhen des Olymp. An Sonntagen sind die Dachgärten voll von Menschen – es ist eine wirklich volkstümliche Architektur.

281

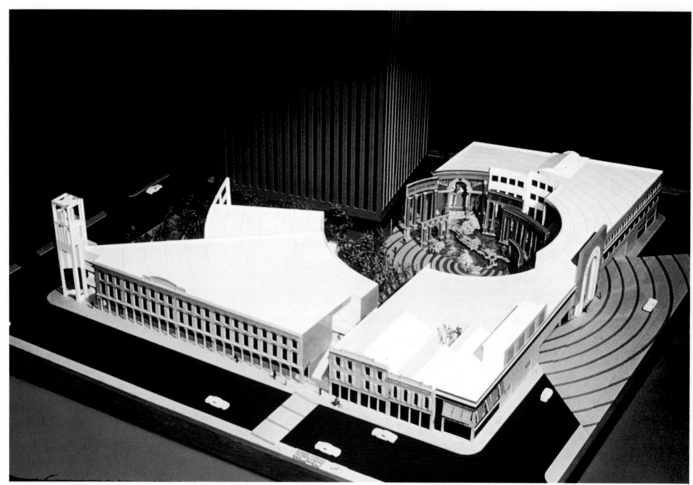

282

283

284

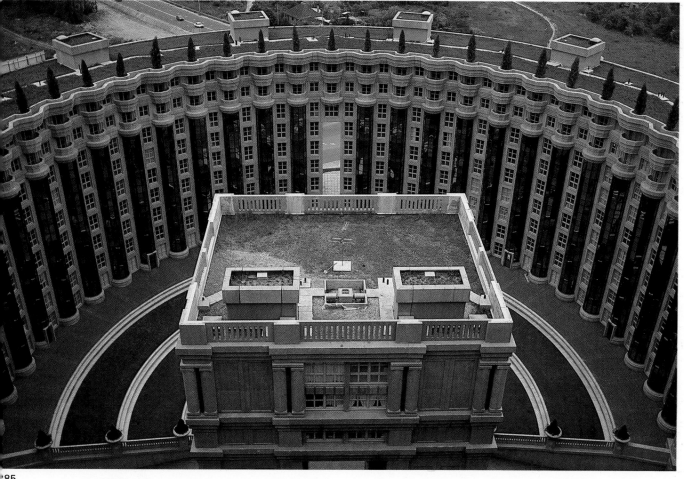

285

149

286 Aldo Rossi: Il Teatro del Mondo, das schwimmende Theater, Biennale Venedig, 1979/80.
Eine klassische quadratische Geometrie, die wie die überkuppelten Kirchen von Venedig in einer Laterne und Kugel kulminiert. Die blauen Dekorationselemente beziehen sich auf den städtischen Kontext, während die Holzkonstruktion regionale Elemente aufnimmt.

287 Aldo Rossi: Friedhof von Modena, 1978–1983.
Die Archetypen Wohnhaus und Grab, Blockrandbebauung und vertikales Monument, Schlußstein und Kubus sind in einen auf wenige Formelemente reduzierten Stil transformiert, um – wie Rossi es bezeichnet – eine analoge Architektur zu erzeugen, die auf der Betonung der Erinnerung basiert.

sönlicher Freund Portoghesis. Vielleicht erklärt dies seine beherrschende Position in der Ausstellung; er entwarf das Eingangstor und das schwimmende „Il Teatro del Mondo". Letzteres vereinigt einen klassizistischen Entwurf mit regionalen Bauformen und stellt ein zwitterhaftes Gebilde dar, das wie Venturis Bauten archetypische Elemente aufweist: Fenster mit quadratisch angeordneten Sprossen, eine flache, billige, einfache Fassade. Aber ebenso wichtig wie diese fundamentalen Formen war die Gegenwart – nicht der Vergangenheit, sondern von Rossis Person. Denn diese signalisierte eine Zusammenführung von Neorationalisten und Eklektizisten oder, mit anderen Worten, der Stadtplaner und der Historisten, der gegensätzlichen Schulen innerhalb der Postmoderne. Bis zu diesem Zeitpunkt war Rossis Architektur streng und monoton gewesen, ein Abbild des Todes im Leben. Nach dieser Ausstellung wurde sein Werk heiterer und berücksichtigte stärker die umgebende Bebauung. Während dieser Periode wurde sein gewichtiger Friedhof von Modena fertiggestellt, das Meisterwerk archetypischer Formgebung und dessen, was er als „analoge Architektur" bezeichnete. Aber nicht nur Rossi wurde vom Klima dieser Auffassungen beeinflußt. Er war es, der die Schule des Neorationalismus, La Tendenza, begründet hatte, die wiederum die Synthese des postmodernen Klassizismus bewirkte. Von Rossi und anderen, zum Beispiel

den Brüdern Krier und Mario Botta, übernahm sie die Aspekte der kontrollierten Wiederholung und urbaner Angemessenheit, vor allem die zurückhaltende Stilrichtung, die als neutoskanischer Stil oder als Neue Abstraktion bezeichnet werden kann.[74]

Dieser letzte Begriff wurde von Oswald Mathias Ungers und mir geprägt sowohl als Kontrast zur Neuen Repräsentation wie auch als Bezug zu einer neu aufkommenden Richtung: der Auseinandersetzung mit abstrakten Architekturthemen. Rossi hatte 1966 in seinem wichtigen Buch „Architettura della Città" das vielschichtige Wesen der Architektur betont, gezeigt, wie Bauformen eines römischen Amphitheaters auf verschiedene Kulturen übertragen und wiederverwendet werden könnten: zum Beispiel für Wohnbebauung. Ungers hat in seinem Buch „Die Thematisierung der Architektur" (1983) das Verständnis dieses Begriffs bis zu dem Punkt geführt, an dem Architekturthemen so autonom werden, daß sie die Geschichte und die Funktion beherrschen. Kulturen können sich wandeln, aber der abstrakte Typ des Wohnhauses und der Blockrandbebauung wird sich selbst immer weiter transformieren.

„Die Neue Abstraktion in der Architektur befaßt sich mit einer rationalen Geometrie, mit klaren und regelmäßigen Formen im Grundriß wie in der Ansicht ... Die Emotion wird beherrscht durch rationales Denken, und dieses wird durch die Intuition

288 Oswald Mathias Ungers: Blockrandbebauung, Schillerstraße, Berlin, 1978–1982.
Die Straßenbegrenzung wird erhalten und der Grundtyp der Berliner Wohnung um einen Innenhof transformiert.

289 Oswald Mathias Ungers: Messehallle und Galleria, Frankfurt/Main, 1979–1982.
Eine gewaltige, leuchtende Passage, ähnlich denen des 19. Jahrhunderts, verbindet zwei Messehallen miteinander.

stimuliert … (Ein architektonisches Konzept ist etwas), das sich überhaupt nicht wandelt, das Bestand hat und das sich nur weiterentwickelt durch kontinuierliche Stadien der Transformation. Die Neue Abstraktion bedeutet genau dies – die Transformation von Ideen und Konzepten im Verlauf der Geschichte."[75]

Eine Grammatik der Transformation, die auf universellen Archetypen oder Ideen basiert, hat viel für sich, besonders als Methode des kreativen Denkens.

Von Ungers, der sich plötzlich selbstsicher auf der deutschen Architekturszene ausgebreitet hat, befinden sich fünf oder sechs große Projekte in verschiedenen Stadien der Ausführung. Seine Blockrandbebauung in Berlin ist eine Illustration der Transformation eines Wohnungstyps um einen Innenhof herum. Die Variationen des Architekturthemas lassen sich buchstäblich ablesen: Die Fensterabstraktionen sagen dem gebildeten Betrachter, welcher Wohnungstyp sich dahinter befindet, selbst wenn sie nicht ausdrücken, ob er von Deutschen oder von Italienern bewohnt wird. Die Neue Abstraktion will Kulturen überschreiten und zu einem reinen architektonischen Paradies führen. Ungers' Frankfurter Messehalle mit Galleria ist eine Kulmination anderer abstrakter Themen: die verglaste Arkade, der Lagerraum und die gestufte Plattform. Wenn jemals auf dem Dach Zypressen geflanzt werden, wo eigentlich Autos parken sollten, wird sie zu einer harten deutschen Version des lieblichen italienischen Gartens werden, einer Isola Bella! Dies ist ein weiterer Vorzug der Neuen Abstraktion: Sie zwingt zur Verbindung gegensätzlicher Archetypen, zum Denken über Funktionen hinweg, zum Abgehen von Stereotypen der normalen Produktion. Ungers hat soviel kreatives Vergnügen an der Kombination und Transformation seiner Themen, daß er verhältnismäßig wenig Zeit auf Detailplanung und Bauausführung verwendet. So wirken seine Bauten wie die Rossis eher konzipiert als gebaut, mehr aufgerissen als verkörpert.

Dieser Aspekt der Neuen Abstraktion führt an sich zur Massenproduktion. Es ist offensichtlich billiger, alles zu rastern und jede Abweichung von der geraden Linie in einer einfachen Kurve oder einem Halbkreis zu führen. Und hierin liegt der Klassizismus dieser Richtung. Er basiert auf den Grundformen der platonischen Geometrie. Mit dem Kreis, dem Quadrat, dem Dreieck, dem Sechseck, dem Achteck oder deren Fragmenten erschöpft sich das Formenrepertoire. Man findet keine komplexe Kurve und kein nicht modulares Element in dieser Architektur. Die Teile werden zusammengefügt mit einer Sachkenntnis und Präzision, die der industriellen Gesellschaft entsprechen. Es ist alles vereinheitlicht und rationalisiert oder, weniger elegant ausgedrückt, idiotensicher".

Wenn man viel Planungsarbeit zu bewältigen hat und dabei ständig unterwegs ist wie Rossi und Ungers, dann zahlt sich diese einfache Methode aus. Abgesehen von ihrem pragmatischen Wert (der oberflächliche Detailplanung zur Folge haben kann), hat sie einen ästhetischen und moralischen Vorzug. Der Stil ist neutral, wohlgelitten und verständlich. Diese Eigenschaften empfehlen ihn denjenigen Architekten, die vom Pluralismus und der von ihnen für kitschig gehaltenen Postmoderne nicht angetan sind. Die Neue Abstraktion mit ihrer Betonung der Autonomie der Architektur bedeutet, daß man sich unbekümmert um den Geschmack anderer Leute auf die ästhetischen und organisatorischen Probleme konzentrieren kann. Und daraus folgt, daß die Architektur wie eine Kunst beherrscht werden kann.

Kein Neorationalist beherrscht sein Handwerk besser als der Tessiner Architekt Mario Botta. Aufgrund seines Studiums sowohl bei Louis Kahn als auch im Atelier von Le Corbusier ist er den klassischen postmodernen Weg gegangen, indem er den Spätstil dieser Meister zu einem primitiven Klassizismus weiterentwickelte. In veränderter Form sind klassizistische Merkmale wie Gesimse, Säulen mit Kapitellen, Rustizierung erkennbar sowie das allgegenwärtige Giebelfenster, welches entweder als vergrößerte Lünette oder als verkleinerte Arkade auftritt. Die beiden letzteren vermitteln allen seinen Bauten ein ordnendes,

290 Mario Botta: Wohnhaus in Viganello/Tessin, 1980/81.
Ein gewaltiger Tempel oder Bunker steht im Kontrast zu der Berglandschaft und dem Bewuchs. Botta erzielt weitere manieristische Wirkungen durch Vergrößerungen des Rundfensters, durch Reduktion eines Zahnschnittfrieses und das Chiaroscuro großer Mauereinschnitte. Beachten Sie die strenge Symmetrie, die Lücke des Schlußsteins und die dekorative Anordnung des Betonsteins.

mythisches Element, das im Kontrast steht zum Gewicht des Mauerwerks, des Symbols für den Erdboden. Dieser Gegensatz zwischen Luftraum und Boden oder, pathetischer ausgedrückt, zwischen Himmel und Erde läßt die Gebäude auf höchst primitive Weise verwurzelt erscheinen. Tatsächlich nehmen auch die überschweren Betonsäulen diesen Kontrast auf und vermitteln unserer hochmobilen Gesellschaft das Gefühl einer fundamentalen Beständigkeit. Es ist, als erfände Botta aufs neue die ägyptischen und kretischen Haussäulen, welche das Zentrum der sozialen Welt markieren und den Himmel stützen. Ebenso wichtig ist die geometrische Ordnung, nicht nur des Grundrisses, sondern auch der Bauelemente, die gewöhnlich Betonsteine sind. Botta behandelt diese in einer fast übertriebenen Qualität, als ob es sich um Marmor handelte und nicht um industriell hergestelltes Material. Und er legt im Plan – und kontrolliert dadurch – die Anordnung jedes einzelnen fest. So übernehmen sie eine dekorative, hieratische Rolle, ähnlich wie das Mauerwerk der Zisterzienserbauten. Kahn, Le Corbusier und andere moderne Architekten, vor allem natürlich Mies van der Rohe, behandelten das industriell hergestellte Baumaterial auf gleiche Weise. Auch bewunderten sie die Frühromanik, die das Bauen in eine transzendente Kunst verwandelte. Was Botta von seinen Vorläufern unterscheidet, ist der explizite Manierismus seiner Stilreproduktionen. Während die Vertreter der Moderne ihren Klassizismus hinter dem technischen Imperativ zurücktreten ließen, läßt Botta ihn sich frei zu einem primitiven Symbolismus entwickeln. Zum Beispiel fächert er die Betonelemente in der Casa Rotonda auseinander zu einem Kapitell oder staffelt sie in 45-Grad-Winkeln zu einem Zahnschnittfries. 291, 292

Die Betonung der klassischen Ordnung ist offensichtlich in Bottas Grundrissen, die, wie diejenigen Palladios, häufig in neun

291, 292 Mario Botta: Casa Rotonda, Stabio/Tessin, 1979–1981.
Der Zylinder ist als eine palladianische Neun-Quadrate-Lösung angelegt,
orientiert zur Aussicht. Das Mauerwerk ist gewaltsam auseinandergeris-

sen, um Ausblick und Belichtung zu dramatisieren. Jeder konstruktive
Block ist bezeichnet und verständlich gemacht. Der strenge neotoskani-
sche Stil ist unpersönlich und für preiswerte Einfamilienhäuser geeignet.

Quadrate aufgeteilt sind. Folgerichtig sind diese zu den vier Himmelsrichtungen und Aussichten orientiert – eine weitere Möglichkeit, die Gebäude am Boden zu verwurzeln. Was sie so außerordentlich manieristisch und nicht-palladianisch macht, ist
das gekappte Dach: der verkleinerte Giebel, der Abschluß oder
die Kuppel. Dies ist, ebenso wie der Betonstein, der paradoxe
Ausdruck von Bottas Position als teilweise moderner Architekt.
Im letzten Augenblick will er keinen Rückgriff auf ein bewährtes
Rezept oder ein Klischee machen, sondern läßt das Gebäude
vor seiner krönenden Aussage aufhören, fast mit einem Flach-
dach! Diese Beschneidung, ebenso wie die häufige Verwendung
des Chiaroscuro, der tief in das Mauerwerk eingeschnittenen
Löcher, sind ein Zeichen der Unruhe und Spannung: die Frage-
stellung der neuen Welt an die alte, die Herausforderung der
Moderne an die traditionelle abendländische Kultur. Auf sehr
reale Weise befaßt sich Bottas Manierismus mit dieser Herausforderung, dieser Kollision der Gegensätze. Wie Stirling bei seinem Stuttgarter Bau macht er keinen Versuch, den Unterschied
zu verwischen oder sich für eine gefällige Versöhnung zu ent-
scheiden. Sowohl Botta als auch Stirling ziehen es vor, die Vereinigung entgegengesetzter Systeme und Auffassungen zu dramatisieren.

Bottas Werk ist – wie dasjenige von Aldo Rossi, Oswald Mathias Ungers und anderer Neorationalisten – im neutoskanischen
Stil gehalten, teils weil dieser preiswert ist, da er auf der einfachen Wiederholung von Mauern und Leerflächen basiert, und
teils, weil er sowohl aristokratisch als auch proletarisch ist.[76] Wie
die Moderne, die Tom Wolfe in seinem Buch „From Bauhaus to
Our House" satirisch analysiert, ist dieser strenge Stil wunderbar
doppelsinnig: bürgerlich und unbürgerlich zugleich.[77] Wie der
Designer von Blue Jeans betont er die intellektuelle Armut. Er
bietet auch die einfachste Weise, Details zu planen oder möglicherweise sogar ohne Details auszukommen. Sebastiano Serlio
empfahl die Verwendung des einfachsten klassischen Stils, des

toskanischen, für Gefängnisse, Befestigungswerke und Hafen-
anlagen: für rauhe, schwere Funktionen nahe dem bäuerlichen
Leben und dem Erdboden. Es sind dies Vorzüge – der Adel des
einfachen Bauern –, welche ihn bestimmten Architekten nahe-
bringen.

Einen weiteren Grund für die Übernahme dieses Stils nennt
Demetri Porphyrios in seiner Veröffentlichung „Classicism is not
a Style".[78] In dieser 1982 veröffentlichten polemischen Schrift
vertritt er die paradoxe Ansicht – der durch die abgebildeten
Beispiele widersprochen wird –, daß der gegenwärtige formen-
reduzierte Klassizismus von Rossi und den spanischen Architekten keine Mode und kein Genre sei. Was ich als neuen toskanischen Stil bezeichne, will Porphyrios lediglich als eine Ethik des
Bauens verstehen, was er die „mimetische Ausarbeitung der
konstruktiven Logik des regionalen Bauens: Klassizismus"
nennt. Die dorische Ordnung, welche die Holzkonstruktion weiterentwickelt und symbolisiert, ist das Ideal. Dies ist der entscheidende Punkt, und zweifellos vertreten sowohl Botta als
auch die spanischen Architekten Miguel Garay und Rafael Mo-
neo diese Ethik. Porphyrios mag, ebenso wie andere, dies als
Alternative zum Kitsch und zur Repräsentationsarchitektur betrachten. In der Tat wurde in der viel publizierten „Great Debate:
Modernists versus the Rest", die 1982 am Royal Institute of
British Architects in London stattfand, dieser Gegensatz häufig
berührt.[79] Für viele der Exmodernen ist der Weg zur konstruktiven Logik und deren Folgeerscheinungen der einzig gangbare:
Für engagierte Verteidiger der Moderne, zum Beispiel Kenneth Frampton, ist jede Verwendung von Symbolik oder Dekoration gleichbedeutend mit Kitsch! Dies ist natürlich eine absur-
de Einstellung, aber sie erklärt die Leidenschaftlichkeit, mit
der die Neorationalisten und die Anhänger des neuen toskanischen Stils ihre Richtung vertreten. Seine Verteidiger glauben,
er führe zu einer authentischen Architektur im Zeitalter des Kom-
merzes.

293 Takefumi Aida: Bausteinhaus III, Tokio, 1980/81.
Große Blockelemente – den Fröbel-Bausteinen ähnelnd – sind übereinandergestapelt, manchmal aus Backsteinen, manchmal als Stütze-und-
Balken-Konstruktion. Diese klassische Grundkompositionsart wird dann
in Kontrast gesetzt zu De-Stijl-Asymmetrien und ineinandergreifenden
Raumelementen. Die Dekoration ist das Ergebnis der Blockverbindun-
gen, wie häufig beim toskanischen Stil.

294 Minoru Takeyama: Nakamura-Krankenhaus, Sapporo, 1978–1980.
Einfache platonische Formen, hochtechnisierte Materialien und eine
glatte Architektur mit einer minimal dekorierten Fläche.

Tatsächlich ist diese Richtung ein Stil wie jeder andere und
durchaus als Genre zu verteidigen. Ihn zeichnet die Schönheit
einfacher Prosa aus. Zum Beispiel sind Takefumi Aidas Bau-
steinhäuser konzeptionell so einfach zu erfassen wie die kindge-
rechten Blöcke, aus denen sie erbaut sind. Konstruktive Grund-
elemente, die einen starken Mauerverband in verschiedenen
Färbungen bilden, sind übereinandergestapelt und von platonischen geometrischen Formen – Pyramiden oder erweiterten
Giebeln – gekrönt. Die Ergebnisse sehen unweigerlich wie Tempel aus – es ist ein Freistil-Klassizismus, der ebenso an den
undekorierten toskanischen Stil wie an Shinto-Heiligtümer erinnert. Wenn man die Bauten weitergehend analysiert, so ergeben
sich komplexe räumliche und formale Asymmetrien, die an die
Ästhetik des Stijl und der Moderne erinnern. Daraus entsteht das
typische postmoderne Zwittergebilde: Das konstruktive Element
ist einfach und klassizistisch, während die Komposition komplexer Natur ist und die ineinandergehenden Räume der Moderne
aufweist.

Viele japanische Architekten arbeiten im neutoskanischen Stil,
weil er so grundlegend und analog dazu eng mit der Shinto-
Ästhetik verbunden ist. Zu seinen überzeugendsten Vertretern,
die ihn mit einer minimalistischen Hochtechnologie verbunden
haben, gehören Toyoo Itoh und Minoru Takeyama. Obgleich
beide sich in anderer Hinsicht voneinander unterscheiden, ist
ihnen eine Verpflichtung zu ursprünglichen, einfachen industriellen Materialien gemeinsam, aus denen sie platonische Formen
bilden – den unvermeidlichen Halbkreisbogen, den archetypischen Giebel und die quadratisch gerasterte Fensterwand. Auf
den ersten Blick erscheint es erstaunlich, daß so viele japanische
Architekten sich einem primitiven abendländischen Klassizismus
verbunden fühlen. Arata Isozaki entwickelte sogar, wie wir sehen
werden, einen ausgeklügelten Manierismus. Aber bei näherer
Betrachtung sind die Gründe offensichtlich. Japan ist schnell im
Aufnehmen und Transformieren fremder Einflüsse und hat dies
buchstäblich seit Tausenden von Jahren getan. Auch bietet sich
die universale und archetypische Natur des klassischen For-
menkanons für kulturelle Anleihen an. In den Händen eines japanischen Architekten, Toyokazu Watanabe, hat die klassizistische
Formensprache einen fast dämonischen Aspekt angenommen.
Seine Betonhäuser sehen wie furchterregende Grabstätten aus,
wie monumentale Bunker, die ausgebrannt und als starke Mauern mit grausigen schwarzen Löchern übriggeblieben sind. Erst

295 Toyokazu Watanabe: Haus Sugiyama, Osaka, 1980/81.
Für Adolf Loos, von dem Watanabe beeinflußt ist, beruhte Architektur
auf dem Monument und auf dem Grab. Nichts ist machtvoller als diese
mit dem Denkmal verbundenen Bilder, die durch Veränderung ihres
Maßstabs noch furchterregender werden. Ob sie für den Wohnungsbau
geeignet sind oder gar wie hier für das Haus eines Künstlers, ist die
Frage. Aber sie wirken sicherlich erhaben und logisch.

296 Rob Krier: Wohnanlage Ritterstraße, Berlin-Kreuzberg, 1977 bis 1981.
Die erodierte Figur kennzeichnet den Eingang ähnlich einer klassischen Karyatide, ist aber eher ein Hinweis auf die Ruinen von Berlin als eine Gestalt für das Publikum. Der flache toskanische Stil mit symmetrischen Fenstereinschnitten wird hier für den Wohnungsbau benutzt, um urbanen Raum und die Straße zu begrenzen.

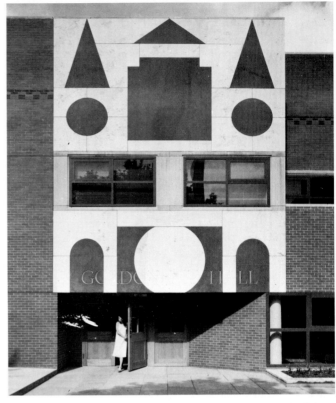

297 Venturi, Rauch und Scott-Brown: Restaurant Gordon Wu, Princeton/New Jersey, 1981–1983.
A-B-A-Motive (nach Serlio) sind symbolisch aufgehängt, um einen Eingang zu betonen und mit dem flachen Fensterband zu kontrastieren. Der Anzeigentafel-Effekt der sechziger Jahre wird hier ironisch für einen Campus mit anderen klassizistischen Stilreproduktionen verwendet, aber dieser Bau ist wesentlich naiver.

295 beim zweiten Hinsehen gewinnen die Schönheit und Logik dieser Architektur die Oberhand über ihr furchterregendes Aussehen. Solide toskanische Mauern und Fensterhöhlen erzeugen eine logische Ausdrucksform. Die Geschosse für das obenliegende Künstlerstudio sind zurückgestuft wie eine Zikkurat, und die Lichtgaden sind verdoppelt, um Licht aus verschiedenen Quellen hereinzulassen. Diese Verdoppelung kleiner Scheiben läßt das Gebäude, wie andere Bauten Watanabes, doppelt so groß wirken. Wie beim Werk von Adolf Loos, das Watanabe studiert hat, kann die einfache Logik des Klassizismus zu schönen und humorvollen Ergebnissen führen. Loos stapelte seine schwarzen und weißen Kuben zu Zikkurats aus Wohnungen und

55 vergrößerte eine dorische Säule zu einem Wolkenkratzer. Watanabe läßt Säulen im Raum hängen – was zur formalen Logik zwar notwendig, aber für die Statik unnötig ist. Sowohl Loos als auch Watanabe haben ein merkwürdiges Vergnügen am Paradoxon, das im Klassizismus enthalten ist.

Der neutoskanische Stil ist, um es zusammenzufassen, jetzt eine herrschende Richtung in einigen Teilen Europas, wie zum Beispiel in Italien und Spanien, und wird von postmodernen Klassizisten als eine von mehreren Methoden vertreten. Er ist, wie Serlio vorschrieb, geeignet für unpersönliche, einfache und funktionale Bauten – wie es heute das Krankenhaus, die Fabrik und die Straßenarkade sind. Vermutlich kann er nicht dem kitschigen Kommerzialismus Einhalt gebieten, wie manche seiner Anhänger es erhoffen, aber er hat sich zu einer aristokratisch-zurückhaltenden Gestaltungsweise entwickelt. Understatement und kühle Redlichkeit sind seine Tugenden, Brutalismus und kitschige Details seine gelegentlichen Laster. Einige amerikanische Architekten, wie Batey und Mack oder Mangurian und Hodgetts, verwenden ihn als einen bewußten „Primitivismus", um übertriebener Intellektualität entgegenzuwirken. Er kann konstruktiven Purismus und dadurch eine gewisse Ethik annehmen, wenn er von jemand so Fähigem wie Mario Botta angewendet wird. Aber als universaler und mehrheitlich benutzbarer Stil, wie von den Neo-Rationalisten vorgeschlagen, hat er einen zu begrenzten Bereich: keinen Symbolismus, kein Ornament, wenig Polychromie und fast keine Skulptur.

296 Das Beispiel, wo eine figurale Plastik eingeführt wurde – Robert Kriers Wohnungen in der Berliner Ritterstraße – bildet die Ausnahme, und die Skulptur ist primitiv. Obgleich die Absicht, Kunst auf symbolische Weise für urbane Zwecke zu benutzen, exemplarisch ist, bleibt die Bedeutung immer noch esoterisch und wird nicht populär. Hier soll nicht zugunsten oberflächlicher

Ästhetik argumentiert werden, sondern vielmehr für die gleiche Klarheit des Ausdrucks, die Robert Krier in seinem Städtebau erreicht hat. Wenn seine Aussagen, Zeichnungen und städtebaulichen Entwürfe eine Rückkehr zu großstädtischen Raumfolgen vorschlagen – Straßen, Plätzen, Arkaden –, dann bleibt seine Anwendung der Kunst im Gegensatz dazu unartikuliert. Der Nachteil des neutoskanischen Stils, sofern einer besteht, ist sein Mangel an Formenvielfalt.

Die neue Repräsentation – die kommunikative Methode

Der postmoderne Klassizismus ist noch jung, erst seit 1980 definiert[80], und wir sollten strenge Forderungen an diejenigen stellen, die ihn praktizieren. Die einzige Kritik an ihm ist zu vernachlässigen und wird wiederum von seinen Schöpfern vernachlässigt. Konstruktive Kritik ist notwendig, die Entstehung eines differenzierten Vokabulars, so daß die noch junge Richtung eine höherentwickelte Sprache aufzubauen beginnt. Zum jetzigen Zeitpunkt bleiben das Ornament, die Polychromie, der Symbolismus und die Verwendung der Skulptur und der Malerei etwas oberflächlich. Das zeigt sich bei denen, die ihre Arbeit auf der Kommunikationstheorie basieren, die das praktizieren, was ich die neue Repräsentation im Sinne einer bildlichen Darstellung genannt habe.[81] Robert Venturi hat, wie erwähnt, dieser Richtung mit vielen Schriften, Ausstellungen und Bauten den Weg bereitet und eine Sprache entwickelt, um mit verschiedenen „Geschmackskulturen" zu kommunizieren. Sie basiert nicht nur auf den rhetorischen Typen von „Komplexität und Widerspruch", sondern auch auf „häßlichen und ordinären" Elementen und solchen, die auf eine kommerzielle Gesellschaft abgestellt sind – Las Vegas im Extrem. Dadurch unterstützt er diese Gesellschaft nicht, aber kritisiert sie auf ironische Weise mit manierierten und veränderten Formen – den oben analysierten Demi-Formen.[82] Erst kürzlich haben Venturi und Denise Scott-Brown Argumente für das applizierte Ornament vorgebracht, das natürlich auf dem Symbolismus beruht, aber auch schnelles, billiges Bauen ermöglicht: „In der Entwicklung unserer Ideen über Applikation, zuerst als räumliche Überlagerung, dann als Anzeigentafel und schließlich als Ornament, kamen wir zu einer Applikation als Repräsentation in der Architektur … Manifestationen dieses Ansatzes zum Symbolismus in der Architektur sind im wesentlichen zweidimensional und bildlich … In unserer Zeit rechtfertigen der Zwang zur Wirtschaftlichkeit und die industrielle Standardisierung einerseits und der Mangel an Handwerksleistung andererseits diesen vereinfachten, repetitiven und anschaulichen Weg zum Ornament."[83]

Kritiker dieser Auffassung mögen sagen, daß die Verallgemeinerungen unwahr und die Ergebnisse eine unechte Architektur seien. Sie argumentieren, daß es immer noch viele Handwerker gebe, daß man industriell gerundete Formen billig herstellen könne und daß auf jeden Fall die Industrialisierung heute auch Variationen produzieren könne, nicht nur Wiederholungen. Sicher läßt sich zu diesen Argumenten von beiden Seiten Verschiedenes vorbringen, was sowohl von den Vertretern der Moderne wie von denen der Postmoderne auch erfolgt ist.

Schließlich ist jedoch Venturis plattes Ornament sowohl originell als auch lustig eben wegen seiner Plattheit, während es zugleich stereotyp ist. Zum Beispiel verwendet er bei seinem Studentenrestaurant Gordon Wu Frührenaissance-Stereotypen auf dem Campus in Princeton, wo solche unmittelbaren Stilreproduktionen stehen – Venturi aber tut es auf eine andere Weise. Die platten Formen sind abgeschnitten, oben geschlitzt oder an der Basis gekappt. All dieses ließe sich leichter akzeptieren, wenn die Ironie deutlicher signalisiert wäre. Die Menschen oder viele Angehörige der Geschmackskultur, für die Venturi so rücksichtsvoll plant, pflegen Architektur unmittelbar zu rezipieren, nicht in Anführungszeichen. So neigen sie dazu, sein Werk als Klischee zu betrachten, jedoch nicht als akzeptables Klischee. Darüber hinaus könnten die flachen Stereotypen größere Wirkung haben im Kontrast zu einigen wenigen, gut ausgeführten und geformten Details. Es hat keinen Zweck, die Fast-food-Architektur als unvermeidbar zu rechtfertigen und dann oberflächliche Klischees davon zu produzieren. Das verschlechtert lediglich eine beklagenswerte Situation.

Auf der anderen Seite – und das meine ich mit konstruktiver Kritik – kann man zugeben, daß flache, ausgeschnittene Formen eine besondere Kraft der rhythmischen Gegensätze besitzen. Sehr dunkle und helle Bereiche schlagen einen harten, stetigen Takt, ähnlich der Wirkung von Schattenrissen. Die visuelle Logik von Papierpuppen und Musterschablonen ist zu akzeptieren, sofern in ihre Erfindung Zeit und Kreativität investiert wurden. Zum Beispiel ist die ionische Säulenreihe an der Eingangshalle des Hauses Brant papierdünn, die Flachheit deutet die nicht-tragende Rolle an, während die Ordnung an sich die großartige Aussicht über die Bermudasee betont. Hier stehen reale Konstruktion und angewandtes Ornament im deutlichen Gegensatz zueinander. Überall im Haus sind handwerkliche Qualität und sorgfältige Detaillierung evident. Schließlich stellen die weißen Silhouettenrhythmen der ausgeschnittenen Formen eine herrliche Bewegung gegen die tiefblaue See dar. So erscheint die platte Applikation gerechtfertigt durch den Kontrast und die erfolgreiche Anwendung des ornamentalen Symbolismus.

Die Verwendung des Ornaments hat in der ganzen Welt zugenommen, wenngleich nicht das Verständnis dafür. Amerika ist zweifellos führend im Hang zur Dekoration und hat eine Menge farbenfreudiger Ergebnisse mit unterschiedlichem Erfolg hervorgebracht. Es gab dort Ausstellungen und kommerzielle Wettbewerbe über das Ornament, und ein flottes Buch, das „Ornamentalism" zu einer Richtung abstempelt, erfuhr seinen intellektuellen Start durch den Architekturkritiker Paul Goldberger.[84] Ein Heer von Architekten der Westküste, von Venturi und Charles

298 Venturi, Rauch und Scott-Brown: Haus Brant, Tuckers Town/Bermuda, 1976–1980.
Der Blick durch weiße ionische Säulen erzeugt einen rhythmischen Gegensatz zum dunkelblauen Meer – ein Rhythmus, der durch die Bogen und Querbalken darunter synkopiert wird.

299 Das Haus Brant vermischt klassizistische Motive – abgestufte Formen, Giebel, Laternen, Ochsenaugen – mit der weißen regionalen Architektur der Bermudas. Die Mischung erfolgt auf einem meisterhaft informellen Grundriß. Die pittoreske Silhouette, die häufig abfällt, wenn man erwartet, daß sie aufsteigt, ist ebenfalls erheiternd.

300 Robert Stern: Badehaus Cohn, Llewelyn Park/New Jersey, 1981/82.
Palmsäulen leuchten, secessionistische Kacheln glänzen, füllige Frauen tanzen als Ecksteine an der Seite.

301, 302 Ioh Ming Pei: Hotel, Peking, 1979–1983.
Die große Eingangshalle ist ein gewaltiger moderner Raum mit stilisierter Dekoration, eine Mischung von Frührenaissance und Vorbildern aus der

historischen chinesischen Architektur. Auch die Gärten und Mauern sind eine Weiterführung der regionalen chinesischen Tradition.

Moore beeinflußt, produzierte stark ikonographische Dekorationen. Thomas Gordon Smith, eine Gruppe, die sich ACE nennt, und Hans Kainz aus San Francisco mischten klassizistische, regionale und dekorative Motive in einer Freistil-Architektur. Robert Stern faßte viele dieser Elemente in seinem Entwurf für ein Swimming-pool-Haus zusammen. Es ist voll verwirrender Farben, die das Vergnügen des Badens verstärken. Schimmernde Bronze, Palmsäulen aus nichtrostendem Stahl nach dem Vorbild von Hans Hollein vermitteln das feuchte Aussehen. Im Stakkato angeordnete ornamentale Fliesen repräsentieren Schaumspritzer, Säulen und Ecksteine die Badenden. Alles ist etwas schwer, wie eine Vergrößerung von Lutyens' Kamin, auf dem der Entwurf möglicherweise basiert. Die Secessionisten und andere Stilzitate sind etwas zu offensichtlich. Aber für einen hedonistischen Tempel physischen Vergnügens und der Regeneration ist die spiegelnde Detailgestaltung vollkommen geeignet.

300

278

Anmut, Ebenmaß, Festigkeit – dies waren die Begriffe für das klassisch Korrekte oder der Vitruvsche Kanon für das Ornament. Sterns Anwendung der Proportionen ist keineswegs kanonisch: Die toskanischen Säulen sind gedrungen. Und die offenkundige Zurschaustellung, der explizite Bezug wären beim strengen Klassizismus unangebracht. Aber wenn jemand auch die Betonung des privaten Wohlstands kritisieren wollte, so müßte er doch die gelungene Übereinstimmung von Form und Bedeutung loben.

Was ist eine akzeptable Fassade für ein Gebäude in einer städtischen Straße und im Blick der Öffentlichkeit? Diese Frage wurde bekanntlich bei der Biennale von Venedig im Jahre 1980 erhoben und in den vielen anspruchslosen Entwürfen für Blockrandbebauungen, die auf diese Ausstellung folgten. Harry Cobb produzierte für das Museum in Portland/Maine 1982 einen artigen Klassizismus mit großen Ausschnitten im oberen Teil des Gebäudes und unterdimensionierten Backstein- und Natursteinpfeilern an der Basis. Diese Art postmoderner Klassizismus wurde zum Wahrzeichen großer Firmen und für – wohlwollend ausgedrückt – Prestige-Aufträge verwendet. Edward Larrabee Barnes, ein wie Cobb erst kürzlich zum Freistil-Klassizismus Bekehrter, wendete die verhaltene symbolische Manier bei seinem Asia House an. Und Ioh Ming Pei, auch ein moderner Architekt, der bei Gropius studiert hat, produzierte eine verhaltene Mischung aus chinesischer und Renaissance-Architektur für sein ebenfalls 1982 fertiggestelltes Hotel am Stadtrand von Peking. Für Pei war das Erlebnis signifikant, weil es das erste Mal war, daß er historische Stile für Repräsentationsarchitektur verwendete. Sinnigerweise wurde seine Wendung zur Postmoderne

durch die Rückkehr in sein Heimatland ausgelöst und hat sein architektonisches Engagement verstärkt. Von all seinen Bauten ist dieser der am meisten in einer Kultur verwurzelte, mit dem stärksten Bezug zum Ort, an dem er steht. Obwohl sich Pei noch immer der Moderne verpflichtet fühlt, hat er die Notwendigkeit von Ornament und Symbolismus bei diesem Gebäude erkannt. Vielleicht wird er ihre Legitimation in anderen Kulturen sehen, obgleich sie im großen Volumen seiner internationalen Bauwerke bisher noch nicht aufgetreten sind. Wie Kevin Roche, der ebenfalls vorsichtige Schritte in dieser Richtung unternimmt, bleibt Pei grundsätzlich der Abstraktion und einer Architektur der großen plastischen Geste verpflichtet. Wie Skidmore, Owings und Merrill, die kürzlich Seminare über postmodernes Entwerfen abgehalten haben, ist er sich der Wende in der Architektur bewußt und wird diesen Wandel wahrscheinlich in einem kleinen Prozentsatz seiner Aufträge anwenden. Die Frage, vor der all diese großen Büros, von denen einige multinationale Bauten im Nahen Osten und in Singapore ausgeführt haben, stehen, ist, wie man dekorieren soll. Wenn die Tradition tot ist und sich noch keine ernsthafte Philosophie des Ornaments entwickelt hat, können dann die Ergebnisse anders als unschlüssig sein?

Bücher wie „Ornamentalism" bieten da über eine Sammlung von überwiegend amerikanischen Beispielen hinaus nicht viel Hilfe. Die einzige veröffentlichte philosophische Abhandlung – und meiner Meinung nach die grundlegendste – ist Ernst H. Gombrichs „Ordnungen".[85] Dieses Buch erläutert das Ornament oder, allgemeiner gesagt, die Verzierung, vom psychologischen, historischen und konstruktiven Gesichtspunkt. Das Werk könnte durchaus das notwendige Grundwissen bieten, sofern die Architekten sich die Mühe machen, es sorgfältig zu studieren. Ornamente oder ordnende Muster werden als grundlegendes Mittel betrachtet, ein Gebäude sinnvoll zu gestalten. Sie verleihen ihm visuelle Logik und Musikalität. Sie führen das Auge und den Geist zu Erwartungen nach einem Wechsel im Rhythmus, einem kulminierenden Thema, einem Anfang und einem Ende einer architektonischen Idee. Vielleicht werden die multinationalen Architekten von ihrer Multimillionenpraxis die Zeit erübrigen, um diese neue Wissenschaft zu studieren. Gegenwärtig allerdings erfolgen die ersten ungestümen Schritte von seiten kleinerer Büros.

Kazuhiro Ishii, der bei Venturi und Moore studiert hat, wendet seine amerikanische Ausbildung im Giebelgebäude an, einem preiswerten Bürogebäude in Tokio. Hier ordnen mehrere ornamentale Motive die hohe Fassade. Im abgetreppten Giebel kulminiert die vertikale Bewegung, die durch die Seitenränder und die zentral angeordneten Balkone entsteht. Diese letzteren wei-

303 Kazuhiro Ishii: Giebelhaus, Tokio, 1978–1980.
Der holländische Giebel und das Dach des japanischen Bauernhauses, der Minka, sind hier vermischt, wie Ishii den Vorübergehenden auf einer Tafel erklärt. Der Eingang zu den Büros und der Sushi-Bar erfolgt durch die abgeschnittenen Bögen.

304 Philip Johnson und John Burgee: AT & T Building, New York, 1978–1983.
Dieses Medienereignis der Postmoderne ist zu einem wunderbaren städtischen Wahrzeichen geworden, wenn man es aus der Ferne betrachtet. Die dunkelrote Granitverkleidung ist ebenfalls eine willkommene Abwechslung zu seiner monotonen Nachbarbebauung.

305 Helmut Jahn: Bank of the South West Tower, Houston/Texas, 1982.
Wie beim Chrysler und beim Empire State Building ist beinahe jedes formale Element so plaziert, daß das Licht gebrochen und die Vertikalität betont wird.

ßen Elemente führen das Auge aufwärts zu einem gebrochenen Halbkreis und einem gesprengten Pseudo-Giebel – beides Motive Venturis. So entsteht der Eindruck eines schmalen Turms innerhalb des gesamten Hochhauses. Die formale Richtung ist eher barock und rhythmisch, da die Bogen an der Basis gebrochen sind und die Balkone eine leicht unterschiedliche Betonung erfahren. Das Auge bewegt sich ständig auf- und abwärts und erwartet eine starke Auflösung. Das angedeutete klassische Thema – Basis, Schaft, Kapitell – ist teilweise erfüllt und doch auch wieder nicht, da die üblichen platonischen Formen zwar vorhanden, aber durch dunkle Leerformen aufgehoben sind. Die gestelzten Rundbogen an der Basis sind jeweils am inneren Rand abgeschnitten, so daß sie im Raum hängen: ein visueller Scherz mit einer funktionalen Begründung, da sie zwei Eingänge ermöglichen. Aber dieser Scherz hat auch eine erkennbare Logik, denn er verwandelt das Klischee des gestelzten Rundbogens in eine neue Form, eine verbundene U-Form, die ebenfalls die vertikale Bewegung verstärkt. So erneuert der Freistil-Klassizismus eines der ältesten Hochhaus-Stereotyen, die dreigeteilte Fassade.

Die vertikale Bewegung ist häufig im Wolkenkratzer repräsentiert, dessen metaphysische Bestimmung es ja schließlich ist, den Himmel zu berühren, anzukratzen oder in ihn einzudrin-

306 Stanley Tigerman: Pensacola Place II Apartments, Chicago, 1978 bis 1981.
Ionische Silhouetten und vorkragendes Kranzgesims machen das Scheibenhochhaus zu einem gigantischen Hexastylos. Das schwarze Fensterraster erinnert an Tigermans unmittelbar dahinterliegendes modernes Hochhaus. Vergleichen Sie diese Anlage mit Bofills stärker artikuliertem klassizistischen Wohnungsbau.

307, 308 Terry Farrell: TVAM, London, 1980–1982.
Der zentral gelegene öffentliche Bereich kulminiert in einem ausfächernden Treppenhaus, das als Mittelpunkt des Atelierlebens dient. Östliche und westliche Formen, der Shinto-Schrein und die Zikkurat sind in Kontrast zu Hollywood gesetzt. An der Außenwand werden Schattierungen von Industriegrau mit kühlem Intellekt ornamental gestaltet. Farrells technische Dekorationen sind stets frisch und pragmatisch.

309 Gyorgy Csete und Jeno Dulanszky: Institut für Höhlenforschung, Pecs-Orfu/Ungarn, 1971–1978.
Eine geodätische Kuppel wird von einem „Blütenblatt" aus Holz und einer Betonbasis getragen. Das metaphorische Äquivalent der naturwissenschaftlichen Forschung ist im Volumen und in den stilisierten Voluten und Kleeblättern symbolisiert: eine Mischung aus moderner Fabrikation und handwerklich gestaltetem Ornament, nationalen und keltischen Dekorationsmotiven.

gen.[86] Und dies berührt einen wichtigen architektonischen Punkt: Außer Vorstellungen, die nicht der Architektur zugehörig sind, repräsentiert diese auch sich selbst. Diese Tautologie hat sie mit anderen Künsten gemeinsam. Sie befassen sich alle mit ihrer eigenen Sprache, ihren eigenen Möglichkeiten sui generis. So wird man, wenn man nach der Repräsentation der Architektur fragt, immer eine doppelte Antwort erhalten. Das Medium erzählt eine Geschichte über die Gesellschaft und auch über die rein architektonischen Möglichkeiten. Zwei postmoderne klassizistische Hochhäuser, das eine in New York, das andere in Houston, beweisen dies: Philip Johnsons AT & T Building krönt die monumentale Scheibenform auf sehr effektvolle Weise mit einem gesprengten Giebel. Diese Krönung ist eine würdige – wenngleich fast einem Grabmal ähnelnde – Kulmination aller Vertikalen, die rundum hinauf- und durch das Gebäude hindurchschießen. Je weiter man sich vom Bauwerk entfernt, desto besser wirkt die aufwärts strebende Silhouette. Leider erscheinen, wenn man zu nahe herankommt, die kitschigen Details und der Goldjunge, das Symbol von AT & T, der auf dem Hochaltar dieser „Cappella Pazzi" plaziert ist, nicht spaßig genug. Der Kitsch für den Kommerz, der Giebel für den Wolkenkratzer – dies ist hier die doppelt kodierte Formel.

Für Houston hat Helmut Jahn einen nadelspitzen Wolkenkratzer geplant, dessen Architektur fast ausschließlich Vertikalität ausdrückt. Die raketenähnlichen Geschoßebenen, die sich verjüngenden Rücksprünge, die prismatischen Facetten, die Basis und der Abschluß, sie alle repräsentieren Vertikalität, und die Injektionsnadel, die ihr elektrisches Gift in den Himmel spritzt, schreit nach Vertikalität. Mit Ausnahme der klassizistischen Rustika am Eingang ist jede syntaktische Form für diesen Ausdruck

bestimmt. Und dieser wiederum ist durch die sozialen Bedeutungen bestimmt, die einer Bank gefallen, durch den Bauherrn, der den Entwurf bei einem Wettbewerb auswählte. Die psychologischen Bedeutungen extremer Vertikalität sind zu bekannt, um kommentiert werden zu müssen. Wenn daher jemand eine eitle Machtposition und Prestige für den Bauherrn repräsentieren will, wird das symbolische Ornament alle jene Aspekte übernehmen, welche die Höhe betonen.

Diese nicht sehr subtile Argumentation und das entsprechende Gebäude zeigen eines der unbestrittenen Charakteristika der neuen Repräsentation: Sie neigt wie die Pop-Art dazu, frech und auffällig zu sein – Kennzeichen einer kommerziellen Gesellschaft. Mindestens ein amerikanischer Architekt, Stanley Tigerman, hat diese Tendenz zum Thema seines Werkes erhoben. Viele Leute finden – begreiflicherweise – seine explizite Repräsentation vulgär und allzu geschäftstüchtig. Sein Gebäude der Anti-Cruelty Society zum Beispiel zeigt das Gesicht eines Hundes in Verbindung mit einem falschen Giebel, wobei die herrenlosen Hunde darin entweder aufgenommen oder formlos beseitigt werden. Einige Menschen erzürnt sein schwarzer Humor, obgleich allgemein gesagt wird, das Gebäude sei vieldeutig und recht fröhlich. Tigerman verwendet für seine Pensacola Place Apartments ebenfalls klassizistische Elemente – Balkone, die den Schaft einer ionischen Säule bilden, ein Abschlußgesims, das die mechanischen Einrichtungen verbirgt –, weil sie sich für diese Art der Gestaltung eignen. Es gibt ebensowenig eine Begründung dafür, daß Wohnbauten wie ein ionischer Tempel auszusehen haben als wie eine Maschine, und daher ist die Bildhaftigkeit auf jeden Fall willkürlich. Aber Tigerman argumentiert – wie Bofill –, daß die klassizistischen Bezüge für den Massenwohnungsbau weniger ungeeignet seien als Le Corbusiers *machine à habiter*.

Plattes, freches, sich wiederholendes Ornament – stilisiert und abgewandelt: Dieses Ausdrucksmittel, das, wie bereits erwähnt, Robert Venturi für eine industrielle Gesellschaft vorschlägt, ist vielleicht eine neue Regel oder der Kanon des Freistil-Klassizismus. Die Architektengruppe TAFT aus Houston hat seine Anwendung auf alle Arten von preiswerten Bauten ausgedehnt, und in England hat Terry Farrell es mit High-Tech-Details manipuliert, ebenfalls für genial-einfache Bauweisen. Seine Fernsehstudios TVAM symbolisieren den exotischen Glamour des Mediums – Japan, Mesopotamien und Hollywood – mittels dünner industrieller Materialien. Vielleicht ist der Inhalt des Symbolismus ein wenig banal – Frühstücksei-Dekorationen werden in gigantische Kreuzblumen verwandelt, weil dies eine Frühstücks-Fernsehanstalt ist. Aber schließlich ist der Inhalt von Fernsehprogrammen häufig nicht beständiger als ein weiches Ei.

Und die Details sehen billig und zweckdienlich aus, weil sie das auch sind: Realismus in einer sich schnell verändernden industriellen Gesellschaft bedeutet schnelle und gewandte Reaktion auf momentane Möglichkeiten. Farrell weiß, ebenso wie Norman Foster, wie man die verfügbaren Techniken auf der Baustelle nutzen kann.

Es gibt jedoch auch andere Richtungen des Freistil-Klassizismus und neue Techniken, die in einer anderen Art Ornament resultieren. Eine Gruppe ungarischer Architekten, die sich Pecs (nach der Stadt gleichen Namens) nennt, mischt Materialien und Stile auf gefällige Weise. Diese Architekten haben mehrere Zwitterformen aus Beton, Holz und Stahl produziert, indem sie traditionelle Kuppeln mit geodätischen Kuppelaufsätzen verbinden. Ihre Bauten sind stark von regionalem Handwerk und lokalem Symbolismus bestimmt, zum Beispiel von dem von den hölzernen ungarischen Grabkreuzen abgeleiteten Kleeblatt. Aber sie kombinieren diese nationale Ausrucksform sowohl mit metaphorischen Figuren – etwa Blüten – als auch mit der neuesten Technik. Sie haben die Entwicklung der Postmoderne im Westen verfolgt und sind möglicherweise von den metaphorischen Bauten Tigermans und Goffs beeinflußt worden. In der Tat wird die Entwicklung der Postmoderne in Ungarn ebenso wie in Jugosla-

207, 208

306

313

307, 308

309

 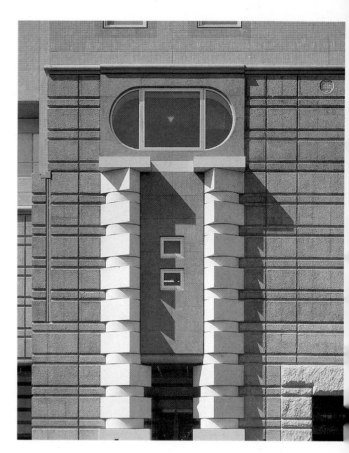

310, 311 Arata Isozaki: Bürgerzentrum, Tsukuba, 1980–1983.
Flaches Stahlskelett und Raster gegen ein betontes Mauerwerk, westliche klassizistische Motive gegen ein High-Tech-Erscheinungsbild, all diese Elemente diszipliniert in wohlproportionierten Außenflächen. Einige

unmittelbare Übernahmen von Claude-Nicolas Ledoux und Michelangelo machen gewisse Details etwas leblos, aber ihre Übersetzung in einen neuen Maßstab und ein neues Medium verleiht ihnen Lebendigkeit.

wien, Rumänien und Polen durch die Zeitschriften verbreitet, und es ist durchaus möglich, daß in naher Zukunft diese Länder noch interessantere Beiträge leisten werden.

Ein anderer Weg zur Gestaltung eines relevanten Ornaments ist das Überdenken der Produktionsmethoden und Entwurfselemente, die bereits eine Ordnung, eventuell eine klassizistische, beinhalten. In diesem Falle kann das Ornament konstruktiv und dreidimensional sein wie das klassizistische Mauerwerk der Vergangenheit, jedoch üblicherweise in größerem Maßstab und in nicht bearbeitbarem Material wie dem Stahlbeton. Arata Isozaki hat flache metallische Flächen mit schweren Ecksteinen verbunden, die in der Diagonale gedreht sind – plastische Massen, welche an Ledoux erinnern sollen. Obgleich in der Gestaltung auf Michelangelo zurückgegriffen wird, hat kein Bildhauer seine kostbare Zeit damit zugebracht, Steinblöcke zu behauen. Ein akademischer Klassizist oder ein Italiener mag verwirrt sein: Wie kann man es wagen, dieses Motiv so frech zu entlehnen? Aus japanischer Sicht kann der gleiche Diebstahl einen befreienden Effekt haben, weil das Entlehnte in eine neue Formensprache aufgenommen wird, kombiniert mit der Syntax der abgerundeten plastischen Formen und metallischen Platten.

Die außergewöhnliche Erfindung des massenproduzierten oder des konstruktiven Ornaments stammt von Ricardo Bofill und seinem Büro Taller de Arquitectura. Ihre Wohnanlage bei Versailles, Les Arcades du Lac genannt (weil sie an einem künstlichen See liegt), hat massenproduzierte Arkaden, Fensterwände, gesprengte Giebel, dreimal so groß wie üblich, das heißt etwa ein Geschoß hoch. Neue Funktionen werden in alte Formen gefügt – eine Endsäule kann zum Treppenhaus oder zum Naßzellenkern werden. Und ein positiver städtischer Raum wird mit diesen neuen baulichen Mitteln gebildet: ein Fußgängerkreis oder kreisförmiges Zentrum. Die Rückkehr zur Vorstellung vom „Herzen der Stadt" ist, wie erwähnt, ein postmodernes Leitmotiv. Dieses neue Stadtgebiet ist im Maßstab gelungen, erfolg-

reich vermietet und, soweit es sich nach einem Jahr der Nutzung sagen läßt, bei den Bewohnern beliebt.

Viel widersprüchlicher und fragwürdiger aufgrund seines Maßstabs ist der Palace of Abraxas vom Büro Bofill/Taller, ebenfalls in den Außenbezirken von Paris gelegen. Auch hier wird moderner Beton benutzt, um barocke Kunstgriffe zu ermöglichen. Auch hier wird städtischer Raum schön geformt und bildet ein umschlossenes „Theater", das sich zu einem großen „Bogen" und dicht bepflanztem „Gehölz" hinunterstaffelt. Aber die Handhabung der klassischen Sprache und der Technologie ist hier sicherer. Neun Geschosse hohe kannelierte Glassäulen wechseln mit Mauerwerkspfeilern und tragen ein dreifaches Kapitell aus Pflanzen, gekrönt von einer Zypresse. Ist dies die neue korinthische Ordnung? Werden riesige, hormoninjizierte Akanthusblätter aus den fast zwei Meter hohen Pflanzungen schießen?

Für den Fall, daß diese surrealen, unbewohnbaren Glassäulen nicht genug sind, hat Bofill noch einen zehngeschossigen, bewohnbaren Arc de Triomphe (in kanneliertem dorischem Beton) geschaffen und einen 19geschossigen Palace of Abraxas (benannt nach der alten Zauberformel, von der sich das Nonsenswort Abrakadabra herleitet). Es ist alles wunderbar paradox, passend für einen Architekten, der aus dem Lande Don Quichottes stammt. Wie bei Salvador Dalí und Luis Buñuel, von denen Bofill ebenfalls gelernt hat, ist eine Menge Realismus in diesen Phantasien enthalten. Sie sprechen fast jedermann an (mit Ausnahme von denen, die sie abweisen). Die Franzosen erinnern sie daran, daß ihr Klassizismus die stolzeste, kantigste und militaristischste Version dieses universalen Stils ist; sie verleihen dem Alltagsleben Dramatik und bieten vor allem ein interessantes Erscheinungsbild, das nicht wieder einer langweiligen modernen Maschine gleicht.

Hierin liegt die revolutionäre Botschaft. Bofill und das Team Taller haben gezeigt, daß die Massenproduktion nicht notwendigerweise an eine Sprache oder Form gebunden ist – an die

Maschinenästhetik, wie in diesem Jahrhundert argumentiert worden ist. Die größte Orthodoxie unserer Zeit: daß der Fabrikationsprozeß unvermeidlich zu einem industriellen Stil führe, hat sich als falsch erwiesen. Es muß verschiedene mögliche Sprachen der Massenproduktion geben, und wie schon die Ägypter einst entdeckten, ist der Freistil-Klassizismus eine davon. Das Team Taller massenproduziert nicht nur neue Städte im monumentalen klassizistischen Stil, sondern auch kleine individuelle Villen, populäre Häuser. Es ist eine Verbindung mit der großen französischen Baufirma Phoenix eingegangen, die industriell gefertigte palladianische Tempel zu Tausenden ausstoßen wird. Dieser „technologische Klassizismus", wie Peter Hodgkinson ihn nennt, ist völlig anders als die historistischen Bauten, die wir kennen.

312 Ricardo Bofill/Taller: Les Arcades du Lac, St.-Quentin-en-Yvelines, 1974–1981.
Der Mittelpunkt der Anlage ist eine kreisförmige Fußgängerpiazza, die auf diesen rätselhaften Tempel konzentriert ist – ein weiteres Beispiel für Tallers massenproduzierte Stadtmöblierung in Freistilbarock. Die umgebenden Arkaden sind sehr klein, die seitlichen Türme/Säulen dagegen gewaltig. Der Maßstab des Fußgängerbereichs ist angemessen, und wenn die Bäume gewachsen sind, wird der städtische Bereich heiter und belebt sein.

313 Ricardo Bofill/Taller: Theater des Palasts von Abraxas, Marne-la-Vallée, 1978–1982.
Ein zehngeschossiges Amphitheater ist gleichmäßig in drei Geschosse aufgeteilt. Doppelte toskanische Säulen erstrecken sich über die ganze Höhe. Dadurch entsteht ein ausgewogener Rhythmus der Fensteranordnung. Der vertikale Verkehr erfolgt hinter kannelierten, Art Deco verpflichteten Säulen, die zehn Geschosse hoch sind. Die Gegenüberstellung der großen gegen die kleine Ordnung war ein Element von Michelangelos Architektur, und es ist bekannt, daß Bofill sich – höchst bescheiden! – mit ihm verglichen hat.

314 Charles Jencks und Buzz Yudell: Haus der Elemente, Rustic Canyon/Kalifornien, 1980–1982.
Der Aer-Pavillon mit Timothy Woodmans Plastik, einer Personifizierung des fliegenden Aer am Giebel, liegt links. Der Aqua-Pavillon mit Charles Moores Personifizierung des Wassers befindet sich rechts, der California Pool liegt darunter, umgeben von Eukalyptusbäumen.

„Ein großer Teil der postmodernen klassizistischen Stilreproduktionen sind Modeerscheinungen, die angeblich auf die Vergangenheit Bezug nehmen. Der Komplex Marne-la-Vallée bezieht sich auf die Zukunft. Es ist das Cape Canaveral des klassischen Zeitalters der Raumfahrt, die Rückkehr zum Ritual eines Volkes."[87]

Es scheint, daß die Menschen, die in diesen Monumenten leben und die sie besichtigen, sie dem üblichen Massenwohnungsbau vorziehen. Die Bebauung mag etwas bombastisch und an gewissen Stellen zu dicht sein, sie mag an zu viel Architektur leiden (wenn doch ein wenig regionaler Pfusch an diesen Palästen wäre!), sie mag im Detail nicht perfekt sein. Aber wie bei dem Pavillon in Brighton ist man froh, daß es sie gibt. Denn sie zeigt, daß der postmoderne Klassizismus ein dreidimensional aufgebautes Ornament haben, daß er in harmonischen Proportionen zusammengesetzt sein und vor allem, daß er positive urbane Räume bilden kann. Wir werden weitere fünf Jahre und die soziologische Forschung abwarten müssen, ehe wir sagen können: Es ist entweder das Cape Canaveral des Massenwohnungsbaus oder eine mißglückte Raumfahrt zu einer klassizistischen Venus.

Abstrakte Repräsentation – die expressive Richtung

Während die direkte Kommunikation mit den Nutzern nach wie vor das Primärziel des postmodernen Klassizismus ist, gibt es noch ein jenem verwandtes subtileres: Die Architektur als poetische Kunst hat Ebenen der Kommunikation, die stärker angedeutet als spezifiziert sind. Diese Architektur kann es sich nicht leisten, alles zu benennen, alle ihre Botschaften in einer klaren,

315 Michael Graves: Environmental Education Center, Jersey City/New Jersey, 1980–1983.
Regionale Elemente der Holz- und Putzbauten sind abstrahiert und in monumentale Formen umgesetzt: Die quadratischen Pfeiler sind von fast ägyptischer Erhabenheit. Beachten Sie das Gitter über dem Eingang, ein transformierter Bogen mit Giebel.

316 Michael Graves: Stadtbibliothek, San Juan Capistrano/Kalifornien, 1981–1983.
Der spanische Missionsstil dieser Gegend wird mit den Dachpfannen, hohen Lichtgaden, flachen Wänden und schweren Kurven angedeutet, aber diese Zeichen des Kontextes sind mit anderen klassizistischen verbunden, so daß sie allgemeineren Charakter annehmen.

317/318 Michael Graves: Hauptverwaltung der Firma Humana, Louisville/Kentucky, 1982–1986.
Modell, von der Main Street gesehen. Der Bau vermittelt zwischen dem großen modernen Block zur Linken und dem Gebäude aus dem 19. Jahrhundert rechts, indem er eine Dreiteilung, Rücksprünge und quadratische Fenster anwendet.

begrifflichen Sprache auszudrücken. Das anzustreben hieße, sie auf ein stilreproduzierendes Genre zu reduzieren: auf Bauen anstatt Architektur. Drei Vertreter des „neuen Klassizismus"[88] haben diesen zu einer zeitraubenden Kunst entwickelt: Michael Graves, James Stirling und Hans Hollein. Sie praktizieren auch eine expressive Form des Klassizismus, den ich als „abstrakte Repräsentation" bezeichnet habe, weil er bestimmte repräsentative Themen abstrahiert und sie sowohl in stilisierter als auch in ablesbarer Weise verwendet.[89] Eine Reihe von Pavillons, die ich zusammen mit Buzz Yudell geplant habe, das „Haus der Elemente", mag dieses Konzept erläutern.

Das Haus der Elemente besteht aus vielen ländlichen Pavillons oder Ädikulä, locker verteilt auf einem bewaldeten Grundstück in einem Ort namens Rustic Canyon. Diese klassischen „Tempel" oder primitiven Hütten konstituieren die Abstraktion eines Dorfes – die kaum erkennbar ist, denn sie sind durch eine Einfriedung oder eine Kolonnade aus hölzernen Pfeilern zusammengefaßt. Auf diesen wiederum wachsen Pflanzen – abstrahiertes Ornament –, und ihre „Kapitelle" formen ein abstrahiertes L und ein A. (Rustic Canyon ist ein Stadtteil von Los Angeles.) Die Pavillons sind „Terra", „Aqua" und „Aer" benannt und tragen an ihren Giebeln ziemlich konventionelle Plastiken, welche diese Elemente symbolisieren. Aber die Repräsentation ist wiederum bis zum Punkt der Abstraktion stilisiert. Schließlich hat der Swimmingpool die abstrahierte Umrißform des Staates Kalifornien, und die Beleuchtungskörper markieren dessen größte Städte. Die gesamte bildliche Repräsentation ist multivalent, zweideutig und suggestiv. Manchmal ist sie explizit benannt in einfacher Beschriftung, aber nur so weit, daß sie den Betrachter anregt, noch mehr zu entdecken, zum Beispiel die ornamentale Dekoration, die abstrakten Zeichen der vier Elemente, die auf unterschiedliche Weise in der ganzen Anlage vorhanden sind. So wird ein Thema mit Variationen dazu verwendet, eine gewisse Dramatik zu erzeugen, eine Jagd nach Symbolen.[90]

Architekten des 19. Jahrhunderts, zum Beispiel Owen Jones, entwickelten ausgeklügelte Theorien des Ornaments, wobei die Betonung auf der Stilisierung oder Transformation historischer Vorbilder lag. Waren diese Muster einmal von ihrer Quelle abstrahiert, dann konnten sie endlos transformiert werden wie ein musikalisches Thema mit Variationen, und dadurch erhielt das Ornament ein dynamisches Eigenleben. Für Michael Graves – wie für so viele andere postmoderne Architekten – hat sich diese Methode der Transformation als ein fruchtbarer Weg erwiesen, vertraute Themen anzuwenden, ohne in das Klischee abzugleiten. Zum Beispiel abstrahiert er beim Environmental Education Center, das er selbst weniger pompös als „Froschmuseum" bezeichnet, das quadratische Fenster, die Ädikula oder die Tempelform, den quadratischen Pfeiler und das runde Kapitell, und dann werden diese Formen mit sehr primitiven und billigen Mitteln gebaut. Das Ergebnis erinnert an Leon Kriers Zeichnungen und an regionale wie an klassizistische Architektur. Aber die Proportionen und die plumpe Konstruktion sind weitgehend Graves' eigenes Kennzeichen. Sie entstammen den Realitäten modernen Bauens (daher ihre starre Simplizität) sowie seiner Bewunderung für die schwere ägyptische Architektur und im besonderen für die Bauten von Peter Speeth aus dem 19. Jahrhundert. Das „Froschmuseum" als abstrakte Repräsentation dieser verschiedenen Quellen ist wirkungsvoller als eine wahrheitsgetreue Erinnerung, weil das Gedächtnis auf aktive Weise beteiligt wird: Es ist gezwungen, mit dem Material zu arbeiten, bis seine latenten Bedeutungen enthüllt werden. Zum Beispiel bezieht sich der seltsame Eingangsbogen auf den Brückenbau, eine grundstücksspezifische Bedeutung, da das Museum in Lower Manhattan am Wasser situiert ist. Und die primitiven Formen sollen sich offensichtlich auf die Funktion eines Wildtiergeheges in einem Grünland beziehen.

Für eine Bibliothek in San Juan Capistrano hat Graves eine ähnliche Grammatik abstrahiert, diesmal auf dem spanischen Missionsstil basierend, da dies die regionale Bauweise ist. Und auch hier sind die Formen schwer, an ägyptische Proportionen

315

316

319 James Stirling, Michael Wilford: Neue Staatsgalerie, Stuttgart, 1977–1984.
Das Gebäude erschließt sich allmählich, Ebene auf Ebene, in einer Folge von Plattformen, Ausblicken und High-Tech-Elementen, die als Collage gegen eine Mauerwerkshülle gesetzt sind. Der Kulminationspunkt des Wanderweges ist die zentrale Rotunde, eine „Kuppel" mit lediglich der Trommel. Die Illusion der Kuppel vermittelt der Blick in den Himmel.

320 Die Neue Staatsgalerie kulminiert in einem Außenraum, der Skulpturengalerie – einer Rotunde mit einer „kuppellosen Kuppel", erzeugt durch die Illusion, daß der Himmel von den gebogenen Wänden getragen werde. Ein abgesenkter Portiko nach Weinbrenner sowie andere historistische Zitate erfahren neue Nutzung und Bedeutung in dieser *res publica,* die vom städtischen Verkehr und Lärm abgesetzt ist.

erinnernd und Obelisken ähnlich, aber auf übertragene, nicht unmittelbare Weise. Teils ist dies darauf zurückzuführen, daß zwei verwandte Grammatiken bewußt gekreuzt werden: der spanische Missionsstil und die spanische Architektur Südamerikas. Die wunderbare dörfliche Qualität dieses Gebäudes entspringt dieser Kreuzung – eine Qualität, die sehr verspielt ist, ohne doch seicht zu sein, und durchaus geeignet für die Aufteilung einer städtischen Bibliothek in halbprivate Lesebereiche.

Zweifellos entspringt Graves' Fähigkeit, archetypische Formen zu transformieren, seiner Begabung zum Zeichnen. Seine Skizzenhefte sind nicht nur mit Gebäuden gefüllt, an denen er gerade arbeitet, sondern enthalten eine Versuchsskizze neben der anderen, und diese vielen Bauten und Skizzen erzeugen Nachwuchs. In gewissem Sinne wirkt er schöpferisch durch die Weiterentwicklung bereits existierender Motive, bis sie neu aussehen und in den anderen Kontext passen. Aber sie übertragen stets Erinnerungen an die Vergangenheit. Diese Dualität ist es, die seinen Bauten solch reiche Bezüge vermittelt – sie beschwören die Historie und das Vertraute herauf, ohne überholt zu wirken. Dies trifft in besonderem Maße auf die Hauptverwaltung der Firma Humana zu, eines der provokantesten Hochhäuser, die in den letzten Jahren entstanden sind, und ein Musterbau des postmodernen Klassizismus – weit besser gelungen als das Portland Building, weil Graves freie Hand und ein adäquates Budget zur Verfügung hatte. Das 27geschossige Gebäude bezieht sich sowohl auf seine modernen Nachbarn als auch auf die aus dem 19. Jahrhundert, was eine Leistung bedeutet, da sie so unterschiedlich in Maßstab und Erscheinungsform sind. Das alte Straßenmaß ist auf einer Seite mit einer niedrigeren Front eingehalten, während die riesige schwarze Miessche Kiste im Material und in der Abstraktion auf der anderen Seite aufgenommen wird.
Die abstrakte Repräsentation mehrerer lokaler Bauwerke wird 317, 318 angedeutet – nicht explizit benannt: Die Brücke über den Ohio River wird durch die vorkragenden Träger im 20. Geschoß in Erinnerung gerufen, der Damm von Louisville aus dem Jahre 1930 in dem halbkreisförmigen oberen Abschluß, und der durchgehende industrielle Klassizismus zu quadratischen Fenstern, großen Gesimsen und kleinen Tempeln, welche die vier Himmelsrichtungen markieren, verallgemeinert.

Solch kühne Gegenüberstellung klassizistischer Formen i[st] von vielen großen Büros aufgenommen worden, etwa von Koh[n,] Pedersen, Fox, und heute ist sie zu einer postmodernen Reg[el] geworden. Jedoch bisher spielt keiner mit diesen Kontrasten s[o] kraftvoll wie Michael Graves. Sein plastisches Werk basiert a[uf] der Kompositionsweise Le Corbusiers – „Architektur als da[s] meisterhafte, korrekte und großartige Spiel der Volumen i[m] Licht" –, aber nun erhalten diese heftig gegeneinandergestellte[n] Volumen eine weltläufige Eleganz. Wenn man sie frontal betrach[tet], deuten sie auch einen symmetrischen Körper oder eine an[-] thropomorphe Gestalt an. In dem Gebäude von Louisville i[st] diese menschliche Präsenz mit dem benachbarten Fluß konfron[-] tiert und verleiht der toten Materie Maßstab und Dynamik. Da[s] Humana Building wird dadurch zu einer abstrakten Repräsenta[-] tion der klassischen humanistischen Gestalt mit ihrer Dreiteilun[g] – Beine, Torso und Kopf – und zu einer Metapher des Heilungs[-] prozesses mit ihrer Betonung der Sonnenräume und dem Blic[k] über den Fluß. Vor allem Springbrunnen werden dazu verwen[-] det, die Reinigungsriten anzudeuten (und wieder der nahelie[-] gende Damm von Louisville). Alles in allem ist es ein multivalen[-] tes Gebäude, welches die Bauaufgabe in einer geschlossene[n] Gesamtform löst – Anthropomorphismus und städtische Land[-] schaft der Vergangenheit und der Gegenwart.

James Stirling hat sich etwa seit 1975 einer sehr zurückhalten[-] den Form des Freistil-Klassizismus zugewendet. Seine erste[n] Entwürfe in diesem Genre für deutsche Städte waren verein[-] fachte Versionen einer Schinkelschen Grammatik, die sowohl den städtebaulichen Kontext passen als auch mit ihm kontra[-] stieren. Seither hat Stirling diese Grammatik langsam und konti[-] nuierlich weiterentwickelt. Wenn etwas sein und Hans Holleir[s] Werk von dem der amerikanischen Postmodernen abhebt, so i[st] es dieses geduldige Nachdenken: Das Gegenteil von „Fas[t] food-Architektur" – drei oder vier fertiggestellte Bauten pro Ja[hr] – ist, so meine ich, „Slow-food-Architektur". Stirling und Holle[in] haben beide mindestens sieben Jahre gebraucht, um ihre Mu[-] seen fertigzustellen, und es waren eigentlich die beiden einzig[en] größeren Bauten, an denen sie während dieser Zeit arbeitete[n.] Die Qualität ihrer Details und der Durcharbeitung ragen in unse[-] rer Ära der Architekturinflation weit heraus. Wenn sie einen Pre[is]

321 James Stirling, Michael Wilford Ass.: Clore Gallery, London, 1982–1986.
Dieses „Gartengebäude" mit Pergola, Wasserbecken und Spalier übernimmt die klassizistische Grammatik der Tate Gallery und den Backsteinregionalismus der Anliegerbauten, wodurch es zu einem komplexen Vermittler seines Kontextes wird. Manieristische Anklänge sind in der „hängenden Backsteinmauer" (rechts) und der Tatsache zu erkennen, daß Material und Rhythmus sich nicht wie üblich bei jeder Ecke verändern, sondern mitten in der Fassade und in der Diagonalen.

324 Arata Isozaki: Museum für Gegenwartskunst (MOCA), Los Angeles, 1982–1986.
Ein „palladianisches" Fenster überragt die Bibliothek, während eine diagonale Musterung aus grünem Stahlblech den Verwaltungstrakt andeutet. Roter Sandstein vereint den größten Teil des Museums in dieser zurückhaltenden Anwendung der klassischen abendländischen Quellen. Die subtilen Formen erzeugen einen ständig sich wandelnden Weg voller Überraschungen, welche die Kunst nicht ausstechen, vielmehr diese besser erlebbar machen.

für diesen Mangel an Bauten und Geschwindigkeit zahlen müssen, so ist es die damit verbundene Unmöglichkeit, eine Menge neuer Ideen schnell zu testen und die aktuelle Bildhaftigkeit anzuwenden. Die hohe Qualität ihrer Bauten macht diese Nachteile mehr als wett.[91]

Die Stuttgarter Neue Staatsgalerie zeichnet sich, wie bereits erwähnt, ebenfalls durch gelungene und niedrig gehaltene Einfügung in den urbanen Kontext aus. Stirling fügt den Schinkelschen klassizistischen Grundriß im linken Teil seines Museums durch Spiegelung der U-Form ein. Und er übernimmt viele klassizistische Motive, einschließlich einer rustizierten Basis und eines ägyptischen Gesimses. Die Rustizierung in Schichten aus Travertin und Sandstein verhaftet das Gebäude am Boden und in der Stuttgarter Bebauung. Aber während diese Behandlung des Mauerwerks als traditionell und sogar deutsch-romanisch betrachtet werden kann, ist die unvermittelte Einfügung eines in grellen Farben gestrichenen Metall-Sonnendachs alles andere als neoklassizistisch. Dies ist entschieden postmodern, eine heitere Collage, die von Le Corbusier stammen könnte. Und ähnlich wie Botta Tradition und moderne Technik miteinander konfrontiert, indem er keiner eine überlegene Rolle einräumt, tut das Stirling, vermutlich aus dem gleichen Grunde. Beide sind sie der

Meinung, daß die gegenwärtigen kulturellen Bedingungen – und der Stuttgarter Komplex beinhaltet kulturelle Institutionen – einer Gegenüberstellung – nicht der Auflösung – von widersprüchlichen Ideologien bedürfen. 319

Daher scheinen die erregenden De-Stijl-Dächer (grellrot, blau und gelb in auffälliger Dissonanz) aus einer anderen Welt zu stammen als der heitere, ruhige klassizistische Hintergrund. Wie Graves verwendet Stirling die kleinen quadratischen Fenster hoch oben an dieser regionalen „Scheune", die verputzten glatten Wände. Diese dienen, wiederum wie bei Graves, als weiße Segel, als Freifläche zwischen dem ornamentierten Eingang und den Begrenzungen. Dieser sorgfältig detaillierte Hintergrund erfährt durchweg dynamische Kontraste: die grüne, bewegte Eingangshalle, das stählerne Tempeltor, die gelben Pilzsäulen. Die Dissonanz ist für Stirling immer eine ästhetische Strategie gewesen, und wir können seine städtebauliche Begründung dafür erkennen. Sie repräsentiert, wiederum auf abstrakte Weise, das Palimpsest, das jede historische Stadt darstellt.

Die zentrale Rotunde, eine Freiluft-Skulpturengalerie, ist einer der gelungensten öffentlichen Räume, die in den vergangenen 20 Jahren entstanden sind, ein wohldimensionierter Ort, der sakrale und profane Bedeutungen in guter Ausgewogenheit ver-

322 Hans Hollein: Städtisches Museum Abteiberg, Mönchengladbach, 1976–1982.
Der umschlossene Platz in der Luft oder der „Temenos" verbindet die „Propyläen" (links) mit der Stadt. Verwaltung und Ausstellungsbereiche liegen rechts.

323 Blick in das Museum Abteiberg. Die Wege durch wechselnde Raumelemente sind unterschiedlich bezeichnet, haben aber eine ähnliche Farbgebung. Einige monumentale Partien, wie die Treppe und die Sitzanlage, brechen den ineinanderfließenden Raum auf. Die Lichtquellen sind so vielfältig und dekorativ wie die Räume selbst.

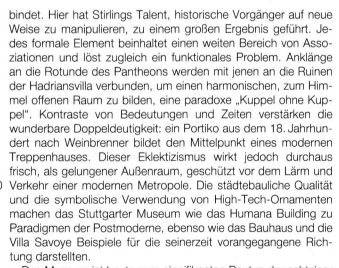

325 Gae Aulenti und ACT: Musée d'Orsay, Umbau, Paris 1980–1986.
Ein sich sanft erhebendes Langschiff enthält die Skulpturen des
19. Jahrhunderts, während verschiedene Malerschulen hinter den abstrahierten ägyptischen Formen in kleinen Räumen plaziert werden, die
reizvoll angeordnet, gut belichtet und subtil detailliert sind.

326 Musée d'Orsay: Skulptur, Malerei, Eisenbahnschuppen und Innen-
architektur sind in bedeutungsvollen Kontrast zueinander gesetzt. Jean-
Baptiste Carpeauxs „Ugolin", Thomas Coutures „Die Römer der Verfallszeit", Victor Lalouxs Truhen und Bogen, Gae Aulentis Mauern und Rahmen in ironischer, aber respektvoller Konversation miteinander.

bindet. Hier hat Stirlings Talent, historische Vorgänger auf neue
Weise zu manipulieren, zu einem großen Ergebnis geführt. Jedes formale Element beinhaltet einen weiten Bereich von Assoziationen und löst zugleich ein funktionales Problem. Anklänge
an die Rotunde des Pantheons werden mit jenen an die Ruinen
der Hadriansvilla verbunden, um einen harmonischen, zum Himmel offenen Raum zu bilden, eine paradoxe „Kuppel ohne Kuppel". Kontraste von Bedeutungen und Zeiten verstärken die
wunderbare Doppeldeutigkeit: ein Portiko aus dem 18. Jahrhundert nach Weinbrenner bildet den Mittelpunkt eines modernen
Treppenhauses. Dieser Eklektizismus wirkt jedoch durchaus
frisch, als gelungener Außenraum, geschützt vor dem Lärm und
320 Verkehr einer modernen Metropole. Die städtebauliche Qualität
und die symbolische Verwendung von High-Tech-Ornamenten
machen das Stuttgarter Museum wie das Humana Building zu
Paradigmen der Postmoderne, ebenso wie das Bauhaus und die
Villa Savoye Beispiele für die seinerzeit vorangegangene Richtung darstellten.

Das Museum ist heute zum signifikanten Bautyp der achtziger
Jahre geworden, zum geeignetsten Ort für architektonischen
Ausdruck und Sybolismus. In der Clore Gallery, einer Erweiterung der Tate Gallery in London, führt Stirling einige seiner früheren städtebaulichen Ideen zum Extrem, indem er die Fassade
321 fünfmal verändert, um sie den benachbarten Bauten entsprechen zu lassen. Dieser übertriebene Kontextualismus und die
Zusammenhanglosigkeit haben den Vorzug, eine postmoderne
Idee in ihrer äußersten Form zu zeigen: daß verschiedene Geschmackskulturen und funktionale Erfordernisse Priorität haben
sollten vor einer homogenen Ausdrucksform und allzu simpler
Einheitlichkeit. Bei diesem fröhlichen Bauwerk wird eine Ordnung aus quadratischen Motiven in verschiedenen Maßstäben

verwendet, sie faßt die Vielfalt zusammen. Leider beherrschten
die ungewohnte Farbgestaltung und der beigefarbene Hintergrund für die Turner-Gemälde alle Pressekommentare über das
Gebäude, und seine sehr realen Vorzüge sind unbemerkt geblieben. Aber das Gebäude wird sich vermutlich „etablieren", wie
Stirling gesagt hat, und wenn die Bepflanzung über die Pergola
und das Spalier gewachsen ist, wird es zum bescheidenen Gartenpavillon werden, als der es gedacht ist.

Hans Hollein, ein Freund Stirlings, hat lange gebraucht, um
sein Museum in Mönchengladbach zu planen und zu detaillieren.
Ursprünglich 1972 entworfen, wurde es von 1976 bis 1982 ausgeführt, und dieser Zeitabstand offenbart sich im Mangel von
explizitem Ornament und Symbolismus. Aber in anderer Hinsicht
ist es eines der schönsten heutigen Museen mit wunderbaren
Raumfolgen. Ohne Zweifel ist dies auf die Geduld zurückzuführen, mit der Hollein, Gestalter von Möbeln und Inneneinrichtun-
gen, die Details erarbeitet hat. Und doch ist es auch konzeptionell ein komplexes Meisterwerk. Im Grunde ist die Anlage eine
Akropolis[92], eine Anhäufung von Tempeln und Lagerhäusern der
Kunst, auf einen Hügel gesetzt und von einer öffentlichen Terrasse umgeben – fast wie ein Temenos. Gewellte Backsteinfor-
men fließen den Berg hinunter, konzeptionelle Weinberge unter-
halb der Akropolis mit üppiger Bepflanzung. Über allem stehen
die Hauptpropyläen in Marmor mit einer Ehrensäule aus Stahl.
Dahinter liegt das große Verwaltungsgebäude – weniger Tempel
als Bürobau – mit ausgewaschenen Wellungen, welche die Form
der Backsteinwände aufnehmen. Die weiteren Komplexe zur
Rechten und zur Linken enthalten einen Vortragssaal und die
Ausstellungsräume. Diese weisen noch andere Formen und Materialien auf: So ist der Effekt einer komplexen Collage, ebenso
wie beim Bau von Stirling, überall gegenwärtig. Und die Abstrak-

327 Kohn, Pedersen, Fox Ass.: Hauptverwaltung der Firma Procter &
Gamble, Cincinnati, 1982–1986.
Zwei gekappte Türme markieren das Tor zur Stadt auf einer Seite und
einen städtischen Park auf der anderen. Eine oktogonale Geometrie in
Weiß, Silber und Grau verbindet das alte Gebäude mit dem neuen.

tion der Themen ist so stark oder so subtil, daß sie gelegentlich
übersehen wird. Was hier repräsentiert wird, ist eine Akropolis
aus verwandten, jedoch unterschiedlichen „Tempeln". Sie besitzen keine Giebel, ihr Material und ihre Behandlung kennzeichnen
sie jedoch als etwas Besonderes. Der Raster aus Sandstein und
glänzender Aluminiumverkleidung und vor allem die Art, wie die
Glasfenster die gegenüberliegende Kirche widerspiegeln, weisen auf diese Absicht hin. Sie hebt die Kunst, den lokalen Kontext und die Bedeutung der einzelnen Bautypen hervor.

Wenn das Äußere des Museums mit einer Akropolis und einem Äquivalent des 20. Jahrhunderts zur benachbarten Kirche
gleichgesetzt wird, so erfährt im Innern die Kunst eine unterschiedliche Betonung. Denn hier ermöglicht ein komplexer postmoderner Raum dem Besucher, die Sammlung moderner Kunst
auf vier oder fünf verschiedene Weisen zu durchschreiten. Die
Erklärung dafür ist, daß es verschiedene Wege gibt, die Moderne
zu interpretieren: nicht nur als Ausdruck des Zeitgeists und der
Geschichte, wie üblicherweise gelehrt wird, sondern als eine
Pluralität der Bedeutungen. Aber auch diese wiederum ist in
Grundriß und Räumen nur angedeutet. Sie sind abstrahiert, sie
erfahren keine einseitige Plakatierung als Pluralismus.

Arata Isozaki, der über Hollein und Stirling geschrieben hat,
folgt ganz unbefangen einem ähnlichen Paradigma in seinen Mu-
seumsbauten. Sein Tempel für moderne Kunst in Los Angeles,
MOCA, ist, wie zu vermuten war, eine eklektische Mischung aus
westlichen Quellen mit verborgenen östlichen Bezügen, alle abstrahiert bis zum Punkt einer extremen Doppeldeutigkeit. Gewaltige Galerien, ein Renaissancegarten, ein diagonales Stahlgitter
(Anklänge an Michael Graves) und das Palladiomotiv über dem
Eingang sind eindeutig abendländisch, während der vertiefte
Hofeingang, der indische Sandstein und das Yin-Yang-Erschlie-

ßungssystem nicht so evident östlich sind. Es mag keine große
Logik in der Wahl der Sprache oder des Erscheinungsbilds bestehen, aber die Gegenüberstellung von Stilen und Motiven be-
zeugt wiederum einen verallgemeinerten Pluralismus und die
Vorstellung, daß die Kunst heutzutage diese Heterogenität re-
flektieren muß.

Weniger vielschichtig ist Gae Aulentis (zusammen mit französischen Architekten) Umwandlung eines alten Pariser Bahnhofs in
ein Museum für die Kunst des 19. Jahrhunderts. Hier werden
ägyptische Motive und Proportionen abstrahiert und erzeugen
dort, wo früher die Züge anzukommen pflegten, schwere
Mauern und enge Räume, die man in einem Tempel am Nil finden könnte. Der ägyptische Stil ist nur als abstrakte Repräsentation präsent – es gibt keine Sonnenscheiben und Lotussäulen –,
und er ist durchaus geeignet als stabiler Hintergrund für die Betrachtung von Skulpturen und Gemälden. Er kontrastiert auch
wirkungsvoll zur verzierten Beaux-Arts-Architektur, dem Filigran
der Konstruktion und der Belichtung von oben. Wie Aulentis Um-
gestaltung des Centre Pompidou abstrahiert das neue Musée
d'Orsay einen generalisierten Klassizismus, um ein geschwätzi-
ges, tatsächlich sehr streitsüchtiges Bauwerk zur Ruhe zu bringen. Leider sind ihre Eingriffe als zu stark an Michael Graves und
an die ägyptischen Vorbilder erinnernd sowie wegen der Konkurrenz zum Bau des 19. Jahrhunderts kritisiert worden. Aber
diese Kritik könnte durchaus in ihr Gegenteil verkehrt werden,
weil die Tatsache eindrucksvoll ist, daß die postmodernen Konventionen letztlich mit großem Geschick und mit Sensibilität angewendet worden sind.

Zahllose eingerahmte Ausblicke durch enge Öffnungen enthüllen viele interessante Kontraste des 19. Jahrhunderts. Die
Avantgardisten erhalten ihre Raumsequenz, die Akademiker ihre

325

328 Kohn, Pedersen, Fox Ass.: Condominium 70th Str., New York, 1984–1987.
Ein klassisches Hochhaus mit Basis, Mittelteil und Abschluß hält die Straßenfront, während es sich auch herunterstuft zu einem benachbarten abgestuften Gebäude.

329 Cesar Pelli & Ass.: Rice Jones School, Houston/Texas, 1983–1985.
Eine kontextuelle Haut ist so an einen Stahlrahmen gehängt, daß die dahinterliegende Konstruktion sichtbar bleibt. Sowohl das Rautenmuster aus Backstein wie auch die Linien der dünnen Wände sind betont, dadurch erfährt die historische Sprache neue Rhythmen und Bedeutung.

330 Cesar Pelli & Ass.: Erweiterung der Carnegie Hall, Projekt, New York, 1986.
Die bekannte postmoderne Behandlung eines Hochhauses in Farbgebung und Artikulation wird belebt durch die konsequente Verwendung einer dünnen Haut und die Neuinterpretation traditioneller Motive, wie des Gesimses, im Hinblick auf neue Funktionen – hier für die Einrichtung zum Fensterputzen.

parallele Anordnung der *petits salons*, und immer wieder öffnet sich der Raum auf eine überraschende Kulisse, die einen dazu zwingt, sich mit der erschreckenden und widersprüchlichen Schönheit der Bauwerke des vergangenen Jahrhunderts auseinanderzusetzen. Ein Ende des Eisenbahnschuppens konzentriert 116 sich auf Charles Garniers Pariser Oper, über die man jetzt hinweggehen kann, weil Aulenti ein Modell davon unter dem gläsernen Fußboden versenkt hat. Auf einer Seite des großen Querschiffs befinden sich zwei etwas kitschige Produkte der Akademie, die als Kommentar zur heutigen Rolle des Museums dienen. Die Plazierung des Gemäldes „Die Römer der Verfallszeit" von 326 Thomas Couture (sic!) ist die gelungenste konservatorische Leistung, und auch die Art, wie es gerahmt und an der Architekturpromenade aufgehängt ist, rechtfertigt den Entwurf. Denn es sind die Qualität und die Lebendigkeit der Räume, die hier unsere Wahrnehmung der Bedeutung verstärken. Kleinmaßstäbliche Bereiche, eingefaßt wie geschlossene Räume, werden aufgebrochen, um parallele Richtungen und Kontraste zu enthüllen. Wie in Holleins Museum besteht hier die Möglichkeit sowohl linearer als auch vergleichender Geschichtsbetrachtung dank der Aufeinanderfolge von Schulen und Richtungsgegensätzen. Ich kenne kein Museum, das derartige Widersprüche besser meistert, besonders diejenigen zwischen kleiner, intimer Kunst und den großmaßstäblichen, öffentlichen Kunstwerken. Durch Adaption der Konventionen des postmodernen Raumes – seiner Durchdringungen, Überraschungen und historischen Assoziationen – ist es Aulenti gelungen, ihr Medium perfekt zu beherrschen. Die subtilen Farbkontraste und die geschickte Handhabung der unterschiedlichen Materialien führen zu einer hohen Qualität.

Die Postmoderne wird zur Tradition

Die postmoderne Architektur ist in den achtziger Jahren zu einem weitverbreiteten Stil geworden, in dem viele große Büros riesige Bauwerke mit großer Geschwindigkeit produziert haben: Philip Johnson; Skidmore, Owings & Merrill sowie Kohn, Pedersen, Fox. Diese Situation führt zu Problemen. Wie der Leser sich erinnern wird, litt die Moderne an der Überproduktion und dem Qualitätsverlust ihrer Formensprache (S. 12f.), und es besteht kein Grund zu der Annahme, daß die neue Tradition nicht letztlich dem gleichen Druck erliegen wird. Es gibt bereits genügend kitschige postmoderne Bauten, daß manche die Bewegung als mittelalterlich, wenn nicht gar dekadent erklären können. Und nur wenige großmaßstäbliche Bauwerke sind so spezifisch relevant, daß sie diesem Todesurteil knapp entkommen konnten. Sie haben nicht wegen ihrer Innovationen oder ihrer Individualität Bestand, sondern wegen der Qualität ihrer Bauweise und der Überlegtheit, mit der die neue Konvention durchgehalten ist.

Kohn, Pedersen, Fox, das wirtschaftlich erfolgreichste postmoderne Büro, hat 30 oder mehr Hochhäuser unter Berücksichtigung der kontextualistischen Aspekte dieses Stils produziert. Bei der Hauptverwaltung der Firma Procter & Gamble in Cincinnati haben sie eine Art-Deco-Sprache aus gekappten Pyramiden und abgetreppten Achtecken abstrahiert. Diese Formen sind an einer zentralen Kreuzung der Stadt plaziert, wo die Schnellstraße in die Innenstadt führt. Um diese urbane Einfahrt zu markieren, haben sie zwei untersetzte Türme geplant, die mit weißem und grauem Mauerwerk verkleidet sind. Diese Sprache nimmt die der vorhandenen Gebäude auf und entwickelt sie dann sorgsam

331 Kisho Kurokawa: Wacoal Building, Tokio, 1982–1985.
Kurokawas Eklektizismus besteht aus einer ungewöhnlichen Anhäufung von Stilen und Motiven innerhalb einer in Grau gehaltenen Ästhetik. Der Maßstab dieses großen Verwaltungsgebäudes ist aufgelöst durch ein Karomuster aus gleichen Rastern, durchbrochen von Reklame und Zeichen der Edo-Periode, absorbiert in eine Totalität ohne Konflikte oder Ironie.

332 Wacoal Building: Der Aufenthaltsraum für die Geschäftsleitung in Schattierungen von Grau verbindet die traditionellen Schiebewände und Konsolen mit einer freistil-klassizistischen Ordnung im Mittelpunkt, die ein aufgelöstes Kapitell und eine gewichtslose Spiegelbasis hat: „Symbiose" von Ost und West, High-Tech und Tradition.

stärker stadtbezogen, indem sie eine parkähnliche Umgebung am Rande der City schafft. Im Innern ist diese Grammatik der Achtecke, des weißen Marmors und des rostfreien Stahls mit einer Konsequenz und Präzision durchgehalten, die bei einem großen Gebäude sehr selten sind. Wie vorauszusehen war, gibt es hier keine Überraschungen und wenig Individualität – wie es sich für Procter & Gamble letztlich gehört. Dennoch erfordert die fachmännische Leistung Respekt. Wer sonst als eine große, etablierte Firma hätte eine konsequente Qualität in solchem Maßstab und bis in die Details erreichen können?

Für die meisten seiner Bauten übernimmt das Büro Kohn, Pedersen, Fox einen Art-Deco-Klassizismus, farbig gestaltet durch die modernen Produktionsmethoden und der Architektur von Graves verwandt. Gelegentlich aber streben sie eine stärkere Stilreproduktion an und produzieren einen fast kanonischen Klassizismus. Das trifft auf ihr Wohnhochhaus an der oberen East Side in New York zu, ein Backsteingebäude mit weißem Gesims oben und unten. Dies hätte zu jeder Zeit zwischen 1900 und 1935 gebaut werden können, mit Ausnahme dessen, daß die klassizistischen Details im Maßstab vergrößert und abstrahiert sind. Wieder ist die Detailgestaltung gelungen und der Kontextualismus einleuchtend. Die Straßenfassade erhebt sich ohne Unterbrechung bis zu einem Abschluß mit drei Bogen, während die Seiten sich herabstufen in Entsprechung zu einem benachbarten Wolkenkratzer in ähnlich abgetreppter Form.

Der Kontextualismus hat die akzeptabelste Rechtfertigung für die Rückkehr zu historischen Formen geliefert und ist daher als Hauptargument von denjenigen benutzt worden, die früher der Moderne und einer rationalistischen Ästhetik verpflichtet gewe-

sen waren. Cesar Pelli und Tom Beeby sind die begabtesten dieser kürzlich Konvertierten, und die Qualität ihrer Architektur erinnert uns wieder daran, daß die besten postmodernen Architekten sich immer noch nicht ganz von ihrer früheren Ausbildung und Überzeugung gelöst haben. Pelli, dessen Büro fast so produktiv ist wie das von Kohn, Pedersen, Fox, übernimmt praktisch jede visuelle Grammatik, die auf dem lokalen Kontext basiert, aber er behandelt sie stets als dünnen Curtain Wall, der denjenigen, die sich die Mühe machen, es zu sehen, die Realität der dahinterliegenden Stahlkonstruktion enthüllt. So nimmt sein Bau auf dem Rice Campus in Texas den vorhandenen neoromanischen Stil – dargestellt in rotem Backstein und weißem Mauerwerk – auf und gibt ihm den gegenwärtigen Jazz-Rhythmus aus Stakkato-Horizontalen und Fensterbändern. Die Rhythmen der Gestalt sind betont durch einen Wechsel im Material, vom Backstein zu Stahl und Glas, und unterstrichen durch einen Wechsel der Farbe, von Rosa zu Burgunderrot. An den Seiten der beiden langen Flügel ist ein Rautenmuster aus zufällig durchbrochenen Backsteinen und mit abgesetzten Wänden. Diese Unterbrechung unterstreicht den rationalistischen Aspekt, daß die Verkleidung nur ein dünnes Furnier ist, keine wirklich romanische Konstruktion aus Stein. So wird die Realität der Konstruktion sichtbar gemacht. Außerdem wird sie zu einem Vorwand zur Erfindung neuer Rhythmen und Proportionen in einer alten Sprache. Während so der Kontext die logische Grundlage für die gewählte Grammatik liefert, bieten die Struktur und die Konstruktion das Vokabular, mit dem sie artikuliert wird. Dies macht Pellis Bauten frisch, ehrlich und, zugegeben, etwas flachbrüstig und ungeschickt wie ein noch nicht erwachsenes Mädchen.

329

333 TAFT: River Crest Country Club, Fort Worth/Texas, 1983–1986. Die Mitglieder verlangten ein klassizistisches Gebäude und erhielten diese palladianische Lösung aus neun Quadraten mit gebänderter Basis aus Beton und Fliesen sowie einer Synthese aus Stahl und Backstein. Die aufragenden Kamine markieren die vier Horizonte.

334 Terry Farrell und Partner: Bank und Bürogebäude Fenchurch Street, London, 1984–1987. Dieses kontextualistische Gebäude füllt das Eckgrundstück mit der üblichen dreigeteilten Ansicht in gelungener Gliederung, indem die drei Teile fast unabhängig voneinander erscheinen.

Pelli hat, wie James Stirling, besonderes Vergnügen daran, die Logik der Konstruktion zu zeigen, und dies kann in einer gekappten Spitze resultieren, wie beim Rice Building, oder einer spröden Oberfläche, welche die Ebenheit akzentuiert. Die meisten seiner modernen Bauten erreichen eine außergewöhnliche geschlossene Qualität – wie der Blaue Wal (S. 50) – durch die dünne Haut, welche die Glaswand und die Sprossen hervortreten läßt. Diese „Membranästhetik" ist jetzt mit der Einführung komplexer Ornamente und der Polychromie zu einer postmodernen Richtung entwickelt worden. Die daraus resultierende Mischung ist ungewöhnlich genug, um einen besonderen Namen zu verdienen: High-Tech-Kontextualismus. Er ist bei der geplanten Erweiterung der Carnegie Hall in New York zu sehen. Hier ist die existierende Renaissance-Grammatik 60 Stockwerke hinaufgeführt und zu einem Raster aus wohlproportionierten Rechtekken und Flächen in kontrastierenden Farben vereinfacht. Der spitze Aufbau auf dem Dach, der die Einrichtung zum Fensterputzen trägt, wird zum zeitgemäßen Äquivalent eines Kranzgesimses. Pelli, der hier typisch postmodern ist, sucht nach neuen Anwendungen und Proportionen für alte Formen.

Der japanische Architekt Kisho Kurokawa erreicht häufig eine ähnliche Mischung, die er „Architektur der Symbiose" nennt. Vergangenheit, Gegenwart und Zukunft werden bewußt zur Synthese geführt in ein vieldeutiges Ganzes, und die Ergebnisse sind schön, wenn auch rätselhaft. Man ist niemals sicher, ob die Synthese am Ende unvereinbar oder durchschaubar ist. Auf jeden Fall ist sie meisterhaft ausgeführt, harmonisch und nur ein wenig gefällig. Während Stirling Vergangenheit, Gegenwart und Zukunft konfrontiert, als ob es keine Frage der friedlichen Koexi-

stenz zwischen ihnen gäbe, vermischt Kurokawa sie zu einem nahtlosen Gewese. Sein Wacoal Building für eine große Wäschefabrik orientiert er direkt auf den Kaiserpalast im Herzen Tokios. Dies ist eine potentiell gefährliche und ironische Situation – das Auge der Mode, Frauenwäsche usw. unmittelbar zum Zentrum der japanischen Tradition und Macht ausgerichtet. Der Kommerz wird konfrontiert mit der Kultur, das Ephemere dominiert über das Permanente, zumindest in Maßstab und Erscheinungsbild.

Kurokawa ist sich dieser Gegensätze sehr bewußt, aber anders als westliche Architekten entschied er sich, die Unterschiede zu verwischen. So ist beim Wacoal Building das sinnbildliche „Auge der Mode" sowohl ein Teleskop, das in die Zukunft der Haute Couture blickt, als auch eine recht traditionelle aufsteigende Sonne mit Zeichen der Edo-Periode, auf den Kaiser und die Vergangenheit bezogen. Ein römisches Tonnengewölbe ist übersetzt in ein erst kürzlich erfundenes Glasmaterial, das die Glätte und Sinnlichkeit der Oberfläche betont. Tatsächlich beschreibt Kurokawa das Bauwerk als „Vergnügungsmaschine", und es lassen sich viele Parallelen zwischen der Sinnlichkeit des Produkts – hauteng Wäsche – und der Qualität der Bearbeitung ziehen. An einer Stelle hat ein Künstler den nackten weiblichen Körper in die glänzende Stahlfassade eingepreßt. In einem Empfangsraum im neunten Geschoß vermitteln wiederum polierte und reflektierende Oberflächen in verschiedenen Grauschattierungen die hedonistische Stimmung der luxuriösen Sinnlichkeit. Aber dieser Raum ist mehr, viel mehr als eine Verkaufsboutique. Er ist ein Kaleidoskop zahlreicher heterogener Bedeutungen.

330

335 Hammond, Beeby und Babka: American Academy of Pediatrics, Elk Grove Village/Illinois, 1984/85.
Ein Satz klassizistischer Typenelemente ist geschickt verbunden und an ein Stahlskelett gehängt, das in den Backsteinpfeilern und dem illusionistischen Giebel symbolisiert wird. Die kräftige Farbgebung erinnert an die Theorien des 19. Jahrhunderts der klassischen Polychromie.

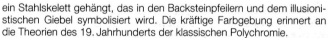

336 American Academy of Pediatrics: eine klassische *gravitas*, erreicht durch stahlverkleidete Stützen, Architrav und gebändertes Backsteinmauerwerk.

337 Charles Vandenhove: Portiko zur Place Tikal, Hors-Château bei Lüttich/Belgien, 1980.
Die Eingänge und die wichtigen Punkte von Vandenhoves Gebäuden sind durch eigene Ordnungen betont.

338 Charles Vandenhove: Stadterneuerung in Hors-Château bei Lüttich/Belgien, 1978–1985.
Hôtels aus dem 16. Jahrhundert werden ergänzt durch eine neue Beton-

ordnung (links) und einen Wohnbau mit vorfabriziertem Raster aus Stütze und Balken und Fensterkästen (rechts). Diese neu-alte Struktur schließt die Place Tikal ein, einen Platz mit mehreren Skulpturen.

Der Eingang ist von Bauten des Renaissancearchitekten Giacomo della Porta übernommen, die Mauern haben japanische Anklänge, die Schiebewände und die Säulen bilden eine neue Ordnung mit Spiegeln oben und unten als Abschluß, die das Gewicht aufheben. Diese Mischung könnte, um sie von derjenigen Cesar Pellis zu unterscheiden, High-Tech-Eklektizismus genannt werden. Doch ist die Synthese oder Symbiose so komplett, daß man die Unterschiede in Sprache, Stimmung oder Bedeutung übersehen kann. Auf diese Weise gelingt es Kurokawa, die homogen gewordene Vielfalt einer Informationsgesellschaft, die Art, wie sie alle Widersprüche in einer totalen Ideologie oder einem Stil vereinigt, am besten zu vermitteln. Manche werden dies als konsumorientiert verdammen und argumentieren, daß es das Erlebnis und auch die Abweichung unterdrücke, wie es auch die Moderne getan hatte. Aber wie der Barock, mit dem diese Stilrichtung die totalisierenden Motive teilt, kann sie gegenwärtig das Erlebnis und die Wahlmöglichkeit verstärken, wenn sie gut ausgeführt wird.

Es hat viele Aufrufe zur Synthese von Technik und kulturellem Ausdruck gegeben, die mehr Absichtserklärungen waren als Erfolg versprachen. Cesar Pelli, Kisho Kurokawa, Helmut Jahn, Mario Botta und andere haben versucht, ein Zwischenstadium zu erreichen. Das Verlangen nach Synthese ist sehr real und nicht nur auf die Architektur beschränkt, aber wir sind noch weit davon entfernt. Durch die abstrakte Repräsentation der Themen können die gegensätzlichen Pole der Technik einerseits und von Geschichte, Kontext und Anthropomorphismus andererseits zu einer vorläufigen Form der Vereinigung geführt werden. Die Gruppe TAFT aus Houston zum Beispiel verwirklicht technische Erfordernisse in einer palladianischen Lösung, so daß, was im 18. Jahrhundert Kamine waren, jetzt komplexe Versorgungs-
333 schächte werden, welche die elektrischen, mechanischen und

Wasser-/Abwasserleitungen aufnehmen. Ihr River Crest Country Club in Fort Worth/Texas hat vier massive Trakte, die das Gebäude zu den vier Himmelsrichtungen orientieren. Das palladianische Erscheinungsbild, überwiegend in gebändertes Backsteinmauerwerk gehüllt, basiert unmittelbar auf den traditionellen amerikanischen Prototypen wie der Strattford Hall in Virginia. Aber an gewissen Punkten – in dem Betonfundament und den Metallfenstern – ist eine Andeutung an die stählerne Realität vorhanden, die das Ganze zusammenhält. Solche Widersprüche zwischen dem Erscheinungsbild und der Realität werden von TAFT heruntergespielt, und man fragt sich, ob diese Sublimierung nicht der traditionellen Architektur näherkommt als der Postmoderne. Natürlich muß letztere den Unterschied zwischen Wahrheit und Illusion ebenso ausdrücken wie deren gelegentliche Übereinstimmung und den konventionellen Aspekt des Kunstprodukts ebenso wie seine gelegentliche Natürlichkeit.

Die Londoner Bauten von Terry Farrell sind in dieser Hinsicht selbstbewußter als diejenigen der TAFT-Gruppe. Die Künstlichkeit des Klassizismus wird deutlicher gegen die heutigen Konventionen der Fabrikation ausgespielt. Farrell übernimmt unweigerlich für diese Stadtbauten die dreigeteilte Fassade, indem er das normale Repertoire von Rustizierung, abstrahiertem Giebel und Rotunde anwendet. Aber er zeigt auch die zusammengeschraubte Stahlkonstruktion, so daß kein Zweifel daran bestehenbleibt, wie dünn das Mauerwerk wirklich ist und daß es mit Klammern aufgesetzt ist. Die Schrauben und Klammern erinnern an Otto Wagners Postsparkasse in Wien, ebenso wie die allgemeinen Volumen, die vorkragenden Gesimse und die abstrakte Repräsentation der Themen an Michael Graves erinnern. So betont das Gebäude in der Fenchurch Street seine Gegenwart mehr durch die sensible Art, wie es die Lücke füllt, als durch Originalität. Farrells besonderes Verdienst ist es, daß seine Ein-

339 Charles Vandenhove: Sanierung des Hôtel Torrentius, Lüttich/Belgien.
Die Renaissance-Grammatik ist teilweise erhalten geblieben, neu gemalt von Olivier Debré und dann erweitert durch Vandenhoves Kamin und säulenähnliche Sprossen aus Bronze. Fragmente des Renaissance-Mauerwerks vervollständigen dieses postmoderne Gesamtkunstwerk.

fügungen in alten Baubestand angenehm selbstverständlich wirken. Hier hat er auf einem dreieckigen Eckgrundstück die Straßenfassaden von beiden Seiten aufgenommen, ihre Trauflinien und Rhythmen weiter- und mit dem üblichen „Scharnier" – einer Rotunde, gekrönt von einer riesigen abstrahierten Säule – um die Ecke geführt. Das Streifenornament aus Mauerwerk und Stahl hat eine rauhe Struktur, die seine Einfachheit betont. Aber das Bauwerk sieht nicht unbedeutend oder billig aus wie solche Lösungen manchmal, weil die verschiedenen Themen in eine übergeordnete geometrische Abstraktion eingebunden sind.

Auch Tom Beeby, der wie viele Architekten in Chicago früher in der Mies-Tradition arbeitete, bemüht sich um eine Synthese gegensätzlicher Merkmale durch eine abstrakte Repräsentation der Konstruktion und des historischen Erscheinungsbildes. Seine American Academy of Pediatrics zeigt ebenfalls die post-

modern-klassizistische Formel des gestreiften Mauerwerks im Kontrast zur Stahlkonstruktion, geschlossene und dauerhafte Formen im Ausgleich zu offeneren und lässigeren. Die Fassade am Seeufer ist eine Oktastylos-Tempelfront, gekrönt von den weißen Umrissen eines Stahlgiebels (der halbe konische Ausschnitt aus einem dahinterliegenden Atrium) mit rustizierter Basis. Der Grundriß zeigt die gleiche Freistilmischung aus klassizistischen Vorläufern, die Mies ebenso wie Palladio heißen, und die verhaltene *gravitas* des gesamten Gebäudes kann auch auf diese beiden Vorbilder von Beeby zurückgehen – mit Ausnahme allerdings der kräftigen Farbgebung. Mit diesem Gebäude kehrt die Postmoderne zu dem bekannten Spiel mit der konstruktiven Repräsentation zurück, indem die Backsteinpfeiler die Oberfläche in gut proportionierte Rhythmen aufteilen und alles andere die eigentliche Stahlkonstruktion im Innern ausdrückt. Aber wäh-

335

340 Charles Vandenhove: Le Salon Royal, Restaurierung des Théâtre de la Monnaie, Brüssel, 1986.
Giulio Paolinis Skulptur ist gegenläufig gedreht, durch dünne Bronzedrähte verbunden, und an der Decke hängen plastische Fragmente. Die Fußbodenstreifen stammen von Daniel Buren. Ein durchgehender Fries, blinde Fenster und kalter Marmor vervollständigen diese surreale Inszenierung.

341 Charles Jencks: „Sommerraum" mit Sonnentisch und -stühlen sowie Symbolen des Sommers in den Radiatoren, Lichtquellen und dem gesamten Ambiente. Allen Jones' Personifizierung des Sommertanzes ist im Spiegel reflektiert zu sehen, und das ganze „Thematic House", geplant mit Terry Farrell & Partnern, nimmt diese Themen der Jahreszeiten, der Zeit und des Kosmos auf.

342 Mario Botta: Bürogebäude, Lugano/Schweiz, 1981–1985.
Eine platonische Geometrie aus Backstein in ornamentaler Musterung
ist gewaltsam aufgebrochen, um einen strengen High-Tech-Innenraum

freizulegen. Botta erzielt viele manieristische Kontraste, einschließlich
einer allgegenwärtigen „Größe-Kleinheit", die hier durch Verwendung
einer einfachen, kleinen Figur in gigantischem Maßstab erreicht wird.

rend Palladio oder Mies sich selbst auf die Verwendung homogener Materialien und Konstruktion beschränkt hätten, wählt
Beeby Backsteinverkleidung, Kalksteineinfassungen sowie Stützen und Gesimse aus Stahlplatten – die beiden letzteren in starken Farben gestrichen. Als Ergebnis dessen wirkt das Gebäude
sowohl ernsthaft als auch lebendig, als Hintergrund und Vordergrund zugleich. Es übernimmt eine Reihe „Sowohl-als-auch"-
Antinomien, wie sie Venturi empfiehlt, und diese vermitteln zwischen den Extremen der technischen Notwendigkeit und des
kulturellen Ausdrucks.

Noch stärker dualistisch als Beeby ist der Belgier Charles Vandenhove, ein Architekt, der ebenfalls von einer auf konstruktiver
Ehrlichkeit beruhenden Mies-Auffassung ausging. Sein Werk hat
sich stetig in eine Richtung entwickelt, die auf einmalige Weise
technische und semantische Aspekte verbindet – die konstruk-

tive Elemente wie die vorgefertigte Stütze verwendet, welche
auch spezifische kontextuelle Bedeutungen enthalten. Diese
konstituieren eine neue Ordnung der Architektur, die Vandenhove auf viel direktere Weise mit der westlichen Tradition verbindet als zum Beispiel Robert Venturi oder Quinlan Terry. Während
ersterer den Klassizismus parodiert und letzterer ihn kopiert,
imitiert Vandenhove dessen Sinngehalt, indem er die gegenwärtige Technik nutzt. Außerdem gesteht er Künstlern eine primäre
Rolle in der Artikulation eines Gebäudes oder städtischen Raumes zu. Eines seiner überzeugendsten Bauwerke ist die Sanierung eines kleinen Bereichs von Lüttich, Hors-Château, der aus
um einen kleinen Fußgängerplatz gruppierten Einfamilienhäusern
besteht. Dafür hat er die „Lüttichordnung" erfunden, ein System
von Stütze und Balken aus Beton, welche die wichtigen Eingänge betonen – eine erheiternde, reizvolle Version der ioni-

343 Ed Jones und Michael Kirkland: Rathaus Mississauga/Ontario, 1982–1987.
Die Ansicht von Südosten zeigt den Gegensatz der primären Bautypen: Kolonnade, Amphitheater, Giebelbau, Turm und Rotunde – eine Objektlehre in kleiner Blockkomposition, die an Leon Kriers Schule für 500 Kinder erinnert.

337 schen Ordnung mit ihren Bullaugenvoluten. Im Hintergrund verwendet er eine passendere und zurückhaltendere Variante der dorischen Ordnung mit T-förmigen Kapitellen und abgestuften Architraven. Schmiedeeiserne Fensterkästen wiederholen die Abstufungen in einer unterschiedlichen Tonart, und die Plastik von Anne und Patrick Poirier, die dem neuen Platz seinen Namen verleiht, kündigt einen weiteren Wechsel des gleichen Motivs an, indem sie es in eine totemähnliche Zikkurat verwandelt.

338 Das Gefüge dieses aufgewerteten Ortes erinnert an die Vergangenheit, da die neue Stützen- und Balken-Konstruktion im Maßstab mit der vorhandenen Bebauung übereinstimmt. Weil die Ordnung so gelungen eine ornamentale und eine konstruktive Logik verbindet, wird jeder Anachronismus vermieden.

In einem anderen Bauwerk hat Vandenhove die Mischung von unvereinbar scheinenden Richtungen weitergeführt. Beim Hôtel Torrentius aus dem 16. Jahrhundert, in dem er lebt und arbeitet, hat er quadratische Geometrie und ein secessionistisches Vokabular auf das alte Renaissancegebäude übertragen. Entstanden ist eine vielschichtige Einheit, die auch verschiedene Perioden

339 der Kunst kombiniert. Für das Opernhaus in Brüssel hat er mit den Künstlern Sol Lewitt, Sam Francis, David Buren und Giulio Paolini zusammengearbeitet, um verschiedene wichtige Bereiche neu zu gestalten, darunter eine paradoxe Marmorkammer, die allen Erwartungen widerspricht. An der Decke hängen plastische Fragmente, der Boden zeigt Andeutungen von Holzbalken,

Paolinis Skulptur ist, gegenläufig gedreht, dupliziert. Durch solche Eingriffe bereichert Vandenhoves Beherrschung der baulichen Elemente die Kunst und das bestehende Gebäude. Auf diese Weise stellt er so etwas wie ein fehlendes Glied zwischen Vergangenheit und Gegenwart dar und vertritt eine Eigenschaft, die heute viel häufiger vorhanden wäre, wenn sich die traditionelle Architektur mit der Technik weiterentwickelt hätte und nicht durch die Moderne ersetzt worden wäre.

Mehrere postmoderne Architekten, wie Tom Beeby, Michael Graves, Monta Mozuna und Charles Vandenhove, haben eine alles umfassende Architektur weitergeführt, die verschiedene Stilrichtungen in aufeinander bezogener Totalität anwendet. Konstruktion, Ornament, Möblierung und Kunstwerke werden zusammen geplant in einer Weise, die zugleich an das Gesamtkunstwerk des 19. Jahrhunderts und an die traditionelle Architektur erinnert, bei der man diese Totalität voraussetzte. Solche Planung, bei der alle Teile aufeinander bezogen werden, führt zu Ergebnissen, die ich als „symbolische" – oder als „signolische" – Architektur bezeichnet habe, um sie von der reinen Anhäufung von Elementen und Zeichen zu unterscheiden.[93] Robert Venturis Begriff des „dekorierten Schuppens" illustriert die letztere Richtung, während ich bei meinem eigenen Werk in Zusammenarbeit mit anderen versuche, den symbolischen Weg zu gehen – besonders wenn es von einem ikonographischen Programm bestimmt wird. Dann vereinigt ein übergreifendes Thema die Bau-

344 Rathaus Mississauga, Modell, 1982: Die frontale Ausrichtung des Entwurfs ist evident, ebenso die Gegenüberstellung klassischer Volumen. Der Campanile ist im Modell geglückter integriert.

345 Die Perspektive vom Nordeingang zeigt die in Betonung, Material und Form an Asplund erinnernde Rotunde.

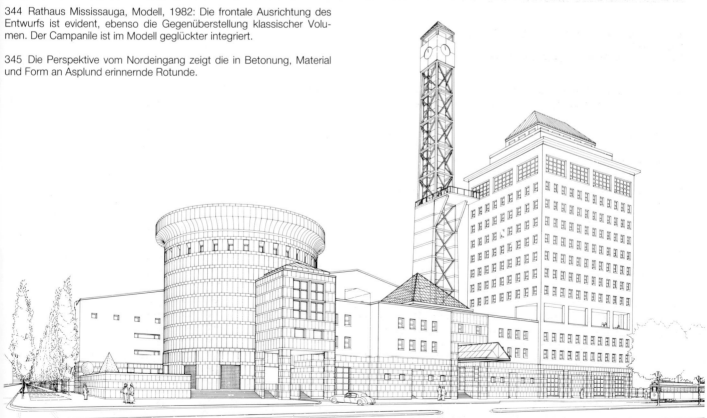

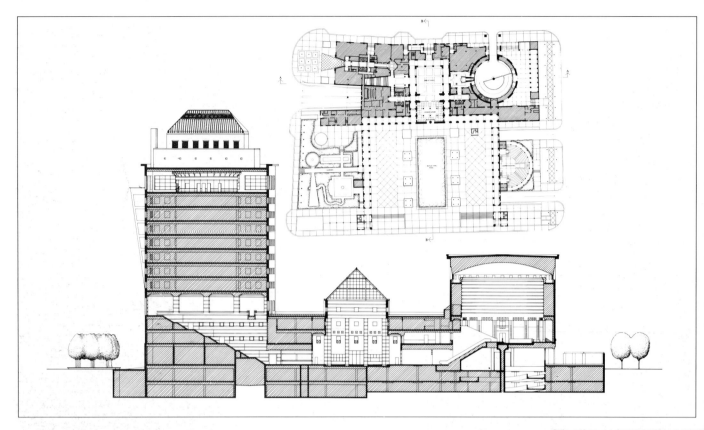

346/347 Im Grundriß sind die Architekturpromenade vom südlich gelegenen öffentlichen Bereich zum nördlichen Verwaltungsbereich und die beiden untergeordneten Querachsen erkennbar. Der Schnitt zeigt die Folge hoher und niedriger Volumen.

348 Die große Halle, ein innenliegender Versammlungsbereich, übernimmt die Motive des äußeren Versammlungsbereichs, einschließlich der Rednertribüne und des gebänderten Mauerwerks, das hier in grünem und schwarzem Marmor ausgeführt ist.

und die plastische Kunst, eine Folge oder ein erzählender Weg wird geplant unter Anwendung von Zeichen aller Art – einschließlich Wörtern und Sätzen, um die vielen Bedeutungen zu erhellen. Eine solche Integration ist offensichtlich einfacher zu erreichen bei einem traditionellen, sich nur langsam wandelnden Bautyp, wie einer Kirche, als bei dem flexiblen, sich häufig wandelnden Typ des Büro- oder kommerziellen Gebäudes. Deshalb vertreten Venturi und andere den Gedanken des funktionalen Schuppens mit daran angebrachten Zeichen. Aber während Venturis „signolische" Architektur 1972 wichtig und befreiend war, weil sie die Notwendigkeit von Zeichen bestätigte, hat dies in den achtziger Jahren zu vielen unharmonischen Bauten mit überall angebrachten karikierten Motiven geführt. Die Kritik an diesen kitschigen Gebäuden (nicht denen von Venturi, wohlgemerkt) erfolgte sowohl von professioneller als auch von öffentlicher Seite. Die daraus resultierende Postmoderne vertritt mehr die Integration der Baukunst mit der Konstruktion und der Geometrie als die willkürliche Collage. Der fundamentalistische Klassizismus von Mario Botta ist typisch für diese Reaktion, da er primitive gestufte Formen mit dem Backsteinbau mischt – eine Grammatik der Primärformen (Kreise und Quadrate) mit rudi-

342 mentären Gesimsen und dem extrem manieristischen Kontrast der innenliegenden Technik, die eruptiv die Außenhaut durchdringt, welche permanent aussah.

343 Das Rathaus in Mississauga/Ontario von Ed Jones und Michael Kirkland ist ebenfalls charakteristisch für diesen Trend, eine Art proto-symbolischer Architektur mit einem bescheidenen ikonographischen Programm, die aber trotzdem die Forderungen der Funktion, des Erscheinungsbildes, der Technik und des Zeichens erfüllt. In diesem Sinne ist es eine sprechende symboli-

344 sche Architektur. Obgleich es kein schöpferisches Werk der Postmoderne wie Stirlings Stuttgarter Staatsgalerie und Graves' Humana Building ist, zeigt es, ebenso wie Aulentis Musée

d'Orsay in Paris, die Vorzüge des Arbeitens innerhalb einer umfassenden Tradition. Dieses Rathaus verbindet verschiedene Einflüsse – die kleine Blockkomposition von Leon Krier, einige formale Motive von Aldo Rossi, Robert Krier und James Stirling – und paßt sie einem öffentlichen Gebäude an, das in einer kanadischen Vorstadtregion, auf halbem Wege zwischen dem urbanen Toronto und einer bäuerlichen Gemeinde liegt.

Daher die Mischung aus industrieller und städtischer Sprache, ein Uhrturm mit einer Stahlkonstruktion und die abstrahierten Giebel und die Rotunde. Die Zeichen sind vielfältiger Natur und konventionell genug, um das Gebäude in die Gemeinde zu integrieren. Wie ein mittelalterliches Rathaus beherrschen der „Glocken"turm und die Palast-Elemente die *res publica* an der Vorderseite, einen offenen Platz, an drei Seiten von Kolonnaden beschattet. Die Basisfunktionen sind innerhalb platonischer Volumen untergebracht, so daß man den Unterschied zwischen der bürokratischen Verwaltung und der Gemeindevertretung erkennen kann, das Bürohochhaus und den zylindrischen Ratssaal. Gebändertes Mauerwerk wird als ornamentales Motiv verwendet und in Maßstab, Farbe und Betonung verstärkt, wenn man die Raumfolge bis zu ihrer Kulmination in der Rotunde durchschreitet – dem symbolischen Kern einer Innenstadt, von dem man hofft, daß er auch in Zukunft Bestand haben wird. All das ist in einer nüchternen, doch dynamischen Sprache durchgehalten, die zusammenhängend vom Ort, von der Funktion und der Geschichte sprechen kann. Vielleicht haben diese Nüchternheit und Bescheidenheit heute einen besonderen Vorzug, da sie den postmodernen Klassizismus in seiner umfassenden Rolle als eine Sprache zeigen, die verschiedenen Geschmackskulturen offen ist, einer geistigen Elite, dem Berufsstand des Architekten und der Masse der Bevölkerung, die das Gebäude nutzen wird. Das Gebäude repräsentiert auf diese Weise viele der überzeugenden Ideen und Motive, die von den postmodernen Klassizi-

349 Die Ratssaal-Rotunde mit toskanisch-dorischen Säulenpaaren hat ein dunkelblaues Fresko von Sharon McCann, das Sternbilder mit Darstellungen aus indianischen Legenden verbindet.

350 Giebelbau und Agora von Süden. Das vorkragende Rostrum, zugleich Sprungbrett oder Segelflieger, verleiht diesem öffentlichen Bereich eine kühne Dimension.

sten während der vergangenen zehn Jahre entwickelt wurden, und zeigt die Ebene, auf der sie diese zu einem Paradigma für eine entstehende Tradition verschmolzen haben.

    Diese Tradition wird sich zweifellos weiterentwickeln und ausbreiten, wenn sie noch populärer wird. Der Druck der Massenproduktion und des Konsums werden ebenfalls ihren Tribut fordern, wenn in Zukunft zahllose Bauwerke dieser Art ohne Rücksichtnahme und Qualitätsanspruch unsere Welt überziehen. In dieser ambivalenten Situation, da die Postmoderne ebenso kommerziell werden wird wie ihre Konkurrenten, die Moderne und die Spätmoderne, sollten wir anhalten und uns des Schicksals jeder erfolgreichen Richtung erinnern, die auf die industrielle Welt seit dem 19. Jahrhundert losgelassen wurde. Unter deren Ägide wurde stets eine Vielzahl wertloser Bauten produziert, bis

jede dieser Richtungen wiederum ihre Führung und Orientierung verlor. Die Kommerzialisierung aller erfolgreichen Stile, die konsumiert, diskreditiert und überstrapaziert werden, erklärt ihr kontinuierliches Veralten. Die heutige Situation unterscheidet sich nur graduell, da es mehrere Richtungen gibt und sie viel schneller kommerzialisiert werden. Die Zyklen des Wandels sind viel kürzer geworden. Daher sollten wir uns weniger auf diesen Wandel, auf die Aufeinanderfolge der Stile, konzentrieren, sondern mehr auf die wenigen individuellen Bauten und urbanen Gruppierungen von Bedeutung, für welche diese Stile im Tempo der Wegwerfgesellschaft geschaffen wurden. Moderne Meisterwerke existieren neben postmodernen und neben manchem Schund – wir dürfen letzteren nur nicht die ersteren überschatten lassen.

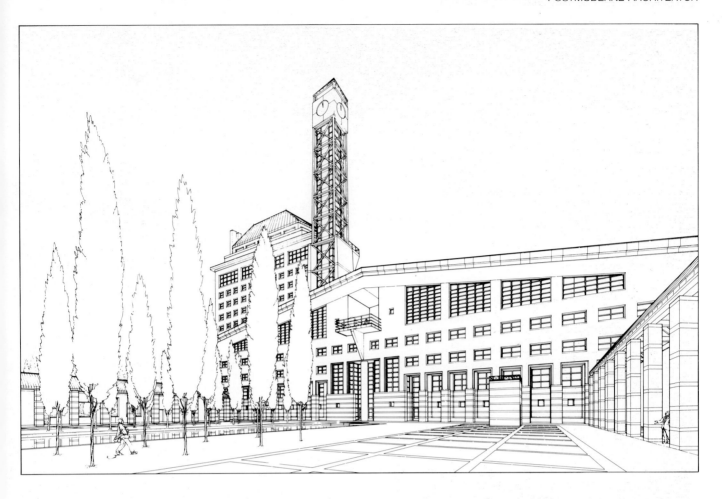

Anmerkungen

1 Siehe Mies van der Rohe: *Industrielles Bauen*, erstmalig veröffentlicht in der Zeitschrift G, 10. Juni 1924, abgedruckt in: Ulrich Conrads: *Programme und Manifeste zur Architektur des 20. Jahrhunderts*, Gütersloh 1964, S. 76.

2 Siehe Manfredo Tafuri: *L'Architecture dans le boudoir*, in: *Oppositions*, Nr. 3/ 1974, S. 45 und Anmerkung S. 60 (dtsch. in: *Arch +*, Nr. 37). Tafuri meint, daß die „Rossi gemachten Vorwürfe des Faschismus wenig bedeuten, da seine Versuche zur Wiederherstellung einer ahistorisierenden Form verbale Formulierungen ihres Inhalts und jeden Kompromiß mit der Wirklichkeit ausschließen". Diese Befreiungsklausel ist natürlich unmöglich; alle Formen werden historisch betrachtet und sind mit konventionellen Assoziationen behaftet. Rossis Werk kann diesem „Kompromiß mit der Wirklichkeit" ebensowenig ausweichen wie alle andere Architektur.

3 Alison und Peter Smithson in: *Architectural Design*, Oktober 1969, S. 560.

4 Peter Smithson in: *Architectural Design*, Mai 1975, S. 272.

5 Alison und Peter Smithson: *Gentle Cultural Accommodation*, in: *L'Architecture d'Aujourd'hui*, Januar/Februar 1975, S. 4–13, zitiert nach S. 9. Die Smithsons bestreiten, das geschrieben zu haben, obgleich es typisch für ihr Denken ist. Siehe *Architectural Design*, Nr. 7/1977, und meine Antwort.

6 Siehe Tom Wolfe: *The New Journalism*, London 1975, S. 54–56, und meinen Aufsatz: *The Rise of Post-Modern Architecture*, in: *Architectural Association Quarterly*, London, Sommer 1976, S. 7–14.

7 Zum Appell an die Moral siehe Sigfried Giedion: *Raum, Zeit, Architektur*, Ravensburg 1965. Zur „heroischen Periode" siehe Alison und Peter Smithson in: *Architectural Design*, Dezember 1965.

8 Sant'Elias *Manifest* vom 11. Juli 1914 ist zitiert nach Ulrich Conrads: *Programme und Manifeste zur Architektur des 20. Jahrhunderts*. Gütersloh 1964, S. 32.

9 Eine klarere Gegenüberstellung von Architektur und Sprache erfolgt durch die Architektursemiotiker, die diese unpräzisen Analogien durch Fachbegriffe ersetzen. Für unsere allgemeinen Zwecke reichen diese Analogien jedoch aus, solange wir sie nicht allzu wörtlich nehmen.

10 Ein Argument von Umberto Eco in: *Funktion und Zeichen. Semiologie der Architektur*, in: *Konzept 1, Architektur als Zeichensystem*, Tübingen 1971.

11 Siehe Umberto Eco: *Komponentenanalyse einer Säule*, in: *Werk*, Nr. 10/1971.

12 Siehe zum Beispiel die Beschreibung der fünf großen „Geschmackskulturen" von Herbert Gans in seinem Buch: *Popular Culture and High Culture*, New York 1974, S. 69–103.

13 Siehe G. L. Hersey: *J. C. Loudon and Architectural Associationism*, in: *Architectural Review*, August 1968, S. 89–92.

14 Die Anwendung des Wortes „natürlich" umgeht die wichtige semiotische Streitfrage, *wie* natürlich Zeichen sein können. Sie sind alle von der Kodierung und daher von der Konvention abhängig. Aber die Frage ist zu komplex, um hier abgehandelt zu werden. Siehe Umberto Eco: *La struttura assente*, Mailand 1968; deutsch: *Einführung in die Semiotik*, München 1972.

15 Ich habe diese Diskussion erwähnt in: *Modern Movements in Architecture*, Harmondsworth/New York 1973, S. 318–328 und dazugehörige Fußnoten. Die italienische Presse nahm diese Kontroverse auf und wandte die Metapher „Abkühlung" auf die englische Kritik an (wenn ich mich richtig erinnere).

16 Philip Johnson: *The Seven Crutches of Modern Architecture*, in: *Perspecta*, Nr. III 1955 (deutsch in: John Jacobus: *Philip Johnson*, Ravensburg 1962); Philip Johnson: *Whence and Whither*, in: *Perspecta*, Nr. 9/10 1965.

17 Siehe John Jacobus: *Philip Johnson*, Ravensburg 1962.

18 Brief an Jürgen Joedicke vom 6. 12. 1961, abgedruckt in: John Jacobus: *Philip Johnson*, Ravensburg 1962.

19 Siehe Robin Boyd: *New Directions in Japanese Architecture*, New York/London 1968, S. 102.

20 Siehe Oscar Newman: *CIAM '59 in Otterlo*, Stuttgart 1961, S. 182.

21 Eine ziemlich vollständige Bibliographie dieser Schriften und Kommentare über das Venturi-Team ist in *Learning from Las Vegas* zu finden, revidierte Ausgabe von Robert Venturi, Denise Scott Brown und Steven Izenour, Cambridge 1977. Zur Kritik siehe meine Besprechung: *Venturi et al. are almost all right*, in: *Architectural Design*, Nr. 7/1977.

22 Siehe *Learning from Las Vegas*, a.a.O., S. 130 und 149.

23 Sie haben das häufig betont: Robert Venturi zum Beispiel sagte bei einer Diskussion in der Galerie „Art Net" in London im Juli 1975: „Ich entschuldige mich für alle diese Häuser für reiche Leute, aber ich muß alles nehmen, was wir bekommen können." Die Projekte des Venturi-Teams sind meist von stärkerem sozialen Engagement und häufig für Minoritäten und unterprivilegierte Gruppen bestimmt.

24 Siehe *A & U*, Nr. 11/1974, das ihrem Werk von 1970–1974 gewidmet ist, S. 43.

25 Siehe meinen Beitrag: *MBM and the Barcelona School*, in: *The Architectural Review*, März 1977, S. 159–165, und *Arquitectura Bis*, Nr. 13 und 14, Mai/Juni 1976.

26 Ich habe diese „Bedrohung" durch Pluralismus und Eklektizismus in meinem Beitrag: *Isozaki and Radical Eclecticism* abgehandelt, in: *Architectural Design*, Januar 1977, S. 42–48. In diesem Artikel versuche ich, zwischen einem radikalen Eklektizismus, der multivalent ist und auf semantischer Grundlage beruht, und dem „schwachen Eklektizismus" des neunzehnten Jahrhunderts, der eine lasche Stilhäufung darstellte, zu unterscheiden.

27 Ich behandele diese Frage in meinem Buch: *Ersatz – The International Culture of Our Time*, das 1979 erscheinen wird.

28 Siehe Aldo Rossi: *Die Architektur der Stadt*, Düsseldorf 1973. Gijon ist eine monumentale Form des Klassizismus mit venturiähnlichen Gegenüberstellungen.

29 Siehe *L'Architecture d'Aujourd'hui*, Nr. 190, April 1977 (Ausgabe über Formalismus–Realismus), S. 101.

30 Ich bin sicher, daß es hierüber zu Mißverständnissen kommen wird. Es hat den Anschein, daß ich mir widerspreche, da ich einmal für und einmal gegen den Geist der Zeit argumentiere. Aber die Unterscheidung zwischen dem „Klima der Meinungen" und dem „Zeitgeist" beruht darauf, daß ersteres auf der Konvention und der Notwendigkeit, der Wahlmöglichkeit und nicht dem Zwang, dem Wandel und nicht der Dauer, moralischen Grundsätzen und nicht dem Verhalten basiert.

31 Henry-Russell Hitchcock: *Architecture Nineteenth & Twentieth Centuries,* Harmondsworth 1971, S. 533.

32 Quinlan Terry: *Architectural Renaissance,* in: *Building Design,* 17. Sept. 1976, S. 18. Terry hielt 1976 eine Vorlesungsreihe über postmoderne Architektur an der Architectural Association in London.

33 Als ausgezeichneten Beitrag über diese Richtung siehe Chris Fawcett: *An Anarchist's Guide to Modern Architecture,* in: *Architectural Association Quarterly,* Nr. 7, Bd. 3, 1975, S. 37–57. Es ist weniger eine Einführung in den Anarchismus als vielmehr eine Parodie.

34 Conrad Jamesons Beiträge sind in verschiedenen Zeitschriften, überwiegend in England, veröffentlicht worden. Hier ist zurückgegriffen auf: *Social Research in Architecture,* in: *The Architects' Journal,* 27. Oktober 1971, und darauffolgende Diskussion; *Architect's Error,* in: *New Society,* 8. Mai 1975, und darauffolgende Diskussion; *Enter Pattern Books, Exit Public Housing-Architects: a friendly sermon,* in: *The Architects' Journal,* 11. Februar 1976, und darauffolgende Diskussion; *British Architecture: Thirty Wasted Years,* in: *The Sunday Times,* Februar 1977, und darauffolgende Diskussion. Im Gegensatz zu anderen Polemikern versteht es Jameson wirklich, den Nerv der modernen Architekten zu treffen. Siehe sein Buch: *Notes for a Revolution in Urban Planning,* New York 1978.

35 Maurice Culot, einer der Leiter von ARAU in Brüssel, verbrachte zehn Tage in Port Grimaud mit Diskussionen über die Folgerungen daraus mit dem Architekten François Spoerry. In einer Unterhaltung im Juni 1977 sagte er mir, er sei davon überzeugt, daß dies der Typ von Wohnungsbau für das Volk wäre, aber daß die örtlichen kommunistischen Führer, von denen manche auf Modelle der dreißiger Jahre eingestellt wären, das möglicherweise nicht akzeptieren würden.

36 David Gebhardt: *Getty's Museum,* in: *Architecture Plus,* Sept./Okt. 1974, S. 57–60, 122. Siehe auch Reyner Banham: *The Lair of the Looter,* in: *New Society,* 5. Mai 1977, S. 238; *Building Design,* 13. Sept. 1974. In England brachten der *Observer* und die *Times* Beiträge über das Gebäude.

37 Brief von James Stirling an: *Oppositions,* Sommer 1976, S. 130. Aber einige von Stirlings neueren Werken sind mit Sicherheit postmodern in bezug auf ihren „Kontextualismus": die Projekte für Düsseldorf und Köln.

38 Colin Amery und Lance Wright: *Lifting the Witches Curse, The Architecture of Darbourne and Darke,* in: *RIBA Publications,* 17. Mai – 29. Juli 1977, Ausstellungskatalog, S. 7–8.

39 Andrew Derbyshire: *Building the Welfare State,* RIBA-Konferenz 1976, *RIBA Publications,* a.a.O., S. 29.

40 RIBA-Konferenz, a.a.O., S. 50.

41 Aldo van Eyck: *In Search of Labyrinthian Clarity,* in: *L'Architecture d'Aujourd'hui,* Jan./Febr. 1975, S. 18.

42 RIBA-Konferenz, a.a.O., S. 62.

43 Der Skeffington-Report von 1968 empfiehlt mehr Partizipation der Öffentlichkeit an der Planung, aber bisher hat diese nur zu erhöhter Konsultation oder minimalen Wahlmöglichkeiten über Raumeinteilung, Anordnung von Trennwänden usw. geführt – wie bei dem PSSHAK-Projekt des Greater London Council – oder zur Entwicklung von Plänen wie beim Projekt Swinbrook in North Kensington.

44 „Signifikanz und Formenreichtum" in der Architektur werden in meiner Argumentation als entscheidende Werte vorausgesetzt und ihre Notwendigkeit hier nicht begründet; Argumente für Pluralismus in der Politik liefert Karl Popper, für Vielfalt in der Kunst I.A. Richards. Zu meinen Zweifeln an den Neo-Rationalisten siehe: *The Irrational Rationalists,* in: *A & U,* April und Mai 1977, abgedruckt in: *The Rationalists,* hrsg. von Dennis Sharp, London 1978.

45 Siehe *Architektural Design,* Nr. 3/1977, S. 191. Die Ausgabe ist Culot, Krier und Tafuri gewidmet.

46 Hannah Arendt hat ausführlich über den öffentlichen Bereich geschrieben in: *The Human Condition,* Chicago 1958, und *Über die Revolution,* München 1963. Ihre Gedanken beeinflußten unter anderem die Architekten George Baird, Ken Frampton, Conrad Jameson und Nikolaus Habraken.

47 Leon Krier: *A City with a City,* in: *Architectural Design,* Nr. 3/1977, S. 207.

48 Siehe Graham Shane: *Contextualism,* in: *Architectural Design,* Nr. 11/1976, S. 676–679 zur Diskussion und Bibliographie.

49 Colin Rowe: *Collage City,* in: *The Architectural Review,* August 1975, S. 80.

50 Colin Rowe, a.a.O., S. 80/81.

51 Siehe den Brief von Nathan Silver an die *Architecture Review,* Sept. 1975, und darauffolgende Diskussion.

52 Siehe T. S. Eliot: *After Strange Gods,* London 1934.

53 Kent C. Bloomer und Charles W. Moore: *Body, Memory and Architecture,* New Haven 1977, S. 41/42 (deutsch: *Architektur für den „Einprägsamen Ort",* Stuttgart 1980).

54 Carl Gustav Jung: *Der Mensch und seine Symbole,* Olten 1968.

55 Siehe Rudolf Wittkower: *Studies in the Italian Baroque,* London/New York 1975, S. 63.

56 Zu der Vorstellung der Raumdurchdringung siehe Colin Rowe und Robert Slutzky: *Literal and Phenomenal Transparency,* in: *Perspecta,* Nr. 8/1963, Nr. 13–14/1975; zur „compaction composition" siehe mein Buch: *Le Corbusier and the Tragic View of Architecture,* London/Cambridge 1973.

57 Robert Stern hat in verschiedenen Zeitschriften über die Postmoderne geschrieben, unter anderem in *Architectural Design,* Nr. 4/1977.

58 C. Ray Smith: *Supermannerism. New Attitudes in Post-Modern Architecture,* New York 1977, S. 91–99.

59 Siehe Maggie Keswick: *Chinese Gardens,* New York/London 1978. Das letzte Kapitel, das von mir stammt, behandelt diese Art von religiösem Grenzbereich, ein Gedanke, den ich von Edmund Leach übernommen habe. Siehe sein Buch: *Culture and Communication,* Cambridge 1976, S. 14, 51, 71–75, 86/87.

60 Siehe Charles Moore: *Hadrian's Villa,* in: *Perspecta,* Nr. 6/1958, und: *Have to Pay for the Public Life,* in: *Perspecta,* Nr. 9–10/1975, beige abgedruckt in: *Dimensions,* New York 1977. Siehe auch das März/April-Heft 1976 von *L'Architecture d'Aujourd'hui.*

61 *L'Architecture d'Aujourd'hui,* a.a.O., S. 60.

62 Dieser Gedanke ist hier nicht ausgeführt, siehe aber zum Beispiel Juan Pablo Bonta: *Notes for a Theory of Design,* in: *Versus 6,* Mailand 1976.

63 Siehe Basil Bernstein: *Class, Codes and Control,* Bd. I und II, London 1971–1973, und Linda Clarke: *Explorations into the Nature of Environmental Codes,* in: *Journal of Architectural Research,* Bd. 3, Nr. 1/1974.

64 Die Untersuchungen sind zugegebenermaßen sehr fragmentarisch und wurden mit Studenten in England, Norwegen und Kalifornien durchgeführt, obgleich mehrere Interviews in Bauten in Holland und England erfolgten. Eine Untersuchung wurde veröffentlicht: *A Semantic Analysis of Stirlings's Olivetti Centre Wing,* in: *Architectural Association Quarterly,* Vol. 6, Nr. 2/1974, und ein Teil einer anderen ist enthalten in meinem Beitrag: *Architectural Sign,* der veröffentlicht ist in der von Richard Bunt, Geoffrey Broadbent und mir herausgegebenen Anthologie: *Signs, Symbols and Architecture,* New York 1978, unterstützende Beweise sind zu finden bei B. Bernstein, a.a.O., und Philip Boudon: *Die Siedlung Pessac – 40 Jahre Wohnen à Le Corbusier,* Gütersloh 1971.

65 Siehe Charles Jencks: *Late-Modern-Architecture,* London 1980, Kapitel 3 (deutsch: *Spätmoderne Architektur,* Stuttgart 1981).

66 Die Gruppe „Chicago Seven" wurde 1976 gegründet, teils als Reaktion auf andere Architektengruppierungen in der Stadt. Zur Zeit des Wettbewerbs für die Stadthäuser im März 1978 bestand das Team aus elf Architekten: Thomas Beeby, Laurence Booth, Stuart Cohen, James Freed, Gerald Horn, Helmut Jahn, James Nagle, Kenneth Schroeder, Stanley Tigerman, Cynthia Weese und Ben Weese.

67 Siehe *Roma Interrotta,* Rom 1979, und *Architectural Design,* Nr. 3/4, 1979, S. 163.

68 *Hiroshi Hara – an Interview with David Stewart,* in: *Architectural Association Quarterly,* Nr. 4/1978, S. 8,10.

69 Siehe Stephen Kieran: *VIA III On Ornament,* Penn., 1977, ein Symposion an der Architectural Association in London im Dezember 1978 über „The Question of Ornament" (unveröffentlicht); Boyd Auger: *A Return to Ornament,* in: *The Architectural Review;* 1976, und darauffolgende Korrespondenz; eine Ausstellung im Cooper-Hewitt-Museum, organisiert von Richard Oliver; 1978; Ernst H. Gombrich: *Ordnungen,* Stuttgart 1979.

70 Auf mehrere dieser Bedeutungen hat Charles Moore in einem Gespräch mit mir im März 1979 hingewiesen; andere sind enthalten in Martin Fillers ausgezeichnetem Beitrag über die Piazza in: *Progressive Architecture,* November 1978, S. 81–87.

71 Siehe S. 79, 88, 128, 130, 146 und Anm. 62.

72 Siehe zum Beispiel Peter Daveys Beitrag *Romantic Pragmatism,* in: *Architectural Review,* September 1983.

73 Zur Diskussion über die der Biennale zugrundeliegende Politik siehe meinen Beitrag *Free-Style Classicism,* in: *Architectural Design,* Nr. 1–2/1982, S. 4–7.

74 Siehe meinen Beitrag *Mario Botta and the New Tuscanism,* in: *Architectural Design,* Nr. 9–10/1983, S. 82–85, und *Abstract Representation, The New Abstraction by O. M. Ungers,* in: *Architectural Design,* Nr. 7–8/1983, S. 32–58.

75 A.a.O., S. 37.

76 A.a.O., Anm. 74.

77 Tom Wolfe: *From Bauhaus to Our House,* New York 1981. Große Teile dieser Satire basieren ohne Quellenangabe auf früheren Ausgaben des vorliegenden Buches. Wolfes erheiternde Erfindung der Moderne aus Angst vor der Bourgeoisie stammt jedoch ausschließlich von ihm. Siehe meinen Beitrag *Wolfe Bites Wolfe,* in *AD News Supplement,* Nr. 1/1982, S. 1–5.

78 Demetrios Porphyrios: *Classicism is Not a Style,* in: *Architectural Design,* Nr. 5–6/1982.

79 *The Great Debate: Modernism versus the Rest* ist jetzt teilweise erhältlich in: *Transactions III, R.I.B.A. Publications,* London 1983.

80 Der Begriff und das Konzept wurden von mir im Februar 1980 geprägt und unter dem Titel *Post-Modern Classicism – The New Synthesis* veröffentlicht in: *Architectural Design,* Nr. 5–6/1980.

81 Zur Neuen Repräsentation und einigen ihrer Vertreter siehe *Abstract Representation,* a.a.O., S. 17–19, Anm. 74.

82 Siehe zum Beispiel S. 87 und 123.

83 Robert Venturi: *Diversity, Relevance and Representation in Historicism, or plus ça change …,* in: *Architectural Record,* Juni 1982, S. 116.

84 Robert Jensen und Patricia Conway: *Ornamentalism,* New York und London 1982.

85 Ernst H. Gombrich: *Ordnungen,* Stuttgart 1979.

86 Siehe mein Buch *Skyscrapers – Skycities,* London 1980, zur Diskussion über diese Metapher.

87 *Architectural Review,* Juni 1982. Das Heft ist weitgehend dem Klassizismus von Taller Bofill gewidmet, Zitat von S. 32.

88 Ein Ersatzname für den postmodernen Klassizismus, siehe den Ausstellungskatalog von Helen Searing: *Speaking a New Classicism: American Architecture Now,* mit einem Essay von Henry Hope Reed, Smith College Museum of Art, Northampton/Mass. 1981.

89 Zur Abstrakten Repräsentation siehe Anm. 74.

90 Eine verkürzte Beschreibung enthält mein Beitrag *The Elemental House,* in: *Architectural Design,* Nr. 3, 1983, S. 107–113, 122.

91 Bauten, die sechs oder sieben Jahre vor ihrer Ausführung geplant wurden, sehen zwangsläufig in unserer schnellebigen Welt aus wie ein alter Hut, wenn sie fertiggestellt sind.

92 Zu dieser Interpretation siehe meinen Beitrag *The Museum as Acropolis,* in: *Abstract Representation,* a.a.O., Anm. 74, S. 110–119.

93 Siehe meinen Beitrag *Symbolic or Signolic Architecture,* in: *Art and Design,* Oktober 1985, S. 14–17, 48 und *Symbolic Architecture,* London/New York 1985.

Namenverzeichnis

Abbildungsnachweis